戊午叢書

目次

第一部　黒田荘の形成と構造

第一章　「天喜事件」期の在地情勢

はじめに

伊賀国名張郡には、かつて平安最末期に完成してから鎌倉時代を通し、室町末期に至るまで強靱な生命力を保ちつづけた荘園が存在した。南都寺院東大寺が支配した黒田荘がそれである。同荘は平安時代末期までに、数ある東大寺領のなかでも、その規模が最大のものとなっていた。この大荘園が一円不輸の完成した姿をとるまでには、当国を支配した国衙（＝王朝国家権力の地方支配機構）との政治的対抗関係において、いくつもの形成の諸契機を経ねばならなかった。戸田芳実氏は黒田荘成立の諸契機をつぎのように要約列挙している。(1)

一　勅施入杣の荘園化、本免の成立。
二　杣工荘民の公領出作、及び公民の杣工寄人化、同前にその作田畠の荘領化。
三　実力行使による河東の四至確定（十一世紀天喜年間）。
四　伊賀国東大寺封戸の封米が荘民出作地の名作田に便補されたこと、御封便補地の成立、封戸の荘園化（天喜年間）。
五　公領における私領主所領の公験獲得。即ち寄進相博等による地主権獲得（長承年間）。

六　庁宣、院庁下文による所当奉免、名張郡一円不輸寺領の完成（承安年間）。

これらの諸契機のうち、本稿はとくに第三の契機を詳しく検討しようとするものである。東大寺の強引な河東四至の確定の動きと、これをくつがえそうとする国衙の反撃は、天喜事件とよばれる抗争事件を惹き起こす。この事件は黒田荘をめぐるいかなる在地情勢とむすびついて起きたものであろうか。かようの問題関心にたって天喜事件を分析すると、つぎの論点が行論上に設定できるであろう。すなわち㈠御封便補以前の牓示の打ち込みの意味とその可能条件はなにか。㈡牓示を打つべき境界が川である場合、川が移動すると、東大寺はその自然現象をどう政治的に利用するか。㈢現実に東大寺が展開する公領への侵攻はいかなる人間の行動によってその内容があたえられるか。これらの論点が深められるならば、黒田荘成立史の一つの画期となった天喜事件は、基底の在地状況から理解することができるであろう。

第一節　東大寺と国衙の抗争

天喜年間（一〇五三〜一〇五七）に東大寺と国衙との間で惹き起こされた荘園公領の境界をめぐる武力抗争事件を「天喜事件」とよぶ。この事件は、つとに荘園史家の注目するところであり、中村直勝[2]、竹内理三[3]、赤松俊秀[4]の各氏がすでにてがけた研究の対象である。けれども、これら各氏による先行諸研究は全体として荘園形成史の一齣として部分的に論及するにとどまっているといわねばならない。「事件」を正面に据えて、背後にかくれた時代の動向までもつかみ出そうとしたのは、わずかに津田信勝氏の研究のみであろう[5]。しかし津田氏の研究とてもはたして「事件」の実相をかならずしも正確に把握されたうえでの「農民闘争」史の立論なるやいなや多少の疑問がのこる。そこで、ここでは「事件」の経過を正確にあとづけることからはじめたい。

(一)　抗争の前提

藤原棟方が新任の国司となって伊賀国に着任したのは永承六年（一〇五一）から同七年（一〇五二）までの間のことであった。(6) 彼が前任国司藤原公則にとってかわると、伊賀国内における東大寺と国衙との緊張はにわかにたかまることとなった。というのは、前司公則の国内荘園容認策を否定し、強硬な荘園停止策に転じたからである。

棟方は、前司公則が郷毎に荘園牓示を打ち立てることを容認し、ために「百姓」らが官物を遁避し、国務に叶わざるを指摘し、当国は「狭少之地」にして「亡弊之境」であると嘆じている。(7)

棟方が送った太政官への報告によると、当国四ヵ郡のうち、管名張郡には興福寺・東大寺所領として三百余町が立券され、同管伊賀郡には伊勢大神宮新免田・右大臣（藤原教通）家・東宮大夫（藤原能信）家・侍従中納言（藤原信長）家らの所領が、そして管山田郡には見作田百余町の内大臣（藤原頼家）家・按察大納言（藤原資平）家・民部卿（藤原長家）家らの所領があり、さらに管阿拝郡内には東大寺柏原荘ならびに平柿荘新免田拾余町が存在した。(8) 伊賀四郡の多くの部分が私的に分割され、貴族的大土地所有のもとにおかれていたわけである。

このような事態を憂慮する棟方は、荘園所領の濫立によって公田の官物収取がむずかしくなっていることを指摘し、「従庄田外入作公田、不弁進官物、不勤仕公事、如此之間、当道済《（マヽ）》物敢以難弁済」きことを強調した。そしてかれは、

望請官裁、早任道理、且被抜新庄牓示、且被催徴対捍之輩、将仰憲法之貴、

という解状をしたため中央の太政官へ送付したのである。(9) これを受けた中央では天喜元年三月二十七日付官宣旨をもって前々司顕長朝臣のとき以後に打たれた荘園牓示を抜き棄てて官物を徴すべきことを伊賀国へ令した。(10) 公田の公田たるゆえんが官物と公事（臨時雑役）の国家による徴収にある以上、官物公事の催徴を実現することを目的に、公田の内実を恢復し不当な牓示を撤去しようとするこの官宣旨は、東大寺がすすめようとする黒田荘の運動方向と鋭く対立するものであった。

長元七年（一〇三四）、官符によって黒田荘の荘域（四至＝東限名張河・南限斎王登道・西限小倉倉立薢小野・北限八多前高峯并鏡滝）が確定され、長暦二年（一〇三八）には内部の田地と居住工夫が面積と人数において限定はされているものの、官物と臨時雑役を免除された。(11) したがって河西山地ならびにその麓平坦地からなる黒田荘は、十一世紀前半から右の条件を利用する東大寺の手によって「杣」から「荘」へとその経営構造を急速に換えつつあった。そして十一世紀の後半に入ると、「荘」田経営に招雇した浮浪人が公田を出作する事実を通して東大寺は明確に川の対岸（国衙公領）へ侵攻を開始していたのである。棟方朝臣が「庄田より外に出て、公田に入作し、官物を弁進しない」で、公事も勤仕しないと述べたのは、(12) 東大寺のこうした本免田から公田への侵攻を説明したものであろう。

ところで、当時の黒田荘が一方でいまだ「板蝿杣」としての機能を喪っていないことは、かなり時代が降っても「板蝿杣」をもってこの地を指称することから明らかである。(13) 宇陀・名張川の西岸から大和高原（隆起準平原）にかけて杣に占定勅施入されたころは欝蒼たる原生林におおわれていたのであろう。伐採した用材は杣山の谷々から宇陀川・名張川へ運び出され、筏をくんで南山城木津方面へ漕桴された。材木搬出の様子は平安時代後期にはいっても窺うことができる。永久年間（一一一三〜一一一七）に大仏殿を修造したときは「修造料材木、随所用之色目、不謂大少、不論昼夜、所採進」といわれ、(14)また「杣山川下」が一日とて休むことなく行なわれていた。(15)伐採・製材・河川輸送等の労働過程をなかだちに東大寺が杣とむすびついていたわけである。こうして「東大寺斧音不絶之由、世以所伝申也」といわれるごとく、(16)七堂伽藍のたえまない破損修理と施設の維持が実現されていたのである。

黒田荘の右のような「杣」的性質は荘園の経営と拡張運動にきわめて有効に作用するものであった。すなわち「彼両杣(玉滝・黒田)人等解状偁、従往古以来、耕作寺領負田、以件所当官物、便補彼封米、杣人等立用公食、御寺修理料材木所取進」というのである。(17)つまり杣工が寺領負田(公田)を耕作する場合に所当官物を封米に便補するのは、杣工の「公食」に充当するためであって、そうすることによって東大寺の修理材料が取り進められるというのである。いい換えると、杣工が公田を出作するということは食料の公給のためであって、これがなされねば、材木調進ができなくなるというのである。鎮護国家の総国分寺＝東大寺を荒廃させるわけにはいかぬ王朝国家にとって、この論理は一定の説得性をもつものではあった。顕密体制の完成する平安末期になるとこの論理は、「本願記文」なるものに書かれているものとする「我寺興複(復)者天下可興福、我寺衰弊者天下可衰弊」という宗教的確信に補強されて、(18)ますます大きな役割をはたしたのである。

さて、河東公田へ出作するすべての人間が東大寺を介して「杣工」と表現されるのは、以上からも判るように伽藍修造の大義から出発する論理の行きつく当然の帰結であった。現実に山林労働に従事する杣工(長暦段階で五十人)が川を渡って公田を耕作していたことは間違いないとしても、出作民のすべてをかかる杣工と考えるべきではない。「杣工」の名をかりた「浮浪人」的雇傭労働力がかなりの数にのぼり、かれらによるかなり計画的な河東への入植か、あるいは公民の「杣工」僭称を想定すべきであると思う(後述)。

いずれにせよ、御封便補の天喜四年(19)（一〇五六）以降は、耕作者が「杣工」であるそのことの理由をもって官物の大部分を御封米とし、もって東大寺がこれを合法的に取得したのである。これに対して、御封便補がなされる以前はきわめて強引な公田への侵攻となんら論理的説明のなされない官物・公事の「遁避」「対捍」をおこなっていた。

したがって、天喜元年三月宣旨を受けた国司棟方は全力量をかけてこの「遁避」なり「対捍」の状況をくつがえさねばならず、そのためにはいやがうえにも東大寺との関係を、避けがたい衝突の方向へとすすめていかざるをえなかった。

(二) 抗争の第一段階

天喜元年七月、さきの三月宣旨を奉じて官使成通が伊賀国へ下向した。そこでかれは、顕長朝臣以後の荘園牓示をまず抜き棄て、ついで拒捍使として永承六・七二箇年の作田官物を徴進すべく所々に譴責を加えた。しかし伊勢大神宮神戸ならびに東大寺高家は所領の作田官物を一向に弁進せず、「常成濫行不善」す始末であった。東大寺従儀師（法名未詳）の僧は耕作者（＝「浮浪人」的雇傭労働力）の動揺を防ぐために数十人（従僧？）をひきつれて現地へ赴き、官使国使の抜き棄てた牓示を再び打ち返し復活させた。従儀師僧のこの行動は黒田荘をめぐる境界争いであった。大判官代壬生正助が参府して報告した内容によれば、牓示復活で公郷二十五、六町ほどの面積を荘内に囲い込んでしまったという(20)。

官使山重成・紀安武・在庁官人壬生正助・郡司範輔らは、荘園牓示の復活は前々司以前の新立荘園を廃止する時に出された官符・宣旨の規定に従い、国司に知らせて行なうべきことであるから、国司に無断で立てられた牓示については、実否を調査して復活が事実ならばその牓示を抜き捨てよ、との国司からの命を受けて、[21]名張川河西の黒田村荘屋へ向った。黒田村は、名張郡域に入る板蝿杣南東の杣脚に開けた村で、杣の地理的中心地である笠間毛原より東に道を辿れば高原先端の峠の足下になる。[22]十世紀末から杣の荘園化をはかる東大寺はこの地に進出し、ここに荘屋をおいて黒田荘を建設・経営する拠点としていた。

官使役人の一団は、荘屋から出てきた物部時任と東大寺知事僧公釈に向って官符宣旨を「仰知」らしめた。威儀を正した姿勢をもって音声《おんじょう》を挙げ、官符宣旨を読みあげたのであろう。その時である。突然、寺家下部（不知姓名男）らが出て来るなり武力をもって一団に襲いかかった。

相搦正助之身、打縛使部重成等従者、擬搦捕正助・郡司範輔身之間、重成乗鞍尻骨射立於矢、次安武狩衣左方袖射《（マヽ）》代也、兼又重成等随身馬二疋、乗鞍二具、狩衣二領、襖袴二腰、烏帽子二頭、帷二領、沓二足、行縢二懸等所押取也、[23]

正助の身体がつかまれ、重成らの従者が捕縛され、郡司範輔が搦め捕られそうになる。中央からの官使までが矢を射られ、身につけたものが奪い取られる。ことここにおよんで、一団は恐慌状態に陥り四散したのであろう。正助は行方不明となり、範輔は杣の奥深く逃げ込み、からくも大和国へ脱出した。[24]

一方、「従儀師」「知事僧」らの寺僧を黒田村へ派し、在地での官使役人に対する如上の抗争を企てた東大寺は、中央へのはたらきかけを強め、黒田荘の現四至牓示の正当性を訴えた。そのさい、同寺は「本願聖主勅施旧文」を繙き、「長元之比新官符」の趣旨を強調している。[25]この精力的な中央への工作が奏功したのであろう、天喜元年八月二十六日に「応令如旧改立牓示東大寺領管名張郡庄事」という官裁を得るのに成功した。[26]これは河東の公田を牓示を打って囲い込んでいる既成の事実が国家によって追認されたことを物語る。しかも、この官裁には「恣放使者躲危官使、打縛従類、奪取雑物、須任犯過各処罪科、然而依有恩詔、会赦已畢」という文言まで盛りこまれ、黒田村で行なった東大寺による官使役人への直接的武力行使が「恩詔」によって不問に付されていた。

天喜元年におきた国衙と東大寺の抗争は、政治的には東大寺の一方的勝利のもとに落着するかにみえた。少なくも、東大寺の不法な公田の囲い込みが〝国家＝法〟によって不法ではなくなり、官使役人への攻撃も免罪されたのである。しかし、翌年の天喜二年になると、公田と牓示をめぐる抗争は再燃することになる。

(三) 抗争の第二段階

天喜元年（一〇五三）の九月のころ、一カ月まえに発せられたところの命令（官宣旨）を受けて、官使が名張郡へ下向してきた。(27) かれは、東大寺が強引に打ち立てた「本牓示」をあらためて打ちにやってきたのである。境界を確定するために大地へ打ちこむさかいぐいは、一般にその実在の社会的妥当性と法的根拠が境を接する両当事者の立合と相互の承認によって与えられる。したがって、下向してきた官使の牓示打ちの作業に寺家役人（黒田荘司）が立ち合ったわけであるが、ここで両者の認識にすれちがいが生じ、そのことが天喜二年（一〇五四）の抗争を惹き起す導火線となるのである。

官使は公領と黒田荘の境を現に流れている名張河流であると主張したらしい。これに対して東大寺は「其瀬改変して定まらざるにより」川をもって境とする場合、「任理正尋旧流限四至」と主張したのである。(28) その場での両者はおのれの主張を一歩も譲らなかったのであろう。官使は牓示を打つのを中止して京都へ還ってしまった。それからのちに、件の荘司らは自分たちの主張通りの位置に、かってに牓示を打って、公地を数十町（二十五、六町か）ばかり囲い込んでしまった[29]。そればかりではない。国衙留守所解によれば、寺家が公地を囲い込んでからというもの、この地に賦課する公事の勤仕を公然と承引しなくなったという[30]。

東大寺は、ここではじめて河道の変遷をいいだし、「旧流」（＝旧河道）を境とすべき旨を主張しだした。これは注意すべきである。このことのもつ深い意味性は後述をもってくわしく分析したいが、東大寺系田堵が境を越えずに国衙公領の内側に入りこむ論理上の前提を獲得したという点を注意しておきたい。

天喜二年（一〇五四）五月二十二日、棟方朝臣のあとをうけて小野守経が伊賀守となって名張郡に入部した[31]。小野守経は職務に忠実な、素姓も明らかでない小貴族あがりの官僚である[32]。一方、ときの東大寺別当有慶は参議藤原有国の息で[33]、歳五十にして南都三会の一つである維摩会の講師をつとめ、精義の役につくこと十四ヵ年、法性寺、慈徳寺、円融寺、仁和寺、醍醐寺御八講師問者として三十余年に及ぶという目もあやな経歴の持主である[34]。また、かれは「一条先帝御宇已来、仕于五代之朝、其功不可勝計」とうたわれるほど中央と結びついた人物であった。「典型的な権門家[35]」といわれるにふさわしい人物であった。

門閥的な権威権勢を振りかざす有慶に対し、守経は一貫して非妥協的に公田の恢復の策を講じた。彼はまず、さきに東大寺黒田荘司が打ち込んだ名張川河東の牓示を抜き捨て、さらに当該公田住人に種々の雑役（公事）を責徴した。六月に入ると東大寺は申状をもって守経の抜き捨てた牓示を改めて立てんことを朝廷へ訴えた[36]。これをうけた守経は、留守所の解状に描かれた現状を国解としてまとめ中央朝廷へ送付した。その文言のなかで彼は「何寺家恣打籠公田公民、可為寺領哉」ときわめて正統な立場から東大寺を批判し、さらに「世間之濫吹、唯緇徒（坊主のこと）中先（尤カ）為下乎」と有慶を非難した(37)。
天喜二年七月二十五日に四至外公田を打ち籠め国役を勤めざるを停止する官宣旨があらためて伊賀国へ下された。このことは、おそらく名張川河東境域での東大寺の事実的支配が依然として続けられており、守経の行った牓示抜き捨てと雑役責徴も実を上げていなかったことを物語るものであろう。この間、河西部を根城とする東大寺系田堵らは、国司軍兵の杣内乱入を警戒し、これに対抗すべく楯をつき並べ、数十の軍兵を発向し、配置している(38)。

七月末日、ついに守経は東大寺と東大寺に組織された田堵らの公田占拠状態をくつがえすために、大規模な武力を発動した(39)。七月晦日から早田稲苅取りを開始、八月二十五日に検田を強行、これを機に数千の夫兵眷属を境域（「古川内」）へ導入し住宅十六宇を焼く。さらに二十四町五反百二十歩の田地に対し、苅り取り、あるいは薙捨ての(40)武力行動を展開し、結局、東大寺系田堵が作田する公郷内四十六町五反を没官して守経の武力発動は終了した。

国衙側のこうした武力発動は、東大寺系田堵による公田籠作を否定し、黒田荘域を河西部に封じ込めたという点で、一応の目的を達したものであった。しかし、二年後の天喜四年に発せられた官宣旨をみると(41)、国衙側は大きな譲歩を余儀なくされているのがわかる。それは河西部全域が「永停止入国使并宛国役」という性格（＝国使不入・国役免除）にされたことであった。ここに宇陀川より西の地域全体は本免田の地として公認され、東大寺の確固たる所領（公称田積二十五町八段半）が形成された(42)。この地こそ「本荘」とよばれ、やがて名張郡全域を併呑するための基点となったのである。

第二節　荘域拡張の運動構造

これまで述べてきた天喜事件を中心とする抗争の経過は、東大寺領黒田荘が荘域拡大（公領寺領化）をすすめる運動の糸口をたぐり出すための重要ないくつかの論点を提供するものである。

(一)　名張川境域の出作拠点化

天喜元年九月に東大寺が荘域の東限を名張川をもってし、四至の境とするさい、現に流れている名張川を境界とするのではなく、旧河道をもって境界とすべきことを主張し、牓示をここへ打ち込んだ事実をまずはじめに注意すべきである。旧河道に牓示を打ち込むこと、このことが東大寺・黒田荘田堵と国衙との間のいかに重大な対立を惹き起したかは国司守経の大規模な武力発動をみれば充分である。

守経の武力発動を伝える史料は左に掲げる二通である。

〔A〕（端裏書）「伊賀□□等守（マヽ）捐亡田記文等」

注進　国守苅取捐坪ヽ日記

合

矢川苅取田六丁三反　那木捨田四丁二反百八十卜

長屋苅田二丁五反三百卜　那木（捨脱カ）田二丁一反

青蓮寺一丁八段　　下名張一町五反
簗瀬六町苅田
已上苅取田十六町六反三百ト　那木捨田七町八反百八十ト
都合弐拾肆町伍反佰弐拾歩
右、件伊賀守御庄工夫住宅焼滅、作田等苅取那木捨、官物押返充責不安、仍注進如件、
天喜三年十二月十一日　　　　　　　　　　　庄子等

（中略）

〔B〕黒田御庄工夫等解　申進申文事

右、謹案物情、以去天喜二年七月晦ょり始、四至古川内早田稲苅取之次、八月廿五六日ょり検田之程、数千夫兵眷属引率、古川内住宅、両日十六宇焼亡了、三百人夫兵眷属坪ゝ入立被苅取、守殿御坐十五六日也、其成任・則任夫兵等、遺留二三十日、苅取那木捨取也、僅田堵見付天ハ打追散天逃亡、皆悉了、也廿五ゝ六町苅取那木給（捨カ）也（中略）
天喜四年三月廿七日　　　　　　　　　物部時任
　　　　　　　　　　　　　　　　　庁頭掃部延時
　　　　　　　　　　　　　　　　庄司藤原「政頼」

※なお、右〔B〕文書の端に、大判官代桃原・目代学生紀（両名のもの収納所官人か）の署判をもつ勘文がある。文言のなかで、ここでは「検去天喜二年名張郡撿田累帳、注件黒田杣住人等并公郷内所被没官作田卌六町五反長屋村十八丁百八十ト、下津名張村五丁五反小、簗瀬村六丁二

反大、矢川村十六丁六反大者、其内所被苅納十八町六反百八十ト、郡司則佐所領(預カ)給廿七町八反百八十ト長屋村十八丁百八十ト、簗瀬(村脱カ)一丁四反、矢川村八丁四反、者」とあるのに注意。

〔A〕・〔B〕からさしあたり判明することは次の通りである。

①国司軍兵の主要な攻撃地域が矢川・長屋（中村の一部）・簗瀬などの黒田本荘に面した宇陀・名張川河東の地におかれていたこと。苅取り・薙捨の全耕地二十四町五段百二十歩のうち、右三地域だけで実に二十一町二段百二十歩を占めていた。[43]

②史料〔A〕にみえる「御庄工夫住宅焼滅」というのは、〔B〕の「古川内住宅、両日十六宇焼亡了」と対応することが明らかであるので、〔A〕「作田等苅取那木捨」も「古川内早田稲苅取」を示すものと考えてさしつかえあるまい。すると、さきの三地域（矢川・長屋・簗瀬）のなかで、攻撃を受けたかなりの部分が「古川内」と呼ばれる地域であったと推定される。

③守経が主力を投じて東大寺の牓示境界をくつがえそうとした境域が「古川内」であり、そこには東大寺系の「御庄工夫」がはいり込み、すでに少なくも十六宇の「住宅」を構え、作田をしていた。[補注]

a　「古川内」

さて、それではこの「古川内」とはいかなる性格の地であり、どのようにして形成された地をいうのであろうか。このことを考察するには、名張郡の自然地理学的特徴とその変化の様相をみておく必要がある。

名張郡は第三紀末から洪積世にかけての基盤沈降によってつくられた湖盆平野と周囲を繞らす深い山々から構成されている。盆地の繞壁をなす山々からは幾筋もの小河川が谷をきざみながら流れだし、平野部で宇陀川と名張川をつくる。郡南端から北流する宇陀川と東部から西へ流れる名張川は、中央部で互いに合流し、盆地北西部の深い狭搾部を縫うように北上し、木津川へと合流する。かかる地形構造の底部に位置する名張盆地は河川上流水域がおよそ三百平方キロメートルに及ぶため、大雨のあるたびに湖盆化する危険性にさらされ、護岸施設の不完全であった古代には、河流は水勢に任せて自由に奔流したであろう。(44)

ことに、黒田村・大屋戸村（本荘）と簗瀬を画す名張川は、五万分の一地形図をながめると、河床勾配の大きい青蓮寺・比奈知方面の水流が沖積平野の滑走斜面をはしり、黒田本荘の攻撃斜面（西山）をはげしく洗いながら湾曲北流している様子がみてとれる。(45)このため、洪水のたびに名張川左岸は少しずつ削られ、河道は西へ遷っていったものと思われる。かくして川の移動とともに形成された「旧河跡」と「新河流」との間の川成地が「古川内」に外ならなかった。

大治五年東大寺牒(46)によると、「往古以降、毎度洪水、件大河押穿庄内、其流移改」た結果できた川成地の四至は、

河成地四至 東限旧河跡　南限牓示尾
西限新河流　北限供御河

というものであった。ここで問題にしている「古川内」（供御川より南の地であるので中村西岸宇陀川の氾濫原であろう）は、この段階すでに畝疇となるも、なお「古河古界」の地字名である「鮎瀬・鮎土・河合・河原田・淵尻・溝口・庄迫」を存している。なお、これらの地字名は現在消滅しており（冨森盛一著『黒田庄誌』）、そのこと自体がここの「古川内」が河道変遷めまぐるしく、したがって不安定な農業経営を余儀なくされる土地柄であったことを物語っているであろう。

「古川」なる地形名称のあらわれる古文書史料をみると、その景観を想像させるものとして、「桑田」が随伴する。「古河之跡、変成桑田」(47)「本堺旧河既成桑田」(48)とあるのがそれで、「古川」と桑田の密接な関係を暗示するものである。桑田は「杣工」の住地田畠が流れ消滅したあと、自然生的に繁茂したものではなく、荒涼たる新たに形成された大地

＝「古川」に加えた人間労働の成果であり、畠と同じく人工の土地区域であった。つぎに掲げる史料は、「杣工」の開発形態をわずかながらのぞかせるものである。

黒田庄四至内、山険地狭、不便人居、依之為活計為安堵、数百歳之間、開発荒野、始成桑田也……(49)

彼らが荒野を開発するさい、「数百歳」は誇張としても、長い年月を費してはじめて桑田を造成した様子はうかがえる。おそらく、桑田は、後述をもってみるところの〈園宅地〉であって、住屋とセットで構成されるのを特質としていた。河西本荘側杣工の屋敷地を語るものだが、「東以大河（宇陀・名張川）為堺、西峡岨之高峯也、桑田屋宅併在山之下河之岸」とあるのは(50)、垣内畠と同様に桑田が「屋宅」（＝住屋）と結びついて、一つのセットになっている景観を端的に表現していると云えよう。

要するに、条里制地割の引かれた公田が、乱流する河川によって流失荒廃すると(51)、そのあとで「古川」にそう自然堤防の微高地ができあがった。そして、そこには住屋を中心に桑田、菜園、畠地をめぐらし、「垣筋」でもってまわりを囲んだ〈園宅地〉が点在していたものと考えておこう。なお、何故に「古川内」の開発に桑が植えられたかというと、一つには桑田が常習的はんらんに対応する土地利用であったと考えられ(52)、また律令国家の支配収奪の関係による編籍の面から掌握された公民の家（＝戸）が桑漆の栽培を義務づけられていたこと(53)との残影ともみられる。

b　「御庄工夫住宅」

つぎに、史料〔A〕〔B〕にみえる「古川内」の「御庄工夫住宅」（これこそ、さきの〈園宅地〉に外ならない）について、これが東大寺と「御庄工夫」（田堵）にとっていかなる機能と意味をもつものであったかを考える。

平安時代を通して争われた「古川内」をめぐる国衙との相論文書をつぶさにみると、東大寺所司や黒田杣司らが、

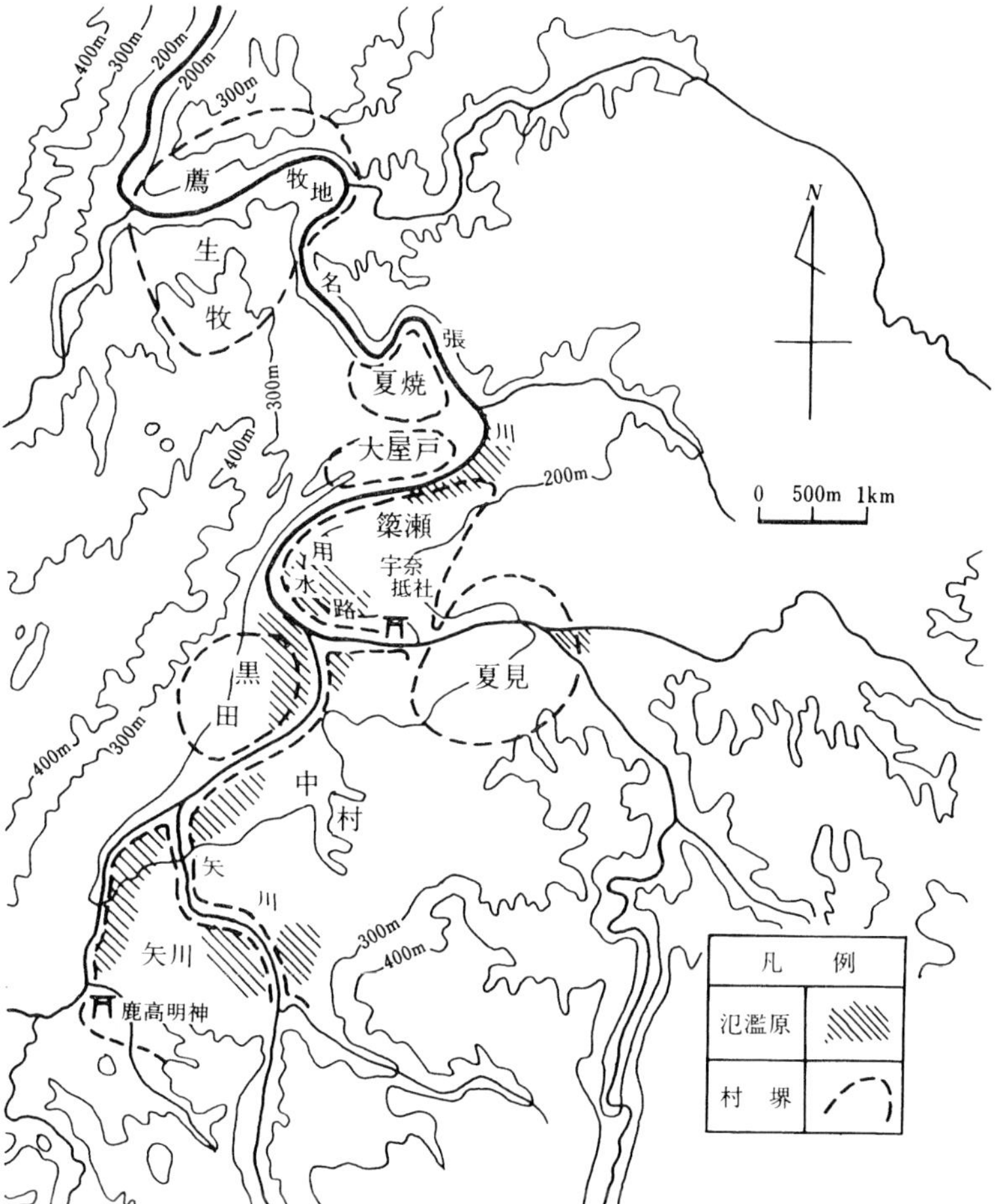

伊賀国名張郡氾濫原推定図

〔注〕 本図は、義江彰夫「初期中世村落」(『講座日本史』2、東京大学出版会)にある伊賀国名張郡村落概略図を利用して作図したものである。氾濫原の所在はおもに、冨森盛一氏がなが年の現地調査によってえた「古河」の分布(『黒田庄誌』194ページ)に依拠し、ここから推定した。「古河」は河川の氾濫と流れの移動によってつくられた地形であり、そこにあたえられた地名であるのだから、「古河」の分布状況からかつての氾濫原を推定することは可能であろう。

川の移動によってもたらされる現象として、本荘における住宅地の流失をことさら強調しているのに気づく。

○去保安二年八月廿五日、同三年七月日、四年八月廿三日、三箇度洪水、本庄之内狭少之地、弥崩失、杣工等無居住之地、(54)

○毎度洪水……弥漸頽寄西高山之麓、杣領田畝、追年流滅、居住民烟、如無残地、(55)

右の二つの史料は、「御庄工夫」が本荘において住宅地を流失しているさまを表現した部分である。このことを強調するのは、本荘で失われた住宅を、対岸の「古川内」に合法的に建設するための前提をなすものであって、そのために東大寺所司が、つぎのような論理を展開しているのは興味がもたれる。

件黒田庄者、限名張河為東堺之処、遥経星霜之間、河流忽遷于西、……古河之跡変成桑田、代代国司不顧旧例、只随新流次第所収公也、民烟有残者□□(不可)強訴、旧流有跡者豈及異論哉、居諸(所)雖改、基趾尚存、(56)

いわんとするところは、たとえ河道が動いて「杣工」の家地・田畠が彼岸公領のなかへ入ったとしても、「民烟有残」ば国司は収公の強訴をすべきではなく、「旧流」(＝古川)に(民烟の)跡があればどうして異論におよぶことができようか、居所が改まったといっても、かつての「基趾」(住屋の土台)はなお存在しているではないか、というのである。この論理は抽象的で形式的な国衙の法理に対して、「基趾」の残存という現実に立脚して在地的に組みたてられた領有権の主張であったと云えよう。「御庄工夫」が公領の内側に入り込み、住宅を建設することは、東大寺の論理からすれば境を越えたことにはならず、河道の動いた川を渡ったまでのことである。

かようの論理的回路を辿って河東「古川内」に杣工の住宅を建設したことは、単に杣工の「活計」「安堵」の途を開くという意味にとどまらず、むしろこのことが寺領拡張の第一歩を踏み出したのであって、そこのところに主要なる意味が存したと考えるべきである。

「住宅」(=住屋)はさきに解明したように、桑田・垣内畠を附属する〈園宅地〉であって、この土地区画こそ国家の手の及ばぬ免租の地であった。古代律令法によれば、

凡給園地者、随地多少均給、若絶戸還公、凡売買宅地、皆経所部官司、申牒、然後聴之、(田令第九)

とあり、「園地」・「宅地」=〈園宅地〉は、「公」から区別するもので、然るべき手続きを経るならば「私」のものとしての売買が可能であった。さらに雑令第三十(家長在条)は〈園宅地〉が奴婢・雑畜(牛馬犬鶏の類)・「余財物」と等しくあつかわれていたことをその条文に記している。[57] この完全なる私的・排他的所有権の認められた〈園宅地〉が王朝国家の全一的土地所有体系のもとで果す役割は、十・十一世紀の農業生産力の向上とむすびついて個別経営の基地を提供し、ここから農民的土地所有権をしだいに生み出していったことである。

けれども、名張郡の矢川・中村・簗瀬の「古川内」に出現した〈園宅地〉はかような一般的〈園宅地〉とは、初発においてその性格を異にしていた。東大寺三綱が述べた左掲の言葉は、「古川内」〈園宅地〉が彼らの論理のうえで、農民的所有そのものの条件を与えていなかったことを示している。

出居庄民居住者、先造家敷地為寺領、代代国司無致妨、因玆杣工等随便宜所居住也、[58]

ここでは国司の「妨」をなすことのできない「家敷地」=〈園宅地〉は、河東公領を寺領とするための橋頭堡として造られているのである。王朝国家の土地所有の外におかれた免租たる不可侵性は、東大寺の手による組織的な寺領拡張をまずは保障するものとして機能したのであった。

そうすると、「古川内住宅」とはつぎのように思考されはすまいか。つまり、それは川西に設営された黒田村荘屋

の分肢たるべく寺家の所有に属し、そこには荘屋から川を越え運び入れた農具役畜種子農料が集積される、そして農業労働者の寝泊まりの場ともなっている、[59]と。要するに、東大寺による公領荒廃公田の開発出作のための前進拠点として存在したものと考えられるのである。こうした前進拠点は、その原理的性格において、のちの「庄家」へとつながっているものと思われる。十二世紀四十年代に至って、国衙収納所から官物の進未沙汰が行なわれたさい、それが個々の負名（東大寺系田堵の負名）に対してなされるのではなく、庄家が国衙からの進未沙汰を請け負う形をとってなされた。[60]官物「対捍之名」に対して「停出作之号」るのは「庄家」であったのである。こうした「庄家」は、本荘荘屋の分肢が荘民統制の機関へと機能を転じた様子を伝えるものと考えられよう。

前近代社会における人間の諸活動、諸行動が自然的諸条件に大きく制約、規定されていることは自明のことがらに属す。したがって河川の増水、河岸の破壊、流路の変更といった形態をとって自然が激しく変動を示すとき、その場所に生産や生活を営む人間は、いやおうなくこれを生産生活を攪乱するものとして、つまり災害として受けとめるわけである。そのような受けとめ方が一般的である。けれども、かようの自然変動は、それがある特定の敵対的社会制度としての地面・地形の標識を攪乱破壊する場合、単なる災害としてのみ人間に作用するのではなく、さまざまの矛盾と敵対の政治行動をおこさせ、互いの衝突をくり返させる。かくして一つの地域の歴史が刻まれる場合も存在するのである。

平安時代十・十一世紀に宇陀川と名張川の乱流＝河道変更がおよぼした境界の攪乱作用は、川の西側から東側への東大寺系田堵の渡河出作を誘発した。「古川内」なる川成地が川よりも東側に形成されたことによって、旧流を境と主張する東大寺は合法的に川を渡り「古川内」への入植をするきっかけをつかむことができたのである。それは「古川内」での＜園宅地＞の建設と公田請作（→事実的支配）の第一段階であったのである。

㈡　拡張運動力の性格

当国の「猛者」といわれた私営田領主藤原実遠が、国内所領経営に破綻をきたし没落したのは十一世紀前半のことであった。(61)実遠の経営破綻により、矢川村は「往昔住人死去逃亡之後無一人住人」という状態となり、一面の「荒蕪藪沢荊藙(棘)」の荒野となってしまったという。(62)かつてほぼ全域が実遠の所領であったこの頃の名張一円は、宇陀川、名張川の常習的な氾濫とあいまって、相当の面積が荒廃田でおおわれていたであろう。

名張一郡のこの荒廃した公田を再開発した勢力には、二つのタイプが考えられる。一つは簗瀬の開発を東大寺から請け負い、大規模な耕地造成をおし進めた郡司級の豪族丈部為延とその一族集団である。これは在地領主型の開発勢力と考えられる。為延が請け負ったときの簗瀬村は現作わずか十七町余で他は「无数之荒野」であったが、(63)約百年後には六十町五反（約三・五倍）もの現作田となっていた。(64)彼ら丈部一党は開発を通じて付近住民を組織し、そうすることによって領主的権力を在地に扶植した。十二世紀後半、源（丈部）俊方の蟠踞する簗瀬村は東大寺に対抗するための一大権力拠点となっていた。(65)

二つ目の開発の勢力としては、東大寺に雇傭された浮動的な労働者の一群が想定される。かれらは十・十一世紀の律令制的公民支配が弛緩・解体し、王朝国家が人民への人格規制を喪失するなかで広汎に生起した人間集団で、書誌文献古文書などの史料には「浮浪人」「浪人」などとあらわれる。「杣工」に名をかりた出作負名や寄人化した公民が東大寺の「寺奴」といわれだすまでの間、すなわち十一世紀から十二世紀前半までに黒田荘田と河東部の公私領の開発・耕営は、浪人の労働力によって主導的推進がはかられたのではなかったか。この問題の解明を具体的な人間の動きを観察することによってこころみたい。

a　物部時任

前掲史料〔B〕をみると、「古川内」の蹂躙焼亡の惨状を解状としてあらわした「黒田御庄工夫等」は、文書末尾の署名から庄司藤原政頼、庁頭掃部延時、そして物部時任であったことがわかる。このうちの一人物部時任は、その生活・行動形態においてまことに興味深い人物である。

時任が史料中に姿を現わすのはわずか三ヵ所にとどまる。すなわち、①天喜元年八月二十六日官宣旨案、(66) ②天喜四年三月二十七日黒田荘工夫等解（前掲〔B〕）、③天喜五年六月二十八日伊賀国符案(67)にそれぞれ一ヵ所ずつあらわれるにすぎないのである。けれども、これら三つの史料は少ない故に無価値というのではなく、むしろ時任の主要な存在形態を三つの部面でみせてくれており、かれをなかだちとする連関の糸がそれぞれの史料を互いに結びあわすとき、これら三史料は黒田荘の自己拡張する運動構造を明示する貴重な史料として活きてくるのである。

①によれば、時任は黒田村の「荘屋」に身をおく存在としてあらわれる。山重成、紀安武、書生正助、そして郡司範輔らの官使役人が東大寺による不法な公郷二十五、六町（古川地帯）の囲い込みを撤廃すべく荘屋にやってくると、時任と本寺知事僧公釈がなかから出てきて対応している。つぎに彼のいあわせたその場で、官使役人が東大寺側の突然の武力攻撃を受けていることも確認しておきたい。要するに、①では時任が荘屋と「濫行不善」という要素に結びついており、そこに彼の行動内容が規定されているであろうことを注意しておけばよい。

②によれば、時任は「古川内」の早田蹂躙・住宅焼亡の惨状を述べて、田堵久富・徳丸らの御封米を弁済すること

の不可能なるを国司使に訴えている。[68] このような訴えを解状としてしたためた主体が時任である。かれは「古川内」をはじめ、その他青蓮寺や下名張にいたるまでの広範囲に亘って河東公領部の状況を俯瞰することのできる立場にあった人物である。したがって、被害状況を整理して本寺へ報告した前掲〔A〕の文書も差出人が庄子等とのみあるものの、おそらく出作地帯全体をみることのできた時任らによって製作されたに相違ない。つぎに、やはり②で考えておきたいことは、この史料に記された時間の推移とそれに伴う事態の変化の正確さもさることながら、〔A〕では一言も及んでいない「古川内」というきわめて具体的な被害の場の特定がなされていることで、このことは時任が、政頼、延時と同じく「古川内住宅」に活動の足場を設けていたことのあらわれとみることができよう。要するに、②では時任が河東公領部全体と「古川内住宅」に結びついており、そこに②におけるかれの特徴がみとめられるのである。

③によれば、時任は国衙公田を請作する十五人の田堵のうちの一人としてあらわれる。国衙の東大寺へ下行すべき封米(天喜四・五両年分百九十六石五斗一升五合)のうち時任は五石五斗(正米五石・交米五斗)を負担している。当時の出作田堵の生産活動は公田に対して「去春申請之由、蒙仰、即以下可令耕作」という形式をふんだ一年ごとの有期的請作を内容としたもので、請作者としてのかれの地位はきわめて不安定なものであったといわれている。[69] しかし、荒廃した名張郡では国衙から「新従境越来開発常荒之輩」(=出作田堵)に対して、「令免除雑役、至于当土之人民者、敢不有免限」という公民に比べて有利な立場が与えられており、[70] 出作田堵の請作活動は、開発にともなう公田の事実的支配と半ば恒常化した耕営権の確立を容易にし、ひいては土地所有の実現へ向けてその質的前進をうながしたであろう。[71] こうした方向への作用の評価は、公田開発と黒田荘拡張の基底的運動力をみるさいに大切な視点といわねばならない。[72] ともかく、ここでは時任が公田の田堵として存在し、この存在が公民の寄人化とともに、寺領拡張の前提となっていること

とを確認しておきたい。

さて、①②③から時任の大体の存在形態が明らかになった。そこで今度は、時任の各存在形態がどのような連関をもつものか、①〜③までを結ぶ連関の線を考察することにより、かれの活動形態をのぞきみたい。

ところで、①の時任がそのなかに詰めていた「荘屋」なる施設について一言しておきたい。本来「荘」というのは建造物をさす言葉であり、それがやがて倉庫あるいは家屋を中心とする若干の園地を含む敷地の一区画をさすようになったものである。[73]したがって荘園はまず経営のための建物施設を核として発展したものともいえよう。この意味で、黒田村の「荘屋」も黒田荘の形成にあたって相当に重要な役割をはたしていたものであろうことが想像される。「古川」の公郷二十五、六町を東大寺が囲い込んで強引に牓示を打ったさい、官使・在庁官人・郡司らは打たれた牓示の所在する現場に向うのではなく、外でもない荘屋へ直行した。このことは荘屋の古川に対するかかわりかたとそこに及ぼしている重要な役割を端的に示している。荘屋では、本寺からの僧侶が直接下向してきて、荘園の経営と管理にあたっていた。執務する荘官の多くが、そのはじめ僧侶でしめられているのは初期の荘園の一般的傾向であったといわれているが、[74]黒田荘における僧侶の存在も充分に注意をすべきである。たとえば、第六十三代東大寺別当済慶のとき、上座に列した念秀は「相構公私、板蝿御杣（黒田荘）成永代宝也」といわれるほど、[75]黒田荘経営に敏腕を振った人物であるが、この男は藤原実遠の所領を買収したさいに「預物」として保持していた米穀のうち百斛を動かしている。[76]彼の莫大な動産（＝「預物」）は荘経営を預る者の執務する荘屋に保管されていたものと考えることができはしまいか。

こうして考えてみると、時任の活動形態は黒田村の荘屋を本拠とし、「古川内住宅」との間を往復することによって、寺僧荘預の動産と結びつき、そうして河東部の川成荒野（＝古川）を桑田に変え、さらに公田の請作を実現していたものと推測されるのである。如上の推測をもって、さきの①②③の史料にあらわれる時任の姿は全体として統一され、一箇の歴史的な個性が与えられるのである。

b 「狼戻犯過」の輩

aで時任の性格を分析したさい、①の史料で彼が「濫行不善」なる十一世紀の時代的精神を象徴する言葉とつながりのあることを指摘したが、ここではこれのもつ意味をもう少し詳しくみたい。

天喜四年に国司小野守経は東大寺別当覚源に板蝿杣（黒田荘）のことについて書状を送っている。そのなかの左掲の個所はたいへんおもしろい内容をもっている。

〔C〕 去春申請之由、蒙仰、即以下可令耕作之事、其後本習猶不変、恣苅取入籠杣内不相遇国使……実者耕作公田之輩、進先可弁申官物也、而件杣（板蝿杣）内或狼戻犯過余、従隣国之輩也、或致公田官物之催者、適遣彼杣郡司・書生等、称欲射打不通、是多者如此犯過類隠居之地、又為公民負累官物、迯隠謀計也、[77]

守経は、板蝿杣から川を渡って公田を耕作する輩（＝田堵）が「狼戻犯過」のものであり、しかも「隣国よりの輩」であることを指摘した。そして杣の地が「犯過の類が隠居する地」であり、そこへは官物を滞納した公民が逃げ込んでいるとも述べている。守経のこの発言は重視すべきであって、しすぎることのない意味と内容を有している。

この場合の、「狼戻犯過」「犯過の類」の「称欲射打不通」という行為は、天喜元年に時任らが行った国使役人への武力攻撃ならびに天喜三年北伊賀鞆田村での国司襲撃とその質において完全に符合する、というよりも〔C〕の叙述自体、守経が天喜元年・三年の両事件を想起し、これを一般的にしたがって本質的に論じたものといえよう。そうすると、天喜元・三年の事件にみられたつぎの事実は「狼戻犯過」としての田堵（＝時任を含む「耕作公田之輩」）の具体的姿態を彷彿させるものである。

一つは、田堵・負名らが大量の武器（弓箭）を携行していたことである。かれらの突然の攻撃から逃げようとする官使山重成は馬の鞍に矢を射たてられ、紀安武は狩衣の袖に矢をつらぬかれている。[78]また北伊賀鞆田村へ向った国司の一団は「負名輩」による「雨脚」のごとき矢を射かけられた。かれらは手に手に武器を携えていたのである。二つ目の事実は彼ら田堵負名が攻撃にさいして山中で「群党」を成し、あるいは「軍陣」を結び天にも響く叫喚をあげ、いまだこのような声を聞いたことのない文官貴族の国司は、ほとんど死を仰がんばかりであったという。[79]彼らは密集し、戦闘隊形をつくり鬨を揚げたのである。

つぎにまた史料〔C〕にもどって、こうした「狼戻犯過」の田堵らが「隣国よりの輩なり」といわれているのを注目したい。かれらは隣国からやってきて、公田を耕作（請作）する一方、「所作公田官物」を遁避するために「隣国へ去り、或は山林に隠れ」たりしている。[80]あるいは「山林をもって宅となし、或は隣国へ逃散」するともいわれている。[81]田堵らは明らかに国境地帯を縦横に動きまわり、山林をねぐらとしていた。かれらは、所をえぬ浮動的な人間集団としてみねばならないのである。

以上で「耕作公田之輩」（＝田堵）をたんなる農業労働者とみることが不充分であり、ましてや、中世的・村落的社会基盤を構成する農民一般とみることが誤りですらあることが一応明らかとなった。十・十一世紀の畿内近国の農村にあらわれた「不善之輩」としての要素と、荘経営に投下された雇傭労働力としての「浪人」「寄作人」たるの要素を併せ有つ存在であり、かかるものとして理解することがもっとも実相に近いと信ぜられるのである。

「不善之輩」は、河音能平氏の研究[82]によれば、十・十一世紀に農村有力者同士の対立抗争を暴力的に解決する一つの手段として、一定の社会的役割をになって登場した。それは当時の農村有力者が自らの「私宅」を守り、あるいは他の「私宅」を攻撃するために特殊な武力を必要とするときにその中核を構成する「同類」の構成者に加えて、それを助ける本格的戦闘員として雇用されるべく、社会的に準備された傭兵であったという。一方「浪人」は、村井康彦氏の研究(83)によれば、墾田地系荘園の主要な労働力で、荘園主との関係からみると、①耕作者は荘内に居住していないか、たとえ居住していても本貫は荘外にある、②それゆえ身分的にも専属農民ではない、③耕作関係は請作である、というところに特徴が求められる。荘園の開発に浪人が関係した史料は平安時代を通じて、かなりの数にのぼるという。数ある事例のなかで、aでみた物部時任とどこか一脈通じそうな東大寺領越後国石井荘の田堵古志得延と「浪人」招き寄せの事例は、興味がもたれる。(84)荘司兼算が隣国信濃国から浪人を集めて荒野を開発したとき、隣郷より来荘した古志得延なる人物は荘司に名簿を捧げて田堵となり、自分で浪人を集めて料を与え二十余町を開発したという。

こうした「不善之輩」と「浪人」の特徴をみたうえで、板蠅杣における「耕作公田之輩」をみると、この者らが東大寺によってある場合は傭兵として雇仕され、日常的生活においては、「浪人」「寄作人」として雇用され、荘田の経営と川向う「古川」川成の荒地開発にあたるべく、荘屋の種子農料を介して労働編成をうけたものと想像するわけである。「別当律師(有慶)の仰」と称して国司に箭を射かける鞆田村負名は、「便所召雇来」る東大寺の経営方式のもとにあった。(85)有慶の「教誨」を得て官物弁済を遁避し、隣国へ逃げ去ったのも召雇された負名田堵であった。

したがって、十一世紀中葉の天喜事件の背後には、東大寺による「浪人」の召雇と彼らのかなり計画的な宇陀・名張川徒渉、「古川内」開発が考えられ、さらにはそれと密接な関係でもって、東大寺が「浪人」を武装・構成・編制することによって杣を「犯過類隠居之地」としていたことが想定される。東大寺は出作する田堵を「杣工」と呼んでいるが、これは「寺役勤仕」（材木調進）をする杣工の食料確保を出作の名目的理由とする都合上の偽称であって、実態は右のごときものであったと思われる。しかしこれ以後、東大寺の人の編成方式は明確に転換していった。〃契約〃と〃雇傭〃による人の仕用は、人が定着し、農民的成長をとげていくなかで廃棄され、かわって、雑役の勤仕をなかだちとする編成方式が前面にあらわれてきた。(86) こうして「耕作公田之輩」は「寺奴」と呼ばれだすようになった。「寺奴」という言葉が史料に現われるのは天喜事件の約百年後のことである。(87) 雑役免の農民を「寺奴」として把握し、「寺奴」のあらゆる活動を介して、東大寺は新たな国衙との矛盾に臨んでいくのである。

むすび

天喜事件を中心にこれまでみてきた平安中期黒田荘の在地情勢について、行論をまとめて本章のむすびとしたい。天喜年間にあいついで伊賀国に入部した国司藤原棟方、小野守経は、荘域拡大・公田籠作をはかる東大寺と執拗な抗争をくりひろげた。御封便補地となる以前は、公領に対する東大寺の侵攻は強引な河東への牓示打ちと四至確定を内容とするもので、無媒介的官物・公事の「遁避」「対捍」がこれに随伴するものであった。

小野守経がとった公田の恢復策は、東大寺が確定しようとする東限（宇陀・名張川旧河道）の牓示を抜き捨てることであり、荘内に囲い込んだ「古川内」を奪回し、ここにつくられた入植施設（＝住宅）を破壊することであった。「古川内」は河道が洪水のたびに移動して形成された「旧河跡」と「新河流」との間にひろがる微高地である。ここには住屋と桑田（その他菜園・畠地も含むであろう）から構成された〈園宅地〉が点在していた。

この〈園宅地〉は、東大寺が「御庄工夫住宅」といい、もともと民烟として存在したものが河道変遷によって流されたために、残った土台を根拠に再建したものであると主張した。だから〈園宅地〉の建設は、東大寺にとって川を渡渉する行為ではあっても、論理上境を越えたことにはならなかった。

こうして、黒田荘東限の宇陀名張川を越えて造られた〈園宅地〉は東大寺の所有に属し、河東公領を寺領とするための橋頭堡として機能するものとなった。かくして、自然の変動は人間生活に単なる災害として作用するのではなく、地面・地形にしるされた政治的枠組み(=境界)を攪乱することとなり、東大寺はこれを利用して公領への侵攻をはかるのである。

「古川内住宅」には東大寺系田堵が入っており、ここを活動拠点としてひろく公田の請作を展開していた。田堵の一人である物部時任は黒田村荘屋の種子農料を受けとることによって「古川内住宅」を足場とする公田請作活動をなしえていたものと推測される。

東大寺系田堵の主要なる実態は杣工ではなく、東大寺僧の動産によって組織編成された「浮浪人」であった。彼らは隣国から黒田荘に入って来て、それから公田を請作する。官物を対捍して、再び隣国へ逃去ったり、武装して国衙に反抗する存在であった。天喜事件はかような人間集団を指導、教唆した東大寺によっておこされた国衙との抗争事件とみることができる。なお、「浮浪人」「寺奴」「作人」といった東大寺系田堵が、東大寺の論理のうえで「杣工」として扱われていたことはいうまでもない。

注

(1) 戸田芳実「黒田庄における寺領と庄民——庄園制の非古代的性格について——」(『日本史研究』三〇号、一九五六年)。

（2）中村直勝「伊賀国黒田荘」（『荘園の研究』所収、星野書店、一九三九年）。
（3）竹内理三「荘の発展と荘民の生活」（『日本上代寺院経済史の研究』所収、大岡山書店、一九三四年）。
（4）赤松俊秀「杣工と荘園」（『古代中世社会経済史研究』所収、平楽寺書店、一九七二年）。
（5）津田信勝「平安中期における農民闘争」（『日本史研究』一二五号、一九七二年）。
（6）永承六年八月二十二日国符に大介として藤原公則が署名していることを考えると（『伊賀国黒田荘史料』一巻三六号文書、以下『史料』一―三六号と略記する）、棟方の国司着任はこれよりも後のこととなる。また永承七年解状作成者が守経の「前司」とあることから、永承七年まで棟方が在任していたことも明らかである。
（7）天喜元年三月二十七日官宣旨案（三国地志巻一〇五、『史料』一―四〇号）。
（8）注（7）に同じ。
（9）注（7）に同じ。
（10）注（7）に同じ。
（11）天永元年十二月十三日名張郡郡司等勘注案（東大寺文書四ノ八十五、『史料』一―一二七号）。
（12）注（7）に同じ。
（13）天永元年の伊賀国名張郡郡司等勘注〈注（11）〉に「板蠅杣」の名称を使用しているのが確められる。なお、黒田日出男「荘園制的神祇支配と神人・寄人集団」（竹内理三編『荘園制社会と身分構造』所収、校倉書房、一九八〇年）を参照されたい。
（14）永久二年八月二十六日官宣旨案（東南院文書七ノ三、『史料』一―一三七号）。
（15）永久三年十二月三□黒田杣工重解（東大寺文書四ノ五、『史料』一―一四〇号）。
（16）久安五年六月十三日伊賀国目代中原利宗・東大寺僧覚仁重問注記（京都大学所蔵東大寺文書、『史料』二―二五九号）。
（17）永長二年四月三日官宣旨（東大寺文書四ノ五、『史料』一―一〇七号）。
（18）安元元年十二月日東大寺衆徒解土代（東大寺文書四ノ一、『史料』二―三四八号）。建仁元年四月日東大寺僧綱等解案（百巻本東大寺文書九十三巻、『史料』二―四四六号）。また『平家物語』巻五奈良炎上に「聖武皇帝宸筆の御記文には、我寺興福せば天下も興福し、吾寺衰微せば天下も衰微すべしとあそばされたり」とある。

(19) 天喜四年三月二十八日伊賀国司庁宣（東南院文書四ノ附七、『史料』一―五二号）。
(20) 天喜元年八月二十六日官宣旨案（東大寺文書四ノ一、『史料』一―四二号）。
(21) 赤松俊秀、前掲注(4)論文。
(22) 冨森盛一『黒田庄誌』七四ページ。
(23) 注(20)に同じ。
(24) 注(20)に同じ。
(25) 天喜二年六月五日東大寺申状案（三国地志巻一〇五、『史料』一―四三号）。「長元之比新官符」は天永元年十二月十三日名張郡郡司等勘注案にみえる長元七年七月十六日官符か。
(26) 天喜元年八月二十六日官宣旨案（東大寺文書四ノ一、『史料』一―四一号）。
(27) 天喜二年七月二十五日官宣旨案（黒田太久馬氏所蔵文書、『史料』一―四四号）。
(28) 注(25)に同じ。
(29) 東大寺はこのことを「止彼此愁、為寺家領、奉免」されたものと述べている（天喜二年六月五日東大寺申状案、『史料』一―四三号）。
(30) 天喜二年七月二十五日官宣旨案（黒田太久馬氏所蔵文書、『史料』一―四四号）。
(31) 注(29)に同じ。
(32) 竹内理三『武士の登場』（日本の歴史5、中央公論社、一九六五年）。
(33) 『東大寺別当次第』。なお、『尊卑分脈』によると斉慶と有慶は「或本貞順（有国息貞嗣のこと）兄弟、号東南院」とある。有国は宮中にて蔵人頭をつとめ、従三位にまでいたった人物。
(34) 東南院務次第（『大日本仏教全書』一二二冊）。
(35) 竹内理三前掲書。
(36) 注(25)に同じ。
(37) 注(27)に同じ。

(38)　天喜三年十月九日伊賀守小野守経請文（東大寺文書四ノ八、『史料』一―四六号）。なお、以下の行論にしばしば必要となる文書であるので、ここに全文を掲げておく。

(題籤)「「天喜三以後」「雑文書」「東大寺」「玉滝杣」」

謹請

御教書事

右、今月五日御教書同八日到来、謹所請如件、恐戦恐戦、抑所被　仰下寺家御封杣人等事、然者賜下御使、可令言上案内候、且大略陳含此(旨脱カ)　御使畢、但雖同解状旨、当国所在杣三箇所候、東大寺黒田・玉滝、又修理職高様等也、然件杣等縁辺郷邑之住人等、雖各権杣人称号、実是境内之州民也、其耕作田畠皆悉公地之上、為私人之伝領、自風聞候歟、加之、彼玉滝杣脚并鞆田・湯船等邑住人、便所召雇来也、其委趣、或見人領之券記、或承古老之談話、爰黒田・玉滝等村間作田見作去年所当官物二千余斛、都其弁不候、何者前別当律師依黒田杣非理牓示之事、被行左道之上、彼辺住人等為其習、恣苅取公田、連夜籠杣、欲射害国使、近則去年夏国司入部之日、称可乱入於杣内之無実、造築新楯等、発向数十軍兵、是為損朝威之基、又為奉　寺家之気損(マヽ)也、彼比(此カ)詣別当房雖陳申、更不被承引、偏可弁申毎年所当三百石御封者、任例令切進黒田杣辺之処、既不被請納、被示云、玉滝等住民所可切進者、須任(令カ)命旨、成進国符也、而黒田杣人為本習之上、如此彼(被カ)行濫行之間、彼在郡既損亡、仍以残民烟之弁、切進件杣之日、転可弁済玉滝方官物之内者、事既依縦横、暫猶予之間、忽被成忿怒、凡被加制止於杣辺住人所、云所作公田官物、更両方之杣人等不可国納者、随其教誨、有民庶之野心、弥遁避為宗、或去隣国或隠山林、然弁済永絶、及今年正月中旬之比、先罷赴鞆田村、令尋召負名輩之処、各閇柴戸無見来者、須臾之際、国司随身牛馬三疋頭、従山中成群党已追取、又放火於舎屋欲負国司、従国司以非横、雖其務不尋常、境内掬一事已上籤符状、当時非(無カ)不其謂候、何況為宗之過不候之故也、忝賜　恩推、伏所仰也、但其後為雪朝恥、以二月三日罷向同濫地、是依承米穀牛馬等山中積置之由之、随令捜覩之処、人物削跡、仍欲罷帰之間、山中結軍陣、叫声響天、未聞習如此声文士之身、殆可抑(仰カ)死候、然而誇愚心於王化、令相問由緒之処、申云、別当律師仰偁、雖国司、況於使者哉、若入来者可放一箭者、忽然従東西山中流矢如雨脚、爰拾取繞身之矢并被疵所従相中矢許十九隻、罷逃了、是無過怠之故、天道守宮神所令然次(歟カ)、仍去春即注載此由、雖令　上奏公底、裁定遅鈍、更抱愁之処、去五月上旬之比、為彼日証人、在庁官人等可召進之由、検非違使庁使苛酷、宛如罪科之輩、先後不得其心、是多者私曲、所致也、狼戻狭少亡国之上、為非人之長吏歟、然過農節之間、同六月中旬、差定庁官七人、令喚応其召了後、対決空送数月、纔被問畢庁官、又被召問彼杣方者五六人之程、俄依犯人山村頼正追捕事、官人等各分散、去月中旬帰京云云、在庁者等徒経過百余日、還被陵抱理之国司方、加之彼書生之中、推問之間、猪久景雖指言失不候、被禁獄所同及数月、雖言上憚候、杣人等披陳従横多端云云、然而無其咎、又往反上下任意者、政理之法豈可然哉、唯私曲旁現而已、色及澆季、不可被損　朝威、若師子之中虫譬歟、但先忝被　仰下此由、前後本懐相叶、以是僅存一掌(マヽ)、然者早彼別当宣由、謹承之、早(マヽ)被上遣杣残住人者、尤可宜候、今懸彼不問了、亡弊無人之国、邂逅為庁官者、空廃京洛、須如先日言上、早参(可脱カ)上候、而近日当任椽狛為頼被射害舘下、雑人宿屋被放火、事掻(騒ヽカ)之際、暫以遅怠、恐懼罔彊、且此旨示含　御使僧又了、宜以此由、被言上者、謹所仰也、守経誠惶誠恐謹言、

天喜三年十月九日　　　　伊賀守小野「守経」状

進上　御房行事供奉達　御中

(39) 天喜三年十二月十一日黒田荘出作田損亡日記（東大寺文書四ノ四六、『史料』一―四八号）。天喜四年三月二十七日黒田荘工夫等解（佐々木信綱氏所蔵文書、『史料』一―五一号）。全文は本稿二㈠の〔A〕〔B〕に掲載。

(40) 史料中の「那木捨」は「薙捨」と書くのが正しく、「薙ぐ」とは『日葡辞書』（土井忠生・森田武・長南実編訳、岩波書店刊）によると、薙刀、鎌などで横ざまに切るを意とし、薙 Cusauo nagu. l, ineuo nagu（草を薙ぐ、または稲を薙ぐ）という用例をもって「草あるいは稲などを刈って、それを田畑に横たえて置く」と説明している。したがって「薙捨」とは、稲を横ざまに刈り田畑に放置しておく行為と解される。

(41) 天喜四年閏三月二十六日官宣旨案（東南院文書七ノ七、『史料』一―五四号）。

(42) 小山靖憲「荘園制形成期の領主と農民」（稲垣泰彦編『荘園の世界』所収、東京大学出版会、一九七三年）。

(43) 〔A〕によれば、守経の攻撃を受けた「出作」に青蓮寺などの宇陀・名張川よりもはるか東方、名張公領の東部奥地が含まれていることから、国司軍兵の攻撃の的とされたのは「杣工」と自らの身分を偽り、公田を「出作」と称して、東大寺と気脈を通じる平民公田の負名であることが明らかにされ、これまで一般に重視されているようである（小山靖憲前掲論文）。けれども、東大寺の公領侵攻を考える場合、公民の寄人化が先にあるのではなく、やはり河西からの文字通りの出作の展開

がはじめの筋道となったはずである。この意味で、三地域の占める意味はやはり重視しなければならない。

(44) 冨森盛一前掲書一九四ページ。
(45) 独協高等学校社会科教諭（地理）米沢宏氏より御教示を得た。
(46) 大治五年六月十日東大寺牒（内閣文庫所蔵伊賀国古文書、『史料』一―二二二号）。
(47) 大治四年十一月二十一日東大寺所司解（平岡定海氏所蔵文書、『史料』一―二〇七号）。
(48) 注(46)に同じ。
(49) 大治四年十二月二日明法家勘文案（東大寺文書四ノ七、内閣文庫所蔵伊賀国古文書、『史料』一―二〇八号）。
(50) 注(49)に同じ。
(51) 長久二年参月伍日藤原実遠公験紛失状（東大寺文書二ノ十一・四ノ六、『史料』一―二六号）に「件所荒野之地者、条里坪付慥不注進」の文言があり、義江彰夫氏（「『保』の形成とその特質」『北大文学部紀要』二二ノ一）はこの文言に注目され、実遠の名張郡所領の四至記載方式は土地の荒廃化したが故の記載方式であると述べているが、この荒廃の原因を経営方式の破綻に加えて、川の洪水、乱流に求めることも無理ではない。
(52) 米沢盆地の松川は下流部の勾配が小さくはげしく蛇行していたため常習的な洪水のはんらん地帯で、このはんらん地帯には、かつて自然堤防が広く発達し、そこは桑園として利用されていた（小出博『日本の河川』、東京大学出版会、五八ページ）。
(53) 田令第九桑漆条では調絹絁糸や調副物の漆など中央への貢上品との関連で、戸の桑漆栽培が義務づけられていた（日本思想大系『律令』）。
(54) 保安五年二月二十九日黒田杣司等解（中村雅真氏所蔵文書、『史料』一―一九四号）。
(55) 注(46)に同じ。
(56) 大治四年十一月二十一日東大寺所司解（平岡定海氏所蔵文書、『史料』一―二〇七号）。
(57) 日本思想大系『律令』。
(58) 保安二年閏五月日東大寺三綱陳状土代案（東大寺文書四ノ一、『史料』一―一四八号）。
(59) 「御寺所領黒田・玉滝両杣、如伝承者、従数代以降、雇其脚公民、号彼杣人、耕作之田畠、皆悉公地候」（天喜三年九月八

日伊賀守小野守経書状、『史料』四五号）とあるように、公民あるいは後述の浪人を編成しての雇傭労働力は寺領経営にかなり大きな位置を占めたものと思われる。

(60) 天養元年十月二十日鳥羽院庁下文案（狩野亨吉氏蒐集文書一八、『史料』一―二五一号）。

(61) 石母田正『中世的世界の形成』（東京大学出版会）、戸田芳実『日本領主制成立史の研究』（岩波書店、一九六七年）、黒田日出男前掲論文。

(62) 注(51)文書に同じ。

(63) 治暦二年三月十一日大僧都有慶下文案（東大寺文書二ノ四、『史料』一―六六号）。

(64) 養和元年八月日黒田寺荘出作田数四至注文（東大寺文書四ノ三・村井敬義氏本東大寺古文書、『史料』二―三七五号）。

(65) 黒田日出男前掲注(13)論文を参照されたい。

(66) 注(20)に同じ。

(67) 東南院文書二ノ一、『史料』一―六一号。

(68) 久富は黒田・大屋戸両村に四十八町七段二百歩を請作し、官物弁進を国司に命じられているところをみると（天喜三年十二月九日伊賀国司庁宣、百巻本東大寺文書四十四巻、『史料』一―四七号）、彼が川西部においてもかなり大規模な耕営をしていたことになる。けれども②の論旨は四八号文書と関連して、川東部出作地帯での国司の武力発動・収公・没官による官物弁進が不可能となったことを論じたものであるので、この場合久富は徳丸とともに矢川・中村・簗瀬・青蓮寺・下名張のいずれかの耕地を請作していたことになる。

(69) 村井康彦「田堵の存在形態」（『古代国家解体過程の研究』所収、岩波書店、一九六五年）。

(70) 天永元年十二月十三日名張郡郡司等勘注案（東大寺文書四ノ八十五、『史料』一―一一七号）。

(71) 「黒田玉滝両庄出作公田四百三十六町余歩云々、見往古田文、而不請国衙検田使、暗申田数狭少之由、然而付古作田、徴下官物之時、乍出利田之□(請カ)文、不弁其所当」（久安四年十月二十九日官宣旨案、『史料』二―二五三号）。戸田芳実氏の理解（前掲注(1)論文）によれば、古作田は官物徴下、利田請文提出の対象（有期的請作対象）であるから、出作の名田であるが、それは東大寺および「庄民」の反抗により国衙が検田を施行しえないで、往古田文に基づく古作田＝旧来の名田がそのまま国衙の収取単位となっている。もはや、この十二世紀中葉の段階にあっては、田堵請作地の私領化によって国衙は現実の経営地をつかむことができず、旧来の収取単位さえ機能を停止しているのである。

(72) 前述したように、田堵の所有権は政治的には東大寺に吸収されるかっこうになり、「寺奴の論理」と結合して、寺領発展の推進力となるのである。

(73) 阿部猛『日本荘園史』(大原新生社、一九七二年)。なお、荘園の「倉」と「屋」は、そのはじめには機能上の差別が存在していなかったと西岡虎之助氏は「荘園の倉庫より荘園の港湾への発展」(『荘園史の研究』上巻所収、岩波書店)にて指摘している。

(74) 竹内理三『寺領荘園の研究』(畝傍書房、一九四二年)一八〇〜一八一ページ。

(75)『東大寺要録』別当章第七。

(76) 長久四年三月十六日藤原実遠直米請文案(東大寺文書二ノ一一・四ノ六、『史料』一—二八号)。

(77) 天喜四年十一月十一日伊賀守小野守経解(東大寺文書四ノ八、『史料』一—五七号)。

(78) 注(26)に同じ。

(79) 注(38)に同じ。

(80) 注(38)に同じ。

(81) 注(77)に同じ。

(82) 河音能平「日本封建国家の成立をめぐる二つの階級」(『中世封建制成立史論』所収、東京大学出版会、一九七一年)。

(83) 村井康彦「荘園と寄作人」(同氏前掲書所収)。

(84) 天喜五年十二月十九日越後国石井荘前司兼算解(京都大学所蔵東大寺文書、『平安遺文』巻三—八七三号)。

(85) 注(38)に同じ。

(86) 天永二年二月日東大寺申文案(東大寺文書四ノ一、『史料』一—一二八号)。「一、伊賀守孝清朝臣輿福寺免判云、件所免除公事雑役、於官物者可弁済国庫者」との勧学院使者紀守俊の勘文に対して東大寺は、「右、件条尤左道也、設依国司進退、雖有免除官物、於雑役者数百歳之間、度々申下宣旨、東大寺為出作敢無異論、庄内田畠不幾、故自往古所被副置也者、免判之趣尤無道也」と弁駁している。この文章から、雑役取得によってとりむすばれる荘民との関係のきずなが、荘園制度のいかに大切な軸となっていたかがわかる。東大寺は雑役収取権を興福寺に奪われることが出作の支配権そのものを喪うことになるのを熟知していたのである。

(87) 保安五年(一一二四)閏二月二十三日東大寺請文案(東大寺文書四ノ五、『史料』一―一九六号)が「寺奴」の初見史料である。

(補注) 現在に痕跡をとどめる「古河」の地形が、たとえば安部田の宇陀川以東の中溝・一本木・十町(以上小字)の区域のように(『黒田庄誌』一九四ページ)、川に沿う低地であることをもって第一の特徴とすることはいうまでもない。けれども、そのことをもって「古河」の特徴のすべてとすべきではなく、「古河」＝低地が一般に一条の微高地を川との間に随伴していることもみおとすべきではない(『黒田庄誌』一三一ページ、長屋村を参看されたい)。微高地をつきしたがえる現象は、河道変遷をひき起こす河流蛇行が屈曲流路の外側を側方侵蝕する一方で、流速の劣る内側(旧河流側)に土砂を堆積させるためで(井上修次・岡山俊雄・花井重次・多田文男・渡辺光『自然地理学』地形篇、東京地人書館)、河川の乱流域では顕著な自然堤防がかたちづくられる。だから、新流と旧流(＝「古河」)の間に長くのびる「古川内」は、自然堤防の微高地と「古河」の後背部低湿地(バックマーシュ)から構成されていたものとみることができる。かようの「古川内」がもつ自然地形のうえに、守経朝臣の攻撃にさらされた「古川内早田」と「古川内住宅」といった人工施設を措いてみると、「古川内早田」とは旧河跡の低湿地に開墾された田地であろうことが推測される。この場合の「早田」は早熟種の田地の意ではなく、ホンダに対するハヤダなのであって、ホンダ植えの二、三日前に家内(個別的労働力)だけで植えてしまう田を指称するものと解される(『綜合日本民俗語彙』「ワセダ」の項。なお、ワセとは本来、馳せると同じく、ただ早いというだけの意味が原義であった。「ワサウエ」の項)。「古川内早田」は自然堤防上に立地する「古川内住宅」と緊密に結びついたものと想像される。こうした「早田」と「住宅」からなる出作拠点は、自然堤防の微高地を選んで点在する連村の集落景観を呈していたものであろう。なお、中世における自然堤防上の連村状集落景観は、但馬国出石神社領田図(『日本荘園絵図集成』下巻二六号絵図、巻末解題〈太田順三執筆〉には同田図復元図あり)の出石川岸辺づたいに列記されたいくつもの「垣名」・「屋敷」名から想定される。また、伊勢国近長谷寺資財帳にある飯野村の垣内が櫛田河両岸の自然堤防上に多く見られるのも連村の景観を考える材料となる(戸田芳実『日本領主制成立史の研究』八九ページ)。

第二章　悪党発生の基礎構造

はじめに

「悪党」の跳梁と内乱によって彩られた鎌倉末・南北朝時代の社会が、荘園制下に生きた人びとの生活の変化の結果あらわれたものとするならば、人びとの生活を上から大きく規制していた鎌倉時代の荘園制度とはいかなる構造によって成り立っていたものであろうか。文永・弘安期より以降、数次にわたり伊賀国黒田荘の農村には「悪党」があらわれ寺家東大寺に敵対を繰り返していた(1)。彼らは荘の内部から生起したものであって、「悪党」としてたちあらわれるまでは東大寺へつながる荘園秩序を在地で構成する荘官層＝在地武士層に外ならなかった。このため何故にいかなる政治的変動過程を経て、在地武士団が「悪党」なる人間集団へ変貌を遂げたのかを究明するには、在地の荘園秩序に組み込まれた彼らに、ある特定の作用を与えずにはおかない荘園の構造とその変化の特質がまず問われねばならない(2)。

こうした課題意識から鎌倉時代の黒田荘を分析するさい、つぎのような手順をふもうと思う。㈠地代の充全な収取を実現するためにある特定の制度が形成されるのであるから、この制度の性格を知るためには、黒田荘の主要地代

（本年貢）を何に求めねばならず、またそれがいかなる意味と役割を担ったものか、これを究明しなければならない。つぎに、㈡この主要な地代を収取することによってその存在意義を大なるものにしていた特定の制度がどのようなかたちをみせて衰退するか、名田内に生起しながらしだいに名田体制を破壊してゆく土地所有秩序の変化に注目して考える。㈢本年貢収取の体制的衰退とこの衰退現象を前提にしてあらわれる別箇の体制（「料田体制」と呼ぶことにする）を本年貢収取の制度に替わるものとすると、この荘園構造上の変化が在地荘官層へ加える作用はきわめて強いものがあったはずである。荘官層＝在地武士にどのような作用を加えたのか、これを観察する。

こうして得られる荘園構造の変化と矛盾はやがて全畿内的な広がりをもって躍動を開始する悪党の性格をみるうえで、すべてではないが一定の意味をもつと思う。

第一節　学生供米の性格

平安時代の末期にあたる承安四年（一一七四）、伊賀国在庁官人ならびに東大寺所司等へ一通の院庁下文が後白河院から下された。これは、国衙との激烈な抗争を経て東大寺が勝ちとってきた公領に対する支配権と中世的荘園制支配の本格的な幕開けを告げるものであった。[3] 矢川・中村さらに青蓮寺までもそのなかに公領として含む黒田荘は、この下文によって一円不輸の寺領と化し、それとともにこれまでの寺領支配の内容が大きく変化することになったのである。この変化の主軸をなしたものが「常住学生百口之供料」（学生供米）の成立である。このために一円寺領化を完成した黒田荘における支配制度の性格とは、政治的、経済的、そして思想的諸側面にわたり、学生供米を中心として考えねばならず、したがってこれをめぐって解きあかされねばならないと思われる。

「黒田庄出作者、往古寺領也、所当官物便補当寺御封之外、所済来国庫也」という制約された支配から国庫に弁済する官物が「永奉免大仏」された[4]ということは、寺家にとり次のような画期的な意味をもつものであった。官物のなかの御封は杣工の寺役雑事をより完全に従わしめるためのもので、石別七斗までが杣工の功食料として充当されている。[5]だから荘民に対する収取内容が労働力（寺役雑事）の形態をとる場合には、御封の収取は形のうえでは杣工の肉体と労働力を再生産する意味から重要であった。[6]しかし鎌倉時代の初頭までに本荘在地の条件が森林（＝杣）の枯渇というかたちで変化すると、材木造進を中心とする寺役雑事（労働力収奪）の量は相対的に減少をきたすことになり、それにともない御封の意義とその重要性も減ずることになる。これに対して本荘から宇陀川をおし渡り杣工らの出作農業耕地が「負田」として拡大すると、杣工らの定着農業民的性格はますます強まることになり、これに随伴して彼らの剰余生産物（＝米）に対する収取こそが荘民支配のうえで大きな意味をもつことになる。[7]したがって、承安四年に寺家が御封いがいの官物に該当する彼らの生産物（＝米）を国衙から奉免されて「学生供米」なるものとして収得することになったということは、とりもなおさず、黒田荘支配の内容を「寺役雑事」から現物地代（米）収取へ大きく移しかえたことを示すものに外ならなかったのである。[8]

こうした地代の転回をもってあらわれた学生供米収取体制は、出作地帯の矢川・中村などに点在する新荘をも含み込んでいた。[9]このことは本来別個の歴史をへて形成されてきた[10]出作と新荘が学生供米をもって統合されたことを物語るものに外ならず、制度的には出作荘と新荘の学生供米がそれぞれ東南院・尊勝院の領家組織を経て惣寺（本所）へ納入・究下される形態をとって両荘が結びつけられ、こうして黒田荘という全体とそのうえに聳立する支配体制が実現されていたのである。
かような体制のなかで占める学生供米の位置には政治的にも経済的にもまことに大きなものがあった。寛喜三年（一二三一）、全国を覆う飢饉のさなかにときの新荘の預所聖玄は「新庄学生供米事」に関する一通の請文を院家へ提出している。（11）

「（端裏書）聖玄法眼請文　新庄学生供米事」

謹請

新庄学生供米未下事

右、件供米式日有限、忩可令究済之由、加下知之処、百姓訴申云、今年々不熟、雖為天下一同事、当庄損亡超余所之由、依訴申、云収納米、云預所得分米、併令免除畢、然而百姓等或餓死、或逃亡、其跡無足之間、令償沙汰之処、違乱事出来テ馳過今月、返々恐恥無極也、然而抂欲申延来五月廿日以前、若猶及遅々者、聖玄之身可被処罪科之状、謹所請如件、

寛喜三年四月廿九日　法眼聖玄

これによると、百姓らは黒田荘の損亡が「超余所」るものであることを訴え、預所聖玄は収納使得分米や自らの得分米をすべて免除することにより百姓負担の軽減をはかった。しかしそれでも百姓らは餓死し、あるいは田畠を捨て逃亡する始末であった。こうして彼らの逃げさった田畠の跡からは年貢が納入されぬために（おそらく所管の名主に）「償沙汰」せしめたところ、「違乱事」が出来して収納期限が未究済のままに過ぎてしまったのである。こうした状態に直面するなかで学侶＝百口学生へ供与すべき（新）学生供米の「未下」といった重大な事態に遭遇した聖玄は、五

月二十日まで収納期限を延ばすことを請い、それでも「若猶及遅々者、聖玄之身可被処罪科」と誓約せねばならぬところまでおいこまれてしまったのである。

前後の関連する史料が存在しないために右の文書の性格がつかみにくいが、それでも文書全体ににじみ出た聖玄の決意は、学生供米の収納期限がいかに厳重に守られねばならぬ原則によって貫かれていたかを、ある種の緊迫感をもって伝えている。この「式日有限」の原則が在荘する預所にかくも厳しく貫徹されていたのは、つぎの寺内法と無関係ではないと思われる。すなわち「(学生供米の学侶への究下は)雖為一日任旧儀、不可過、若過其日者、質人相待五ヶ日、猶以令遅引者、於質人者、悉改所帯職、可擯出寺帳者也、……若又質人之寺恩被改易之後、経二十ヶ日猶無供料之究□(下)者、可被避出庄務職於惣寺」と文永六年に寺内学侶が連署起請文をしたためこれに法としての強制力を付与している。[12] かかる法文の規定内容のうち究下の期限は「任旧儀」せて法文化されたものであり、別の箇所の文言から「旧儀」とは貞応年間の起請であることがわかる。そうすると右のごとき整然たる制規は、究下がますます渋滞するにおよんで、表面にあらわれたものにすぎず、むしろこの制規にあらわされた事実上の原則は、はるか寛喜三年以前にまで先行していたものと考えて間違いあるまい。とするならば、学生供米の究下を惣寺に対して請負う東南・尊勝両院家についての規定箇所で質人所職の改易規定以外に、とくに二十ヵ日を経てなお究下無きの場合、荘務職を惣寺へ去り出させることになっていたことは重要である。かかる形で制裁を院家が受けることになったのがいつのことか速断はできぬが、このような関係をもって院家が存在した以上この下に組織され、実際に荘内で学生供米を収納する任務にある預所は、当然に院家から厳しく締めつけを受けたはずである。

延納わずか一ヵ月にして預所聖玄が我が身の「罪科」をかけた請文を提出しなければならなかったのは、かかる事情にもとづくもので、このことから学生供米という地代が東大寺―黒田荘の政治構造の変動を（院家から惣寺への荘務権の移動というかたちをとって）もたらしかねぬ重大な政治的経済的性格を内蔵するものであったことがわかる。学生供米とは唯一黒田荘から東大寺惣寺までの全政治経済体制をつらぬく血液の役割を担っていたものといえる。この点で学生供米は、各院家段階で収得される院家公事などと区別されるものである。

寺領支配のなかでこのような位置と役割を演じた学生供米は、それでは宗教的・思想的意味、そうじてそのイデオロギー的な性格面でいかようの機能を有していたものであろうか。

文治二年（一一八六）に黒田荘住人成守が罪科のために荘内を追却されると、成守追討使平時定は作田十余町を押領してしまい、東大寺はこれに対して次のような三綱等解を作成した。

……以其所当官物、永被定宛常住学生百口供料已了、既募其供料、於鎮守八幡宮宝前、撰一百人之学侶、披三十座之講筵、又六十口僧□、転読三部大般若経、彼是為毎年之例事、遥契後仏之出世、捧其講読之薫修、偏奉祈法皇御願、当時寺中厳重第一仏事也[13]……

この解文の作成の契機は鎌倉幕府に対する抗議にあったが、ここにみえる学生供米についての記述は、一円寺領化のさい編み出された学生供米のそもそもの根本理念を示しているものと思われる。

そうすると、右の史料は二つの面で興味がもたれる。一つは、承安四年をもって主要地代の転回創出した学生供米が寺中のどこで募り用いられているのかという点で、東大寺鎮守八幡宮宝前にて催される三十座の講筵と三部大般若経の転読であることが確認されることである。八幡宮宝前という場と大般若経を転読する儀式に注目したい。というのは、供米が消却される八幡宮宝前と荘内生産者の精神的統一・結合の場たる大宅子神社との間が八幡宮宝前に蔵された大般若経の一部を大宅子神社で分蔵することによって結びつけられていること、[14] そしてほかならぬ大宅子神社が一円寺領化とともに「当御庄之鎮守」にされ、[15] 鎌倉時代には〈大仏〉の宗教意識をはりめぐらすうえでの橋頭堡に位置づけられていた事実を想起するからである。[16] こうした事実から荘民（名主）の信仰（精神）が大宅子明神を通過して八幡宮へつながっていることを考えると、荘民の生産した地代学生供米を東大寺が八幡宮宝前で大般若経を転読するための経費に宛てることは、荘民自身の心に宗教的安穏と満足感を与えたことであろう。こうして学生供米は、東大寺経済の基礎をなすと同時に荘民への精神的還元の機能をもつことにより、東大寺と荘民との関係を安定ならしめていたものと思われるのである。

もう一つは、この学生供米をもって行なわれる三十座の講筵と三部の大般若経の転読がなにを目的としていたのかという問題である。右掲史料中の傍点部にあきらかなように「講読之薫修」を捧げ、ひとえに「祈り奉る」対象は承安四年に一円寺領化を実現させた後白河法皇その人の「御願」であったのである。しかもこれが文治二年（一一八六）段階においてはまさに寺中のなかでも「厳重第一仏事」として行なわれていたことを重視しておく必要がある。名張郡司・簗瀬保司を兼ねた丈部俊方は、国衙の最後の拠点簗瀬村をめぐって東大寺と激しい武力抗争を繰り返し、国司や興福寺を背後にして荘の転倒を企てている。[17] 安元年間を頂点とするこの実力をもっての転倒攻撃に対し、寺家が当任国司信平朝臣を「違勅之過」「奏事不実罪」として罪科せられんことを院に請い、国衙の武力の主力を担った俊方を招進すべき後白河上皇院宣をひき出していることは、[18] 黒田荘完成期における国衙対東大寺および院との政治的関係をよく象徴している。かかる関係と鎌倉時代に入っても国衙からの荘園収公の圧迫がひきつづいている事実を考えあわせるならば、[19] かつての「所当官物」（学生供米）を後白河法皇の「御願」を「祈り奉る」ために消却するということが

とりわけ重要な意味をなすものであったことは間違いない。(20)

学生供米消却の場と儀式が荘園内部の宗教支配を機能した一面、これの消却の目的は荘園外部＝国衙からの防衛の論理をなすものであった。(21)

いままで述べてきた学生供米の成立系譜と東大寺―黒田荘をとりむすぶ政治経済構造のなかでの位置と役割、そしてこれらの消却にみられる二側面（荘園内と荘園外）のイデオロギー的性格により、黒田荘の支配にあたり何が主要な地代として存在したかはおおむね明らかである。黒田荘にはまさに「学生供庄」(22)と呼ばれるだけの性格がその地代によって刻印されていたのである。

第二節　名田体制の崩壊

黒田荘の支配実現のうえで学生供米がいかなるイデオロギー的任務を担わされることにより本年貢たる位置を占めていたかは明らかになったが、では一体これがどのような制度のもとに徴納されていたものであろうか。ここで名田体制について少しく検討を加えてみたい。

名田体制とは荘園内部に労働地代段階の十分な展開をみないまま、早期的（あるいは特殊的）に剰余労働の現物形態での収奪を実現する土地所有の一形態としてあらわれたものであるといわれている。(23)とするならば黒田荘における名田体制を成立させ維持させしむる剰余労働の現物形態とは中心地代の位置をもつ米＝学生供米であったことが疑いない。平安最末期に整備された(24)六十六名体制（出作荘に限るであろう）とは、単に公事収取としてのみみるわけにはいかず、むしろ本年貢学生供米を収納する末端の制度として編成されたところに史的意味が存すると考えたい。建保二年（一二一四）荘内の地主助直・中氏なるものが学生供米を未進したさい、東大寺は「学生供米未進名」として彼らの私領を把握し、その内部を没官していることは、名単位に本年貢が徴納されていたことを物語るものにほかならない。[25]

名田体制の機能上の側面をこうした角度からみることが何故に重要であるかというと、名田体制の崩壊的局面がまずもって学生供米の未進・滞納状態から察知され、この東大寺にとっての重大な矛盾を認識することにより東大寺がいかにこうした局面の打開策をうちだし、どのようにして新たな体制と別の収益源を設定することになるのか、そして新たな体制と別の収益源を保障するために従前の権力体系がいかように変容をとげるのかという鎌倉時代中期以降の構造上の転換をより見やすくするからである。

貞応三年（一二二四）、大江兵衛尉貞房は延成名田内二反（壇村墓原北に所在）を尊顕房得業御房という老僧へ去り渡している。[26] 延成名は、荘の一円化にさいして東大寺と結合をふかめ荘官に組織された武士団大江氏の所領である。大江氏の所領であるとはいえ、この名はいわゆる領主名といわれるものに属するものではなく、年貢と公事を負担する六十六名の一名にかぞえられているものである。[27] その意味では出作六十六名の大部分の名主を構成する旧杣工上層農民が宛付けられた名とその性格を異にするものではない。一応こうした延成名の性格を念頭においたうえで、この名内耕地の一部が大江貞房から「雖伝領之、又領主明白也、然間頗可似相論之儀」という理由で手ばなされている事象は、鎌倉時代前半＝名田体制完成期から孕みこんでいる一般百姓名の矛盾を考えるうえで意味をもつと思う。

おそらく貞房の名から去り渡した物権は壇村墓原北にある田地の作手であって、これをもってただちに名の分解を云々することは無意味である。なぜならば、作手と名とはその意味内容を異にするものであって作手がいかに売買されたり、去り放たれようともこのこと自体は原理的に名の制度と無関係に行なわれるものであるからである。[28] しかしかかる原理的な用語のうえでの名と作手の区別性は、本年貢学生供米を主軸にこれの分配関係としてあらわれる現実の生産関係の生きた連関のなかでは無関係でありえようはずがない。この意味で貞房が領主（作手を所有する寺僧地主）[29]

真恒名の内部構成

名主	仏念……7反120歩（1反佃／1反預所給／5反120歩普通名田）	真恒名
地主・作人	弥三郎大夫入道・又二郎大夫……3反……中山田（地名）	
	良順房………1反……中山田（？）	
	又郎大夫………2反……苗代田	
	都合…………1丁3反120歩	

元応元年10月3日薦生荘真恒名御年貢注進状（東大寺文書4の46）より。

明白なるゆえに「頗可似相論之儀」といって延成名田二反を去り渡しているのは、これ以後依然として外皮としての延成名は存在するものの、名として一番大事な年貢徴収の機能をにぶらせる要素、あるいはその可能性をこれによって増大させたものとみるべきである。

名内の作手所有者や個別経営を保持する生産者農民にとり名主とは、荘園領主がとる地代（年貢・公事）を一たん集中させる寺家への窓口にすぎず、その関係は制度的には乾燥したものでしかなかった。このドライで非人格的な収取制度のもとで、作手の売買が盛行し、私的地主的土地所有関係が農民生活のなかに深くくい込むと、荘園収納体系につながる名主の公的機能的側面は弱められていった。このありさまをみておきたく思う。

荘北部薦生荘真恒名は名内耕地構成が上の表のようなかたちになっていた。この事例は元応元年（一三一九）のものであるが、このような名のあり方は鎌倉時代の前半から広くみえていたはずである。真恒名主仏念は、名に年貢未進があるとして責任を問われ、その結果寺家の手により彼の作田が点札されるという制裁を受けている。(30) しかし年貢の未進は名主の意志によるものではなく、実際には名内に作手を所有する地主や作人が彼らの作田六反（名全体を構成する田地の四・五割）で未進をしていたのである。作手売買にともなう耕地の移動は仏念の「普通名田」（仏念自身の作手所有地）五反百二十歩をうわまわり六反にものぼる耕地で行なわれていた。おそらくこうして名内に入り込んできた地主弥三郎大夫入道以下の経営は、いつしか仏念の名内年貢の集中・上納を内容とする名田管理権から絶縁したかたちで存在していたものと思われる。

宇陀川河東の樺井田地一反を請作する五郎検校なる作人は、その請文のなかで自らの任務をつぎのようにのべており、これは名田体制内部における地主経営のありようを考えるうえで示唆的である。(31)

……右件田地所当米者、新学生供参斗八升地主得分六斗炭一籠、毎年無懈怠南都運上候、惣庄平均不申損亡者、更不可申損亡候……

これによると（新）学生供米＝本年貢は、奈良に在住する地主（寺僧地主か）の得分米や炭とともに、名主を経由するのではなく作人五郎検校により直接運上されていたことが判明する。このことは当代の地主経営が名主の管理統制から離脱したかたちで名田内に生起し、しだいに名田体制を内部から瓦解させる条件となっていったことを思わせる。

年貢未進を理由に自田を点札された名主仏念は、寺家に対して「彼真恒名者、公田一丁三反少、此内名主知行分七段小仁不未進之候、帯御返抄、残六段者、別人知行之候、地主与申作人と申各別之候上者、可有御尋之候、若七段小仁未進之候者、尤可蒙咎之候、依別人未進、理不尽、名主蒙咎之条、無術次第之候」（前ページ付表参照）と説明陳弁している。(32) ここにはもはや、名を一箇の単位として「罷預、下人宛催令御公役勤仕」たり、「他人」「余所人民」に宛て作らせて「只、御庄内安隠」をはかる(33)一般名主の意識も態度も見ることができない。この主張から読みとれるものは、名主としての自覚の喪失と別人知行の地主・作人と同一次元に立った仏念の意識だけである。それは名全体からの年貢収納が行ないえぬ名主機能の痳痺＝名田体制の崩壊とこの事実を反映した名主の観念を示すもの以外のなにものでもなかった。

学生供米＝本年貢は名を単位に収納され、この収納体制＝名田体制は地主的土地所有関係の生起により事実上崩壊する方向へ傾斜してゆく。学生供米のもつ意味が政治的経済的にもまたイデオロギー的にもきわめて大きかったゆえに、これを収納する名田体制が崩壊へ向うということは、旧来の荘園農村秩序の大きな変化につながるとともに荘支配の体制的転換をも余儀なくさせた。

第三節　「料田」体制と惣寺直接支配

長期的で徐々にではあるが確実に進行する名田体制の崩壊する過程は、寺家東大寺への本年貢＝学生供米の減収過程でもあった。(34) 在地における農業栽培の周密化(35)と開発・再開発の反復的な拡大(36)に基づく生産力総体の上昇は地主的中間得分権を新たな〃職〃として生み出し、荘内の名田体制を破壊する力となって絶えず作用していたのである。こうした趨勢にともない、東大寺は学生供米を収納し寺内学侶に下行する従来の脈管機構とは別個に、客観的にはこの衰退を東大寺総体として補填し強化する新しい機構の確立を是非とも必要としたはずである。(37)

嘉暦四年、元徳二年とあいついで出作・新荘の荘務権が尊勝・東南両院家から惣寺へ去出されている事実(38)を一応の学生供米収納体制＝名田体制が崩壊していきついた荘支配の終着点とするならば、ここに到るまでの長い期間東大寺

鎌倉時代末期学生供負田の田積

A	a	（総面積）……………………	204丁150歩	負田分188丁7反240歩 / 御給余田 15丁2反270歩
		↓		
	b	御符前分井料田 84丁4反 / 御給収納沙汰得分1丁5反	85丁9反	
		↓		
B	残負田	……………………	118丁1反150歩	此内46丁1反90歩没官入了 / 定田72丁60歩

は別箇の荘支配機構の確立をめざして必死の努力を続けていたにちがいない。この緩慢でなしくずし的な変化を彩るものとしてさまざまの種類の「料田」と呼ばれる地目を史料に見出すことになる。(39) 私はこれら諸「料田」の設定（=経済的脈管の複線化）と、これを全体として支える惣寺の直接支配（=権力装置の一元化）に名田体制にかわる荘支配の転換を求めたい。

料田化された耕地面積の正確な数値を表示した史料が存在しないため、もとよりこれを全面的に解明するすべをもたない。しかしながら出作地帯における料田体制の部分的な規模については、元弘三年分の出作学生供米結解状によりみることができる。(40) いまこれを必要な部分のみ表にすると上のようになる。

このなかでAのa部分に記載された内容は荘園完成期に確定された建前上の田積にすぎない。そのことは内訳に記された負田分が公領時代の雑役免荘田としての「負田」田積値とほぼ一致することから明らかである。(41) したがって、aの数値は公領を一円荘田化してなされた名田耕地の数的状態を示すものと思われる。では鎌倉最末期の学生供米を供出させる実質的な基幹耕地はどこの部分にあらわされているかというと、B以外にはない。御符（封）前分・井料・御給収納沙汰得分など、時代がくだるとともに御給余田のみではまかないきれない耕地=財源を必要とすることになり（b部分八十五丁九反）、その結果学生供米供出耕地は大きく減少しBの数値になったものである。

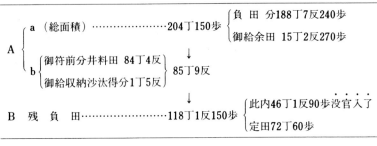

このために、いま問題とすべきは名田体制以後の収益源耕地を示すBであることが明らかになるが、なかでも「此内四十六丁一反九十歩、没官入了」との注記に気をつけるべきである。鎌倉時代中期いらいますます執拗にくり返された東大寺による没官行為――それ自体名田体制の崩壊を表現する一つのありかた――はますます多くの料田をつくり出した。没官耕地は必ず没官帳にその所当・所在地等が記入され、これを収納所が保管することになっていた(42)。こうして把握され料田化されたものが「没官入了」と記されたものであろう。

没官帳に入れられ料田に再編されるのは一つのコースにすぎず、寄進・買得等の経路から料田化するものも多くあるので、Bの内の四十六丁一反九十歩は部分的な規模をあらわすにすぎない。おそらく、定田七十二丁六十歩の内部も後者の経路からまだらのように料田化が進行していたものとみて大過ないと思う。

ところで、この「没官」とはいかなる契機によりおこなわれ、またどのような手順でこれが料田とされたものであろうか。

順良房顕尊という十六筆三十五町余の田畠において作手を集積し地主経営をおこなっている在村地主がいた(43)。東大寺はこれらの耕地を永仁二年（一二九四）没官している。その際、没官の理由とされた彼の罪状は「隠田事依令露顕、致種々狼籍畢(44)」といわれるのみで、いかなるかたちで隠田し寺家に狼籍したのかは明らかではない。しかし順良房が地主として「作人」あるいはその下にある直接生産者農民層からの剰余の部分的収得にとどまらず、（開発と）隠田をとおして積極的に田地経営＝生産過程に関与しようとしていたことはまず確かである。かかる土豪化した地主が農村社会で一箇の〝社会層〟として自己を確立してゆくことは、非荘園制的モメントの拡大にほかならない。このため東大寺にとっては、かような性格の地主を、抜き難いほどの在地性を獲得する以前に一筆ごと引き抜き排除することが必須の要件であったのである。地主僧源雲の罪科のさい、作手を没収すべきを「不耕作」なるゆえに免除されていることは、なによりも「耕作」しているもの、つまり――現実に耕地へ鍬を打ち込むかどうかは別に――土地に結びつき経営にかかわる地主こそを東大寺が没官の対象としていたことを裏書きするものである。[45]

順良房の没官田は預所・下司・公文（没官担当機関）に一時的に分割領有される。そして預所は、永仁二年五月九日大仏殿灯油田料に沽却し、[46]同年同月二十八日には下司・公文が下黒田延木の地片をやはり大仏殿へ沽却している。[47]当時、没官された田畠は預所と三職の手を経て、それから収納所保管の「没官帳」から書写作成したものと思われる「没官文」「没官状」を相具えて聖や講衆料田方へ売却移動することになっていた。[48]

こうした手順をふんで名田内の地片が質的に変化するのにともなう権力装置の再編は、従前の荘園内政治関係を大きく変化させるものとなった。この様相は料田化した段階にあらわれる東大寺側の政策により現出するものであるために、寄進買得の経路から出現した料田においてもまったく同一のものであった。したがって、この権力装置の再編は比丘僧阿念というものの寄進とそこで打ち出される寺家の一連の施策からみることができる。

寛元元年（一二四三）卯月十八日に、「帰依当伽藍、久求出離要道」る阿念（晴春）は本荘内黒田寺東辺の後田一段小と中村条字河井に存する河井田一段小の都合二段二百四十歩の田地を大仏殿へ寄進した。[49]寺家はこれに対してただちに政所御教書を預所へ発給し、これを受けた預所範慶はつぎのような下文を作成している。[50]

「使公人友房　友行　真清　為行」

下　　黒田庄

　可早致沙汰晴春寄進大仏殿御仏供料田事

右、件御仏聖田者、理詮致小（マヽ）之所濫妨、以外僻事也、任政所御教書、①一向六人堂童子為進退料田所当可納候、若此上②三職致矯餝者可被行罪科者也、并河井料田致作人妨之条甚以不可然、③如堂童子申付可為新作人之状如件、

寛元元年後七月二日

預所（花押）（ウラ執行蔵人法橋範慶）

これは料田の成立にさいし、地主理詮の違乱防害が存在したために作られた文書であると思われるが、そのためにかえってこの文書は、料田成立にあたり現われる支配体制の性格を総合的にみせてくれる。

この下文形式をとる文書の宛所は「黒田庄」と記されたものにすぎないが、年預所から下された「不可致濫妨沙汰、三職若令同心理詮者不可遁其科……定有後悔歟」という内容を眼目とする三職への下知状(51)と同じ日に相呼応して出されていること、そして堂童子為房・守房・行房・友房・友行・安房の六人堂童子が(52)「後田・河井田券契」を請取っている事実から実質的には六人堂童子へ宛てられたものと解すことができる。したがって右文書は従来の権力体系につながる三職荘官を体系からはずし、堂童子に据え替えるために出されたものであることは明白である。在地料田に据えられた堂

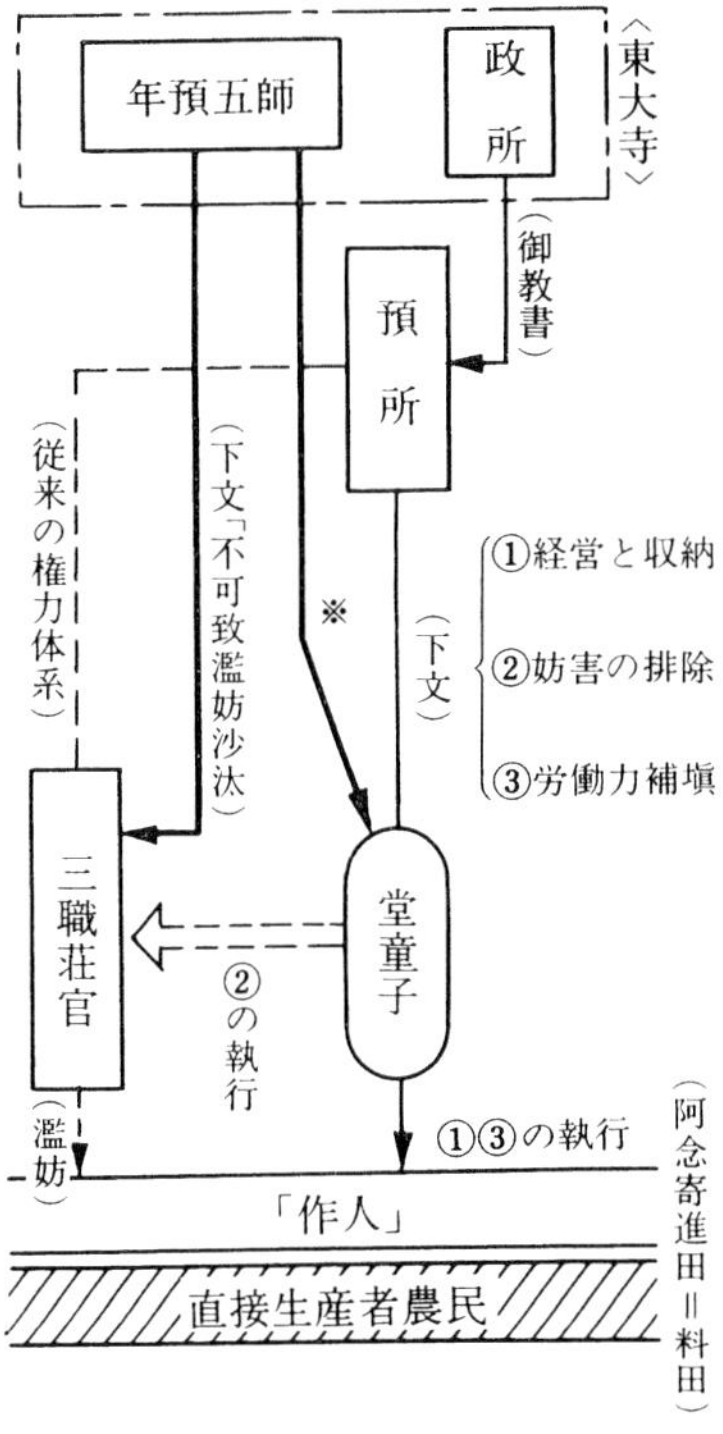

料田の権力体系

童子の任務は①「為進退料田所当可納」（＝経営と収納の活動をすること）、②「三職致嬌餝者可被行罪科」（＝経営妨害勢力を排除すること、そのさい堂童子へ「罪科」の刑罰権が付与されていることに注意）、③「如堂童子申付可為新作人」（＝労働力の入れ替え・補塡をすること）の三つにあった。このことをもって東大寺から在地（＝料田）への権力装置の内部にみられる堂童子の位置とその任務を概念的に図示すると前ページのようになる。

以上からあきらかのように、名田内一筆ごとの料田化は、その初発においては形式をふむ意味から政所御教書、預所の下文をもってし、これによって堂童子が下降するという外観をとったらしい。実際の料田に対する支配系統は政所―預所の系統が存在しておらず、もっぱら年預所から直接堂童子・公人・小綱へつながる支配系統として存在した。講衆共同管理の世親講料田（中村針抜垣内）が村人により作毛を苅り取られたときに、「講衆評議」による「為令致作物之沙汰、可差下少綱公人等」の要請を年預所がうけ、これを年預所が直接小綱・公人（＝堂童子）[53]に下知している。[54]あるいは、順良房没官地の場合も年預所が大仏殿舎利講料畠の所当未進に直面して「加年々利分」て「究済」致さんがための「巨多使者」（＝公人・堂童子）を下している事実は、[55]年預所―堂童子―在地の支配系統を示すものに外ならない。ゆえに日常的な料田の権力装置の内部の実態は前ページ概念図のなかで※の線から「作人」へつながる線をみるべきである。これはまさに、稲葉伸道氏があきらかにされた寺院内政所権限の縮小と年預所権限の拡大に符合する[56]寺領支配体制の新たな出現であったのである。

地主的土地所有秩序の広汎な生起が本年貢名田体制をつきくずし、この所有秩序を前提につくりだされたものが一筆ごとの料田の設定であった以上、東大寺は自らが荘民の「作手」を集積してもはや最高位の地主となったものと評価しうる。[57]この地主的土地支配の体制としての料田体制は、地代収取の面では一筆ごと在地へ降された収納脈管の複線化としてあらわれ、これを保障する権力装置の側面ではこれまでの在地荘官組織（大江一族集団）の機能を公田部から地片ごとに排除し、年預所（惣寺）権力が神人・公人・堂童子を導体に直接在地へ下降するものとしてあらわれた。このために料田が荘内にふえればふえるほど権力装置としての料田体制は支配的なものとなり、したがってそれだけ旧来の荘官組織の所務権はせばめられていった。荘官沙汰人らが強引に料田（＝順定房没官領）へ田率の夫役等公事を懸け、「無例之間、不可勤仕之由」を申す百姓の家内へふみ込み、質をとり「致種々煩」している事態は、このような排除される荘官所務権を料田において必死に貫徹しようとする姿を表現しているものと思う。(58)

料田体制の史的意味とはまさにこのところに表わされている。すなわち一筆の地片ごとに拡大してゆく料田体制は、これら地片を包含する公田部にその所務権を行使し、そうすることによってしか自らの村落支配の足懸りを求めることができなかった大江一族集団を、いやがうえにも惣寺への激しい対抗をもって歴史上うかび上がらせずにはおかなかったのである。

しかして激しい寺家敵対に衝き動かされる大江氏は、弘安十年前後に自らの政治的基盤を三職以下の荘官諸職に宛給された十六個の給名に求め、これらの名を万雑公事免除の一色名へ変質させることによって、各名の内部に事実上の名主として存在していた「百姓」を人格的に隷属化しようと策した。(59) しかしこのことは、東大寺〈大仏〉へ接合することによって守旧的立場を強めていた名主級農民と彼らの共同組織＝〝村落〟の反発を誘引することになり、逆に大江氏自身がおかれた村落内の位置を変化させた。大江氏はさまざまの社会的没落分子とともに村落共同体の外におかれることになったのである。そして社会全体を構成する人と人とのむすびつきが物と銭貨をなかだちとするようになると、いつしか彼らは氏族的結合の紐帯をほとんど失い、自身の結合原理をすっかり変えていた。こうして「悪党」と内乱の時代は人びとの変化のなかにはじまっていたのである。

むすび

これまでの荘園の構造とその変化に関する行論をまとめようと思う。そしてここから導き出せる荘園領主東大寺と荘民（ここではおもに大江一族集団）との矛盾の性質を確認して本章のむすびとしたい。

伊賀国の名張郡に広がるさまざまの自然地形を含み込んだ一円荘たる黒田荘は、杣の寺役雑事（材木造進）から宇陀川河東平野部での米収取に支配の比重（重要性）が移行していた事実を基盤に成立をみた。したがって米（学生供米）によって東大寺が在地と本格的に結びつけられることになり一箇の不輸の荘園制度がなりたった。学生供米は本年貢たるの地位をもつにふさわしく惣寺へまで収納・究下されるものでは唯一の地代であって、それ自体に荘民（名主）支配の宗教的性格と外部（国衙）に対する防衛の意味が付与されていた。

このためにこれの収取を実現し保障する名田体制は荘園制度の主軸をなすものでなければならず、名田の内部に生起する非荘園制的所有秩序＝地主的土地所有秩序は名田体制を弛緩させるとともに、東大寺の荘園支配の危機をまねき体制の転換を余儀なくさせる。

こうして創出されたのが料田体制に外ならなかった。地主田を没官・買得・寄進等によって集積する東大寺は、これらの田地をさまざまな種類の料田へときり替え、地片ごとに直接支配することにより荘園支配を建てなおそうとした。かかる黒田荘の構造上の変化は従来の下司・公文・惣追捕使（三職）以下荘官層大江一族集団の所務権をいちじるしく狭めることになり、それだけ東大寺との矛盾を深めることになっていった。またこの変化は大江氏と村落との矛盾、対立も引き起した。

ところで以上の道筋から東大寺と荘官層との間に生まれてきた矛盾は、荘官層の大部分を構成する大江一族集団自身の領主的経営と農民支配の拡大の結果がもたらした東大寺との矛盾ではなく、そのような矛盾とはその質を異にするものであった。この質のちがいを認識することは大江一族集団そのものの変化と悪党の出現を予測するうえできわめて大切な要件をなすものと思われる。黒田悪党が道路や境界をその精神的領域とする漂泊の神々と密接にかかわっていた事実(60)が、かかる〈東大寺―村落〉との矛盾によってたどる大江氏の非領主的コースから起因するものとするならば、「悪党」発生の基礎過程はこのようなところにみることができると思う。

注

(1) 悪党蜂起の経過については、中村直勝「伊賀国黒田荘」「荘民の生活」(『荘園の研究』所収、星野書店)を参照。

(2) これまで中村氏、竹内理三氏(『上代寺院経済史の研究』、大岡山書店)らにより基礎がすえられた「悪党」に関する研究は、石母田正氏(『中世的世界の形成』、東京大学出版会)によって画期的な飛躍をみた。石母田氏の研究の骨格をなす領主制理論は、それが精細な実証と体系性、そして深い哲学的思想を有するだけに、第二次世界大戦後の我が国の学界に計りしれないほどの影響を与えた。この理論的枠組みをもってしてはじめて中世在地武士団の実態究明と歴史的認識は長足の進歩を遂げたものといえよう。しかしこの在地領主制論の深化の過程は、一面客観的には荘園構造から切り離された(あるいは荘園構造との作用と連関をとらえる観点の弱い)在地領主の自己運動(ないし自己発展論)へと「悪党」の研究を絞らせてきはしなかったであろうか。石母田氏が「古代」とみたて、そうして全力をあげてこれと格闘しようとした荘園体制の根強さこそを悪党発生の〝容器〟としてまずは問題にすべきと考えるゆえんである。

(3) 承安四年十二月十三日後白河院庁下文案(『平安遺文』七―三六六六号。以下『平安遺文』は『平遺』と略す)。

（4）　注(3)に同じ。

（5）　永久三年四月三十日鳥羽天皇宣旨（『平遺』五―一八二六号）、永久三年十二月三日伊賀国杣工重解（同五―一八三八号）。

（6）　次の史料は住民がもつ杣工労働（寺役雑事）面と御封の関係をよくあらわしており、これから御封の「杣工」に対する意味がわかる。「件黒田杣、自勅施入以来、杣工等耕作公田、以寺家御封便補官物、併充入杣之粮料、敢無余剰、縦雖有杣、無工有何益、縦有之無田畝、何以支身命哉」（天仁二年九月二十六日官勘状案、『平遺』四―一七一〇号）

（7）　戸田芳実氏が明らかにされているごとく（「黒田庄における寺領と庄民――庄園制の非古代的性格について――」『日本史研究』三〇号）、一方で公領住人が国衙支配からぬけ出し東大寺へ寄人化している河東平野部での動きを考えるさい、米に重点をおいて荘民を収奪することは、広大な荘園を作り出すうえでさらに大きな意味をもつものであった。

（8）　戸田芳実氏は注(7)所掲の論文で、唯一「寺役雑事」を荘園制下土地領有の経済的実現たる地代と評価して、もって荘園制をアジア的封建制の一形態であるとされた。おそらく氏の考えの裏には、荘園公事＝「寺役雑事」を封建地代の初期労働地代と認める立場から立論されているのであろう。しかしその重要な論拠を「寺役雑事」におかれたまま、鎌倉時代を通して公事を主要地代とされることには納得できない。鎌倉時代の地代を媒介とする（荘園）領主―農民関係を「名田の進退を根拠とした夫役雑事収取」の封建的関係であると規定されたが、はたしてこれが一般農民が担う名田体制のなかでみられうる関係といえるであろうか。氏が例証するために引かれた「各、賜一名、令進退候……」（欠年七月十日三職荘官等申状、東大寺文書四ノ四）という史料の「一名」とは荘官の給名であってけっして百姓名ではない。したがってこれをもって鎌倉時代までも公事＝「寺役雑事」のみをもって地代としてゆくのは、史料の使用上からも説得的ではないと思う。私は、主な地代が一円不輸化とともに「寺役雑事」から学生供米へ転回したものと考える。なおそのさい、第一章で述べたごとき浮浪人的性格をはじめ、雑多な性格をもつすべての「杣工」出作民が御封に結合されることによって、ひとくくりにされている点を注意したい。

（9）　承安三年二月日東大寺置文案（『平遺』七―三六七四号）

（10）　小泉宜右「東大寺の寺領支配に関する一考察――黒田新庄について――」（『日本仏教』一六号）。

（11）　寛喜三年四月二十九日聖玄請文（『鎌倉遺文』六―四一三四号。以下『鎌倉遺文』は『鎌遺』と略す）。

(12) 文永六年九月日東大寺学侶連署起請文(『鎌遺』一四—一〇五〇四号)。
(13) 文治二年七月日東大寺三綱等解案(『鎌遺』一—一三三号)。
(14) 欠年大宅子社衆僧言上状・延慶元年十二月日大宅子社衆僧言上状(東大寺文書四ノ四)。
(15) 承安五年五月二十四日安倍利宗起請文(『平遺』七—三六八九号)。
(16) 大宅子明神が「諸郷仏崇社頭也」(延慶元年十二月日衆僧言上状、東大寺文書)といわれていることがこれを示す。
(17) 安元元年十二月日東大寺衆徒解案(『平遺』七—三七二三号)。
(18) 安元元年十一月二十五日後白河上皇院宣(『平遺』七—三七二一・三七二二号)。
(19) 建久四年六月日東大寺三綱等陳状(『鎌遺』二—六七四号文書)。
(20) 丈部俊方ら(国衙勢力)による攻撃に曝される東大寺がことさら後白河法皇の「御願」を持ちだす意味とこれをもち出す根本的動機は、中世成立期の国衙権力が一般に田堵農民を体制的に農奴化せしめようとする在地領主(伊賀国名張郡の場合、丈部俊方らがその軍事的中核を構成する在地領主)の槓桿となっているという事情によるものであって、在地におけるかかる条件(国衙勢力の存在)を基礎におく東大寺の荘園制確立へむけた政治的努力がほかならぬ地代(学生供米)の消却目的を〝後白河法皇の「御願」を祈るため〟とするかたちで表現させたのである。こうして地代そのものに国衙からの攻撃をかわす論理をもたせたのである。
(21) やがて、荘園領主が国衙に対抗するために外部にむけて掲げられた後白河法皇の意義が荘民にまで共有されるにいたると黒田荘の一円不輸の性格は一層強固なものとなった。寛元三年に伊勢造宮役夫工作料米を課されたさい、「黒田御庄百姓等」がこれを「背〻〻後白河御命、企新儀之沙汰者、還猛悪歟」と訴えているところを注目すべきである(寛元三年十二月三日伊賀国百姓等陳状案、『鎌遺』九—六五八一号)。
(22) 治承四年九月二日太政官符(『平遺』八—三九二四号文書)。
(23) 島田次郎「荘園制的〝職〟体制の解体」(竹内理三編『土地制度史』Ⅰ所収、山川出版社)。
(24) 戸田芳実前掲論文。
(25) 建保二年四月十七日東大寺年預所下文(『鎌遺』四—二〇九九号)・建保二年四月二十一日伊賀国黒田新荘没官注文(同四

—二一〇二号)。

(26) 大江貞房田地去状(『鎌遺』五—三二一七号)。

「ナツヤキノヒヤエノセウノサリ文」

避進

黒田荘出作延成名田内弐段壇村墓原北事

右件田者、貞房自或人之手、雖伝領之、又領主明白也、然間頗可似相論之儀、仍自　政所殊蒙御定、奉避尊顕房得業御房畢、

此上者、更不可有向後牢籠之状如件、

貞応三年二月廿三日　右兵衛尉大江貞房(花押)

(27) 欠年黒田荘公事勤否名々注文(東大寺文書四ノ七)。

(28) 稲垣泰彦「中世の農業経営と収取形態」(『岩波講座日本歴史』六巻中世2)。

(29) 貞応三年八月十九日法印某相博状(『鎌遺』五—三二七八号)。「御門弟相伝知行」の「御門弟」がこの「領主」にあたる。

(30) 元応二年九月二十二日名主仏念書状(東大寺文書四ノ四四)。

(31) 徳治二年卯月四日五郎検校作職請文(東大寺文書四ノ四五)。事例がやや遅い時期のものではあるが、これにみられる地主経営の基本的あり方は鎌倉時代の前半からすでに存在し、名田体制に対する破壊力となっていたと思われる。

(32) 注(8)に同じ。

(33) 欠年二月十七日春道有信書状(東大寺文書四ノ七)。

(34) 文永六年の学侶起請文の作成(前述)、あるいは正和四年にみられたところの院家・預所以下の給分を召し上げて学生供の不足分に充当するという非常事態(小泉宜右前掲論文)は、まさにこの減収過程の諸段階を画するものといえる。

(35) 鎌倉時代を通じて、二毛作が発展する。二毛作は麦単作耕地が夏期に空いているところに着目して始められたもので、豆と麦との二毛作がもっとも普通であったらしい(古島敏雄「日本農業技術史」『古島敏雄著作集』六巻二三四〜二四〇ページ)。黒田荘の土地売券にもこれを窺わせるものがある(正和四年八月二十七日尼蓮妙畠地売券、『大日本古文書』別集一—

七七号、正応五年三月日沙弥西仏畠地渡状、同東大寺文書八―六〇二号）。また畠地の水田化も行なわれていた（建長二年六月二十二日僧貞尊田地寄進状、『大日本古文書』東大寺文書六―一七八号、以下『大日本古文書』東大寺文書六―一七八号は『大古』六―二四三号などと略す）。

（36）収納代が「御帳面」（勧農帳か）に記載されていない田（治田）を書き出し、未進注文にそれを載せることに対して、一荘規模の「百姓」がこれを「非法」であると抗議している（元亨四年十月日黒田荘百姓等申状、東大寺文書四ノ七）。こうした動きの背後には「百姓」による治田小開発のかなり広大な集積を想定することができる。

（37）表面上もっぱら法会料（三十座の講筵の経費）としている学生供米は、実際にはこの法会に参加する寺僧の衣食住に多くあてられていたであろう。この荘園年貢がとどこおり、このことによって荘務権が院家より惣寺へ移動すると、これにともない「於供僧直令知行者、縦雖有何違例□□□《不可返》進本院家」（欠年記録、東大寺文書四ノ七）ということになり、寺僧らは自分の給分を直接知行するかたちを追求する。かかる個別的知行形態が寺内の個人・グループを問わず創り出されることにより、従来の脈管機構に代位する機構が新たに必要とされるようになったはずである。

（38）嘉暦四年七月二十八日東南院勾当定賢奉書（『大古』八―六〇五号）、元徳二年五月二十五日尊勝院勾当覚聖書状等案（同十―一一四号）。

（39）世親講料田、大仏殿燈油料田、花厳会料田、法華堂燈油料田、戒壇院僧食料田、地蔵菩薩御仏供料田、大仏殿舎利講料田などが黒田荘には存在した。

（40）建武元年十二月十日僧寛清黒田荘出作学生供米結解状（『大古』七―四〇〇号）。

（41）伊賀国黒田荘出作田数勘合注文（『平遺』八―四〇〇〇号）。

（42）徳治二年三月日年預所下知状案（東大寺文書四ノ六）。

（43）永仁二年十月六日黒田荘順良房没官領内所当請文注進状案（東大寺文書四ノ七十一）。小泉宜右「伊賀国黒田庄の悪党」（『中世の社会と経済』所収、東京大学出版会）。

（44）永仁二年五月九日僧聖快・聖賢連署田地売券（『大古』八―五九四号）。

（45）文永七年十二月十四日条々事書（東大寺法華堂八）。

(46) 注(44)に同じ。

(47) 永仁二年五月二十八日黒田荘下司・公文連署田地売券（『大古』六―一二三四号）。

(48) 欠年没官領田畠沽却状（東大寺文書四ノ五）・注(44)・注(47)・『大古』八―五〇四号・『大古』八―六〇八号などを参照のこと。

(49) 寛元元年卯月十八日僧阿念田地寄進状（『大古』九―七七〇号）。同年月日阿念挙状（東大寺文書四ノ七）。

(50) 伊賀黒田荘預所下文（『鎌遺』九―六二二四号）。

(51) 寛元元年後七月二日東大寺五師所下知状（『大古』東大寺文書別集一―五一号）。

(52) 寛元二年五月二十八日堂童子等券契請取状（石崎文書十六）。

(53) 注(50)・(51)史料中の公人友房・友行は注(52)史料中では六人堂童子の一員としてあらわれる。このことは同一の人間が公人とも堂童子とも呼ばれることを示しており、両者はほぼ同一の性格のものであったと思われる。

(54) 嘉禎四年八月四日年預所下文（東大寺文書四ノ二）。

(55) 応長元年十二月十日年預所下知状土代（『大古』十―七八号）。

(56) 稲葉伸道「中世東大寺寺院構造研究序説」（『年報中世史研究』創刊号、一九七六年）。

(57) 東大寺の手による作手の集積は鎌倉中期一定のピークに達した。入間田宣夫「黒田庄出作地帯における作手の成立と諸階層」（『文化』二九ノ三）。

(58) 正和四年十二月二十八日燈油聖良兼注進状（狩野文書十八）。

(59) 欠年裁許状断簡（東大寺文書四ノ五八）。荘官給名のなかの公事名を一色名化しようとする運動（「脇名」化運動としてあらわれる）は、大江氏のおかれた村落共同体との関係を分析するうえで見過ごすことができない事象であるが、紙幅の都合上詳論はしえない。別稿を期したい。なお、拙稿「黒田荘悪党期大江氏に関する二つの観察」（『日本社会史研究』一八号）を参照されたい。

(60) 拙稿「鎌倉時代の漂泊民信仰と悪党」（本書第三部第一章）。

第二部　寺院社会と悪僧

第一章　寺僧と僧伽共同体

はじめに

官寺仏教体制は律令国家から強い統制をうけていたから、寺内の僧の生活のしかたは、世俗からの厳しい遮蔽を特徴としていた。だからこの体制がきしみだすと、緩んだ制度（得度制度・僧綱制度）のすき間からもろもろの世俗性がながれこむことは当然考えられる。寺僧の武装慣行もそうした世俗性の外からの流入と観ることができるであろう。しかし、こうした制度の側面からだけで、僧侶の武装慣行を考えるわけにはいくまい。おそらく僧侶の個人生活の実態と、これを大きく上から規制している寺との関係を軸にする寺院全体の構造的な変化が内的な原因となっていたものと考えられる。そこで本章では、寺僧の武装のありようから、寺僧の主権的個人の形成と寺の共同体を観察し、もって中世成立期寺院の構造的態容をあきらかにする。なおここに言う寺の共同体は、官寺仏教体制下における古代僧団の解体と、自立した寺僧＝主権的個人を前提にして歴史的に成立をみた自主的で目的意識的な共同体のことであって、これを古代僧団の共同体と区別して僧伽共同体とよぶことにする。

第一節　僧の闘諍

寺院大衆・神人らの嗷訴の件数は、十世紀にはわずか一件であるのが、十一世紀になると十四件となり、十二世紀にはじつに五十三件となる。(1)平安時代後期からの急激な嗷訴件数の増大は、寺が急速に国家の統制からはなれ、王法仏法が互いにもたれあいながらも、一定の自立的集団を構成するにいたっていたことを表わす。また、そのことは同時に、嗷訴じたいの腕力的傾向——乱闘・合戦にいたる傾向——からして、程度の差はあれ集団内における僧の武装が、個人のレベルでひろがっていることを表示している。

僧の武装は半僧半俗の下僧・雑人にかぎらず、院政期ともなれば修学の徒までもが兵器を所有し、闘諍を好む一面を有していた。貴族の日記をみれば、このことは明らかであって、たとえば比叡山、園城寺などはつぎのような有様がほとんど常態となっていた。

叡山衆徒相乱、東西塔僧合戦、或放火焼房舎、或中矢亡身命、修学之砌還為合戦之庭、仏法破滅已当斯時歟、又薗城寺衆徒濫悪如此云々、凡天台仏法滅亡之秋歟、嗟呼哀哉、(2)

学生が山内において阿鼻叫喚の合戦闘諍にあけくれていたことは、後述する治承二年学生堂衆間の抗争からも疑う余地がない。

寺家は「共人之中、帯弓箭者於此門下留、兵器寺中有制之故也」というように寺のなかへの兵器持ち込みを禁じたし、(3)国家は「八瀬方遣繁賢有貞郎等、可搦兵具持上山之輩也」と兵具を比叡山に持ち上げようとする輩の逮捕にあたった。(4)「近日被仰下義家義綱朝臣等并検非違使、固比叡山東西坂下、被追捕悪僧并帯兵仗攀登山上之輩、又被追捕京中悪僧」ともある。(5)またしばしば僧どもの濫悪を禁じる綸旨を発したり、(6)あるいは院宣をもって兵仗携帯を禁遏した。(7)

①近日大衆切人房事、是済仁入卅講之故、衆徒成怒之間、皆帯兵仗云々、是近曽兵仗有制、猥破宣旨、

②山上帯兵仗輩、依院宣可行罪過之由、下知座主許了、(8)

そしてこれを承けた座主は、兵具の押収と焼却につとめたのである。(9)けれども、僧の武装は寺のうちに、あるいは外に烈しさをます武闘の応酬とともに、ますます寺院のすみずみにひろがっていった。ところで僧の武装のさまを日常生活のなかでみると、住居との関連で興味あることがらに気づく。まず天台座主良源の天禄元年（九七〇）二十六箇条の制式をみる。(10)

③或僧等結党成群、忘恩報怨、懐中挿著刀剣、恣出入僧房、身上帯持弓箭、猥往還戒地、傷害任意、不異彼屠児、暴悪遍身猶同於酔象、

つぎに『造興福寺記』の永承二年（一〇四七）の記事をみる。

④寺中僧房等、称雑仕之下女多以出入、帯弓箭之者任意往還、……是寺家不禁遏之所致也、

③と④はともに僧の武装・武力組織が原初的には日常の生活空間たる僧房とむすびついて発生したことを示している。刀剣や弓箭を玩ぶ僧どもはまず僧房に出入りして、ここを根城にうごきまわっていたらしい。僧房に武器が置かれていたことは、『今昔物語集』にもみえる。永観二年（九八四）から永祚元年（九八九）まで東大寺別当に在任した寛朝（真言広沢流開祖）が仁和寺で追剥ぎに遭遇したとき、僧房にいた僧どもは手に手に松明をかざし、刀をにぎりもって七・八人、十人と飛び出してきたという。(11)また『義経記』に、房の師匠である東光坊（房）が入室の弟子牛若に敷妙《しきたえ》な

る腹巻をあたえたとあることなども、僧房と武器のむすびつきを物語っているとおもう。

僧房は寺のなかで生活をする住僧のもっとも個人的な場であって、ここを単位として僧たちは修学にはげんでいた。ここから武装慣行が発生したということは武力組織がまずもって私的・個人的なものであったことを意味するであろう。私的・個人的性格を僧の武力の一貫せる特質としたことは、兵具・悪僧にかんする取り締りの責任が師主（僧房の主、すなわち房主でもある）にかけられていることからも推測される。天承元年（一一三一）の比叡山禁制は、「裹頭、蔵顔、挿刀横剣、集会之場、自及濫吹、仍須師主之輩各加教督制其所為矣」とあった[12]。

また承安三年、興福寺は延暦寺の勢力をよびこんだ多武峰に対して攻撃をかけ、堂舎をことごとく焼き払った。これを憤った朝廷は、興福寺とこれに与同した東大寺その他南都諸大寺の所領を没収した。この事件はけっきょく翌年に、朝廷が没収地を返還するというかたちで決着をみるのであるが、そのさいの官宣旨をみると、「於悪僧并師主所領者、可付本寺」という条件が付されていた[13]。おそらく僧房師主と入室弟子が僧の武力の単位組織となり、これを足場に武勇を好む悪僧が発生したのであろう。良源がすでに十世紀に、武装の僧徒について、「是則或師長不呵責弟子之悪行、或弟子不順師長之教誡故也、自今以後、殊加禁遏、師弟共守身口之戒律」べきを論じたのは[14]、寺院における基本的武力組織のありかを的確にいいあてたものといえよう。

『五代国師自記』は鎌倉末期の記録ではあるが、こうした房内の武力組織のありようを具体的にみせている点で興味ぶかい。

⑤（永仁三年）同閏二月十七日、登山住戒上坊、至五月末住畢、当坊之為躰、云房主、云同法、更无勧学之志、偏専兵法、而予為幼稚之身、更无武勇之志、常好修学之仁、……同法等侶頗有誹謗之気色、然而終無退屈、

房内で兵法・武勇にはげむ僧どもは、騒ぎがおきると僧房単位の結合体（房主・弟子同法）としてあらわれた。「一如房の阿闍梨真海、弟子同宿数十人ひき具し、僉議の庭にすゝみいでて……」という具合にあらわれた。[15] それゆえ、かれらが大衆から制裁をうけるばあいも、僧房がまず切り破られるのは当然であった。若大衆どもは、「これは一如房阿闍梨がながが僉議にこそ夜はあけたれ、おしよせて其坊（房）きれ」というなり、坊をさんざんにきった。そこに居合わせた弟子・同宿は防戦にあたり、数十人が討たれた。[16] 大衆がひとつの権力主体たりうるためには、命令権をもつ強制力がその内部に存在しなければならないことは後述するが、こうした強制力が制裁権として発動される場合、かならず個々の僧房を切り破ったり、焼き払っていることは注意しておく必要がある。[17]

第二節　私僧房の繁衍

(一)　僧房の存在形態

ここでもうすこし、僧房について論じたい。律令財政機構の破綻が国家による寺院の維持を不可能ならしめたことは、十世紀末までの東大寺が荒廃の危機に瀕していたことからも明らかである。この危機的状況と得度制度の弛緩による僧の人口増加、僧綱制度のみだれからくる仏教社会の門閥化、そして仏教の真言化などは、たがいに絡まりあいながら、わが国の仏教社会を大きく変貌させていったのであった。この変貌のなかで僧房のもつ意味は重大な変化をとげた。

もともと仏教僧は、私財を持つことのない僧伽和合の共同体を即自的に構成しながら、修学と修行をおこなっていた。この共同体を律令国家が経済的に支持し、国家安穏を祈禱させるべく生活を規制する場合、寺は厳格な七堂伽藍式の外観をみせ、そこでの僧侶の居住は三面僧房式の形態をとった。東大寺の記録をみると、「学侶修習、無弃寸陰、僧衆集住不倦寒暑、三面僧坊諸宗並窓、小乗大乗鑽仰既旧」とある。(18) そして僧侶の朝夕の食事は七堂伽藍の一つである食堂でとることになっていた。一般に食堂に集合したら、「各以所持応量器等、平等受食」けとり、そこで食すことになっていた。「自食堂却出、更持出各室、隠居不可喫之」というわけである。(19)

集住と共食にみる生活の共同性は律令財政が破綻し、堂舎修造・供仏施僧の経費がとどこおるにつれ、徐々に解体・分散の方向をたどった。すなわち、住侶のなかには私に檀越をさだめて巷閭に出入りし、仏験を誣称して衆庶を註誤するものがあらわれ、あるいは陀羅尼を誦して私怨を酬い、壇法を行なって呪咀をするものがあらわれた。貴族の家僧、私僧となるものや、有力貴族との師壇関係をとりむすぶものは枚挙にいとまがないほどであった。(20)

平安時代の後期ともなると、かれらは国家の管理から離れつつある（と同時に荒廃化しつつある）寺院の間処に、それぞれ独立した僧房を私財としていとなむようになっていた。永久五年（一一一七）東大寺僧禅得は居地一所（ここは「房地」ともよばれている）の所有を認定されるために、五師僧につぎのような解状を提出した。この解状は独立私僧房の発生の様態をよくあらわしている。(21)

⑥「恩□法師之房□」

僧禅得解　申請　五師所御証判事

請被殊任　開発理、証判屋地一所状

在上司東

四至東限路　南限路
　　西限中垣　北限路

右件地、常々荒野也、而為居住開発、造立小屋、住年久矣、仍為後代公験、御判請申状如件、

永久五年二月九日　　僧禅得

禅得は「荒野は又開発するをもって主と為す事、世□(間カ)の常習なり」という農村の法理(22)をあきらかに知っており、これをたてにとって上司東辺の地片を私有地にした。かれは「常々荒野」たるを称して、「開発理」を導きだし、そうして土地と「小屋」(=僧房)を私財にしたのである(23)。この小屋はのちに発展したものとみるべく、鎌倉時代には大法師永範の所領房地として、「東大寺上司辺阿弥陀院之敷地壱所」がみられ、六間二面の「房一宇」と二間の「土門一宇」が存した(24)。この堂舎と所領をめぐって師主永範の後家は弟子・養子らとのあいだであらそい、けっきょく弟子どもによって排除された。弟子どもが後家の文書盗取を許さず、僧永厳なる者に配分したのである。こうした争いは僧房堂舎じたいが内部に成立した家族、あるいはそれに準じた私的集団の財産になっていたことをあらわしている。

私的財産としての僧房は、片山都維那御房によって東大寺北東山腹にかまえられ(25)、三綱威儀師覚仁の手で今小路に営まれていた(26)。これらも禅得のばあいと同様に、寺地の荒廃にともなう無主化や即自的共同体(=古代的僧団)の解体傾向のなかで、いつとはなしに営まれるようになったものと思われる。

(二)　寺僧領と寺僧経済

寺のなかに私僧房がひろく繁衍した十一・十二世紀は、畿内の農村に広汎な寺僧領の形成がみられた時代でもあっ

た。この寺僧領は個別僧房ごとの武力の出現と重要な関係を有していた。たとえば、承安三年の興福寺衆徒による多武峰焼き討ち事件にたいし、王朝政府が興福寺の「寺領」と「悪僧并師主所領」とを厳密に区別し「悪僧并師主所領」の方を本寺（興福寺寺家）に付している事実がこのことを物語る。師主は天禄元年の良源の二十六箇条制式にみえる「師長」に、また天承元年比叡山禁制にみえる「師主」に比せられるべく、弟子・同宿をもつ師匠のことである。かれはすなわち、房主寺僧にほかならなかった。だから「悪僧并師主所領」とは、個別僧房ごとの「所領」＝寺僧領のことであって、政府はこれを寺僧からきりとって、かれらを無力にしようとしたと解せるのである。

こうした寺領と寺僧領との区別は、治承内乱のときみせた王朝政府の対寺院策のなかにもみられる。治承四年（一一八〇）政府は園城寺悪僧らが朝家に違背謀反を企てたとして門徒僧綱以下の公請を止め、綱位を解却するとともに「寺僧私領」を収公したのであるが、そのさい「有限寺用」は国司の沙汰として直接寺家所司に納付せしめた[27]。また平重衡の南都焼き討ち後、いったん収公した「寺領并寺僧領」をもとのように返付したなら、「悪徒等濫行、向後不可絶」という院使蔵人左少弁行隆の言にたいして、九条兼実は、

先衆徒悪行、累世積年、遂依謀反之聞、被遣追討使、是皆依悪僧之所行、被施厳粛之刑罰也、

としながらも、

敢非仏像正教之過失、又非禅侶堂舎擁怠、然者、僧徒之所領、猶可依罪之軽重、何況、於仏寺之領哉、

と主張した[28]。かれによれば、寺が悪いのではなく、僧徒のうちの悪僧がわるいのであるから、僧徒の所領（寺僧領）については罪の軽重によって返付すればよく、まして「仏寺之領」（寺領）は返すのがよいとしたのである。この年三月二日、官宣旨をもって、東大寺勅免荘園僧徒所領は「元の如く知行」すべきものとした。そのさい「但於公験不明之

所并悪僧田地者非免除」とした(29)。

王法と仏法とが双翼の関係にあり、「我寺興復者天下可興復、我寺衰弊者天下可衰弊」と信じられていたこの時代(30)、国家は堂舎伽藍の荒廃をくいとめ、法会・仏事の勤修を保障することがどうしても必要であった。だから寺僧経済と寺家経済を厳密に分けようとする立場は、王朝政府に一貫していた。

第三節　寺院社会の二元構造

(一)　武力編成の二元性

a　集団的編成

王朝政府の政策的立場の前提には、寺院経済の内部が寺僧経済と寺家経済の二元構造からなりたっていたことが考えられる。とするならば、この二元構造が寺院社会のしくみに当然大きな影響をあたえていたものと推測される。寺院社会の特質をどう規定していたか、とくに武力編成の問題と関連させながら考察することにする。

そこでまず、寺僧経済の基盤である寺僧領について考えてみたい。稲垣泰彦氏の研究(31)によれば、大和国小東荘（東大寺領）の天養検注帳をみると、多くの寺僧の記載がみられるが、その所領が一括して「寺僧領十七町五段九十歩田畠」とあることに明らかなように(32)、かれらは単なる作人ではなく、所領をもつ地主であった。地主のなかには小東荘支配の基本単位たる白米名請人や直接耕作者たる上人もいたが、寺僧地主のほとんどは奈良に在住する純粋な加地子取得者であった。かれらは「荘園機構のなかからはみだした存在であるが、このような形態は大和等畿内には普遍的に存在し、それ故にこの地主職（作手職）は自由に売買譲渡された」という。稲垣氏の見解について、土地所有権が「地主職」として表現されだすのは、寺家＝荘園領主がみずから地主化する後代のことであると思うが、それにしても寺僧地主が荘園の機構外において存在するという指摘は、まことに重大な意味があるとおもう。というのは、かようの小東荘における地主の理解が、寺家経済と寺僧経済からなる寺院経済の二元構造を具体的に照射するからである。(33)

では寺院経済における二元構造は人間をどう編成したのであろうか。寺家経済を支えた寺領はその支配システムが、完成された段階（十二世紀末）にははっきりとあらわれる職の連鎖・体系によって特徴づけられる。個々の寺領＝荘園は職の連鎖によって寺家につながり、それぞれの支配の実現形態である年貢・公事はつねに、寺と荘民との法的な身分関係を繰り返し強調、確認するところにおもな意味がおかれていた。ここに荘民一般を「伽藍之奴婢」「大仏之奴婢」というかたちで寺に呪縛する前提的関係を見出すことができるのであるが、ここではとりあえず、かようの関係が非人格的で集団的な形態をとってあらわれていることを注意したい。

伽藍堂舎やその本尊ととりむすばれた非人格的かつ集団的関係は荘民を神人・寄人、夏衆に組織し、(34)あるいは必要に応じて兵士に編成した。(35)こうした関係をふまえて、大衆は寺領荘民に公領への侵略と国衙敵対をけしかけたし、(36)他寺との抗争や中央への嗷訴にさいしての戦力をつくりだした。

⑦南都衆徒蜂起、敢不休云々、金峰山吉野軍兵大和国土民庄民携弓箭之輩、皆以相従、不知幾万、(37)

⑧南都衆従、此両三日不蜂起之処、俄自昨日以外興盛、催末寺荘園之武士、五大寺一等《(マヽ)》今両三日之間、可企上洛之由、議定已了云々、(38)

これらの史料は、衆徒が寺と荘民の非人格的集団的な命令系統を通して、兵力の動員をはかったことを物語っているのであろう。ここで動員された末寺荘園の「弓箭之輩」「武士」どもは、特定個人の人格に帰属するのではなく、神仏の意を体した（後述）ところの集団に属していた。

b　個人的編成

これに対して寺僧領を介した人間の編成はどうであったか。ここでの編成のしかたはあくまでも個人と個人の私的な関係を前提していた。編成原理の個人性は二、三の史料からおおむね推定することができる。

水木直箭氏所蔵文書には、「東大寺小東庄地主之田堵等」の書き上げの断簡がある。[39] これをみると、聖仏房僧都御房には田堵伴吉久、円顕房御房には田堵紀有安、了智房五師御房には田堵教禅といった具合に、個々の寺僧房主（地主）に田堵が付属している様子が窺える。これらの田堵は寺僧領田地を耕作する農民であって、寺僧と田堵の関係は加地子収取とこれを請け負うだけのルーズなものでしかなかったといわれている。けれども寺僧領のすべてが、在地から浮き上がって遊離していたものと一面的にみるのは正しくないと思う。

大衆の共同体的な内部制裁が個々の寺僧にたいして行なわれるのを衆勘（あるいは勘当）というが、この制裁に関する史料をみると、寺僧の僧房が切り破られ、焼却されるばあいなどに、被制裁者の私領住宅までが同時に破却焼却されているのに気づく。長寛元年（一一六三）興福寺別当恵信が衆勘をうけて佐保田房舎を焼かれたとき、所従眷属の住宅も大衆の手によって切り払われた。[40] また久安六年（一一五〇）春日社神主時盛朝臣が衆勘に処せられたときは、館・御供倉・所従住宅等十一宇が焼失したいっぽう、山郷内の在家が所有の数だけことごとく追捕された。[41] これら焼失の建物や追捕の在家は、各地の私領地に散在していたものとみて間違いあるまい。

さらに、比叡山の昌玄なる僧が、「大衆之勘当」をこうむったさい、母親の隆円後家藤原氏から譲りうけて知行していた丹波国草南条波々伯部村保の住屋が破り捨てられ、所領が没官された。[42] これらの事例は、いずれも寺僧が在地の私領地住民と緊密な関係をもっていた（昌玄の場合は、私領地に在住していたらしい）ことを示している。大和国吐田荘の私領在家人が東大寺僧覚仁の「朝夕之所従」になっていたように、[43] 衆勘にさらされた寺僧私領の住宅・在家の住民は寺内の僧房に朝夕仕える所従でもあったと考えられよう。寺僧の武装慣行と戦力基盤はその多くの部分がかようの私領と所従によっていたと考えられるのである。王朝政府が悪僧の武力を弱めるために「悪僧并師主所領」をとりあげたのは、こうした私領（＝寺僧領）の性格によるものであった。

ところで有力な僧侶の周辺には、しばしば房人なるものがみられる。仁安二年（一一六七）興福寺前別当恵信が凶党を集めて寺中にはいり、別当尋範を殺そうとした。そのとき、房人が尋範の防衛にあたり、「相禦之間、亡命者多」くを出した。[44] また仁安三年には大僧正某の房人が蓮花蔵院におしいり、狼藉をはたらいた。このときの房人は百余人をかぞえた。その宗たるものは兵衛尉知光なる人物で、かれは堂舎に乱入して預承仕を凌礫し、また兵士（堂守の兵士であろう）二人の本鳥を切ったという。[45] 兵衛尉知光がいかなる素姓の人物であるのかは不明であるが、ここで房人が俗体の武士であったことは確認される。

おそらく、この房人も私領の世界から特定の僧侶個人に結びついた武力であったであろう。伊賀国黒田荘と大和国長瀬荘の境界争論にまつわるつぎの史料は示唆的である。[46]

⑨抑以長瀬庄領、奸号伊賀国内由緒者、龍穴寺前前別当覚儼律師之時、伊賀国名張郡住人親俊兼作当国長瀬庄田、即彼男成律師房人、所領給免也、因之運随分奉仕之功、親俊滅亡之後、子息俊方伝得之、又別当遷替玄寿僧都、

うたた寝する房人（『春日権現験記絵』より。御物）

ここは興福寺修理目代紀伊寺主の私僧房である。房には倉庫が付属し、私領からの米穀がたくわえられている。縁側で体を横たえ、武具にもたれかかってうたたねする武士は寺主の房人である。かれの身のまわりには腹胴の鎧・弓矢・胡籙・楯がおいてある。武士は戦闘の業をもって身をたてる芸能者であった。だから、そのための道具＝武器はかれの身体にやどる技術と一体的に結びついていた。

執務彼末寺之間、俊方触事依為所行不審之者、自龍穴寺方停止俊方濫吹之間、或制止焦蘇、或破却井堰了、

これによれば、名張郡司の流れをくむ源親俊が隣国大和国へ入りこみ、長瀬荘田を兼作していたが、そのさい領主覚儼律師の房人になることによって、所領を給免されていた。こうした両属的人物の活動によって荘園の争論が引き起こされていることは、それ自体興味がもたれるが、ここではとりあえず親俊が房人になることと、長瀬荘田を所領として給免されることが、密接に関係していることを注意したい。土地を介したかようの親俊と覚儼の関係が成立した背景には、耕作荘田の相当部分が覚儼の「私領」となっていたことをかんがえざるをえない。いわば、この場合は上級の土地所有として「私領」が存在していたわけである。

親俊・俊方一党は房人関係によって獲得した長瀬荘の所領を、独自の財産として持ち伝えようとしたらしい。しかし覚儼の「私領」は安定性を欠いていたらしく、龍穴寺の別当職が玄寿にとって替わると、俊方の代に龍穴寺の手によって井堰が破られ事実上所領は破壊されてしまった。

(二) 僧伽共同体への一元化

私領を基礎とする僧の自立（=即自的共同体からの離脱）は私僧房の成立によって表示された。所従や房人が僧房に出入りし、僧は武装した主権的個人を構成するようになった。

僧の自立はかれらの共通課題である修学と、なかば世俗的な栄達への願望から国家的な法会仏事を行なう（法人格としての）寺から離散することができず、むしろ良家子弟の天下りや他寺、国衙との抗争、嗷訴が契機となって利益を共同して保持するための目的意識的な共同体（=僧伽共同体）をつくりだした。これが権力の実質的部分を構成する大衆

にほかならず、このなかの下位に位置付けられた僧が「寺僧」として史料にあらわれるのである。かれらは共同の権力機構としての大衆からさまざまな規制をうけねばならず、そのために「房主帳」[47]「寺僧帳」[48]などに登録され、あるいは擯出されたりする。そのさい大衆の規制が寺への帰属を意味するから、寺家の制度にくみ込まれるという形式をとった。

ところで寺領荘園の支配の形式が、あたかも大衆による寺僧への規制にも類似している点は興味深い。すなわち、荘園の官符公験が寺家の印蔵に納置され、支配の人的組織が預所・下司・名主といった所職によって体系的に組み立てられ、寺家のもとに指揮命令系統が束ねられているいっぽうで、寺への敵対農民の住宅が大衆の手によって焼き払われているのは[49]、僧房・所従住宅を焼き払われたのと同様に、衆勘を想起させるのである。そのように考えると、中世荘園制の権力構造とは、個々の寺僧の上部に結成された大衆が周縁部の農民（神人・寄人）をのみこんで形づくった一種の宗教的共同体であったとも思えるのである。いずれにせよ、こうした寺院社会の二元構造のひろがりのなかで僧房を核とする私的な寺僧武力は理解されるべきであろう。

寺僧の世俗的な活動が活発化すれば、かれらは叡山の法薬禅師のように、武勇の輩を周囲にそなえもち、放逸のあまり寺内で合戦闘諍をひき起こすようになるが[50]、このことが一面では大衆の武力を強めることにもなり、有用ですらあった。かかる寺院の矛盾的構造はやがて制度の力によって管理・調整されるようになる。このことを端的に示すのが元暦二年（一一八五）の僧文覚四十五箇条起請文である[51]。この起請文は寺内住僧が心すべき制誡を四十五箇条にまとめたものであって、寺僧らはこれを「為末代之明鏡、各慎誡自身、或互加教訓、可令仏法寿命継未来際」であるとした。こうした位置付けは、この制誡四十五箇条が、北爪真佐夫氏の指摘するように[52]、平安時代の僧のありようにたいする一定の反省のうえに編まれたものであることを示している。歴史的な反省をふまえて今後の規範を確立しようとしたのが四十五箇条であるといえる。

四十五箇条の全体は、寺僧の「満山一味同心」の強調と、個人の抑制を要求する姿勢でつらぬかれている。

一、非寺大事之外任私心不可帯刀杖甲冑等事、

右、不蒙大衆許之外、若寺中若他処、恣不可持兵仗弓箭等矣、

この条文は、満山大衆（＝一味同心）を優先させ、このもとに個人の武力を従属・管理しようとしているのであって、けっして寺僧の武装（兵仗弓箭、甲冑所持）の禁遏をうたったものではない。むしろ別の条で「有大事訴訟之時、僧徒引率」して、「大衆陣参、可驚天聴」きをいい、「私威」をもってする合戦のみを禁じているところをみると、寺としての武力はこれを政策的に保有していたと考えてさしつかえない。

満山大衆の共同規制に制度性をあたえ、そのもとに個人を従属・管理しようとする考えかたは、とうぜん僧房についての扱いにも一貫するものであった。「不可帯院々坊々別執」という条で、「右当寺住僧等於満山成一房之思、互令触大小諸事、不可有隔別之心」といっているのが、このことを示しているのである。かくして僧房を拠点にした武装慣行（↓主権的個人の形成）が、いっぽうでは寺内の闘諍と混乱をもたらしながらも、他方では大衆に包摂され、管理され、寺院武力の強大化へと方向づけられていった。それは寺院社会の二元構造がしだいに克服されていく過程にほかならなかった。

むすび

これまでの寺院社会における僧の武装慣行に関する行論をまとめる。

十一世紀から十二世紀にかけて、わが国の寺院仏教社会では、汎く僧の武装が僧房を単位に行なわれていた。これは寺が官の手から離脱する過程に発生した現象であって、個人の自立化をもっとも端的に表示していた。僧の武装慣行は、国家の統制が取り払われたところから発するもろもろの現象、すなわち個別分散堂舎・私僧房の広汎な経営、それを拠点とする土地財産＝私領の所有、そして房舎・私領の相承を軸とする師主・弟子同宿の私的結合の成立といった現象と密接に連関しながらあらわれた。僧の武装・闘諍の背景には、法人格としての寺がもつ「寺領」とは別に、個々の主権的個人がもつ「私領」が存在しており、そこから在家所従や房人が房主に直接結びついて武力を供給していた。

しかし寺の止住僧は個々の経済的武力的基盤に足をつけたまま遠心的に分散していくわけではなく、寺の国家的法会に出仕することが個人の栄達の手段なる故に、これを核として依然として寺としてのまとまりを維持・存続せしめた。かれらは自立した個人を前提にむしろ結集をつよめ、寺の運営を主導するようになる。ここに即自的共同体としての古代的僧団とは異なる目的意識的共同体＝僧伽共同体がすがたをあらわした。この共同体は私領・私房の個人経営の上位に位置して、共同の利益と課題に基づく政治的集団とみるべく、大衆はかようの集団に発展転化することによって歴史的意味をもちえたと考えられる。(補注)

注

（1）辻善之助「寺社大衆神人等嗷訴略年表」（『日本仏教史』第一巻上世編所収、岩波書店）。
（2）『中右記』長治元年三月三十日条。
（3）同右、承徳二年十月九日条。
（4）同右、永久二年七月二十六日条。
（5）同右、長治元年十月三十日条。
（6）注（5）に同じ。
（7）『中右記』永久二年六月三十日条。
（8）同右、永久二年七月六日条。
（9）同右、永久二年四月六日条。
（10）天禄元年十月十六日天台座主良源起請（盧山寺文書、『平安遺文』二巻三〇三号。以下『平遺』二―三〇三号と略す）。
（11）『今昔物語集』巻二十三、広沢寛朝僧正強力語第二十。
（12）天承元年二月十五日延暦寺起請（『朝野群載』巻第三）。
（13）承安四年正月十八日官宣旨（東大寺文書四ノ四、『平遺』七―三六五二号）。
（14）注（10）に同じ。
（15）『平家物語』巻第四「永僉議」。
（16）同右、巻第四「大衆揃」。
（17）『維摩会講師研学竪義次第』康治元年条をみると、「覚盛去年依重服不遂、仍今年可遂之処、依衆勘不遂之、其替尹覚賜請遂之間、覚盛依被免衆勘遂之」とあるが、このことについて『三会定一記』（『興福寺叢書』所収）の記述をみると「（覚盛）今年雖可遂、有事大衆切掃住房追却、仍其闕尹覚依□□宣被補了、而覚盛尚依長者宣遂之」とある。このほか、長寛元年（一一六三）興福寺大衆が「追却別当僧正之間、寺騒動」（『維摩会講師研学竪義次第』）したときの模様は、「衆勘焼払佐保田房舎」（『興福寺略年代記』）とか「大衆蜂起、焼失別当僧正房并切払所従眷属住宅了」（『三会定一記』）といったものであった。大衆の制裁＝衆勘が僧房（住房）の切り破りであったり、焼却であったことは、大衆を構成する個々の僧の単位組織が僧房に置かれていたからであるにちがいない。

(18)『東大寺要録』巻第五、諸宗章第六。
(19)欠年（貞観十年正月か）禅林寺式（図書寮所蔵文書、『平遺』一―一五六号）。
(20)竹内理三「御願寺の成立」（『律令制と貴族政権』Ⅱ所収、御茶の水書房、一九五八年）。
(21)永久五年二月九日僧禅得解（根津美術館所蔵文書、『平遺』五―一八六八号）。
(22)久寿二年正月日僧湛慶譲状（願成寺文書、『平遺』六―二八〇九五号）。
(23)この僧房は私財として成立したために、当然自由な処分がおこなわれており、大法師厳豪が伝領したのち、仁平元年八月十日僧戒忍に沽却された（『平遺』六―二七三七号）。
(24)建久五年十一月日僧永充等連署処分状（大和宝珠院文書、『鎌倉遺文』二巻七六〇号。以下『鎌遺』二―七六〇号と略す）。
(25)永島福太郎「東大寺七郷」（『南都仏教』四号）。
(26)五味文彦「儒者・武者及び悪僧」（『院政期社会の研究』所収、山川出版社、一九八四年）。
(27)治承四年六月二十日官宣旨（『玉葉』治承四年六月二十二日条）。
(28)『玉葉』治承五年閏二月二十日条。
(29)治承五年三月二日官宣旨案（東大寺四ノ四十一、『平遺』八―三九五八号）。
(30)安元元年十二月日東大寺衆徒等解土代（東大寺文書四ノ一、『伊賀国黒田荘史料』二巻三四八号。以下『史料』二―三四八号と略す）。
(31)稲垣泰彦「東大寺領小東庄の構成」（『日本中世社会史論』所収、東京大学出版会、一九八一年）。
(32)天養元年六月日東大寺小東荘坪付（東大寺文書四ノ五十九、『平遺』六―二五三一号）。
(33)こうした二元構造は土地公験の保管場所からも当然みることができる。「寺領」たるを証明する公験は、寺家の印蔵に納置され、厳重に管理された。承安五年二月二十五日（別当次第では二十三日）別当顕恵が黒田荘関係文書群を「漸々被召上、未被返納」ないまま、疱瘡で死去した（『玉葉』）。寺の三綱僧はこれを「寺家大事」とし、詳しい文書目録を作成して返還運動をし、そしてつぎの別当敏覚が寺に「沙汰し納め」たのをうけて、上座威儀師覚仁以下三綱僧八名が連署してたしかに印蔵へ納めたのであった（安元元年八月七日東大寺莊園文書目録、『史料』二―三三二号）。いっぽう寺僧の私領公験は、教典仏具とともに各自の僧房の内部で保管されていた。東大寺僧叡俊は、中津河の山田一処現作一反小の公験文書を僧房においていたが、治承四年十二月二十八日平氏官兵の焼き討ちにあい、東大・興福両寺みなことごとく焼亡したので、僧房も焼けくだんの文書を紛失した（治承五年正月十八日僧叡俊文書紛失状、『平遺』八―三九四八号）。また伴寺山西辺二反を大湯屋湯田に施入した僧義仁も、自分の僧房においていた。かれは施入にあたり、「須雖可相副於□《手カ》継証文等、僧房焼失之時紛失畢、其旨寺家顕然知之」といっている（建久三年十月三日僧義仁田地施入状案、『鎌遺』二―六二七号）。

(34) 夏衆が堂舎に屯していて、特定個人のもとに従属する存在ではなかったことはつぎの史料から推測される。

十日、山階寺専当円俊来申云、去夜戌刻雷大鳴、落食堂上、火出来也、但大衆滅了、……重従御寺所司参、奉被注申云

食堂落雷事

右今夜戌四剋、乾角母屋柱雷落出火、東金堂夏衆行一即見付之、走告寺中、依僧綱已講次々寺僧所司職掌等参向彼御堂、以工人夫等、上水令消之了、十三日、……晩頭従殿下被仰云、遣興福寺家司重仲朝臣并有官別当泰俊等只今皈参、消雷火間有残功輩寺家所注申也、（『中右記』嘉承元年六月）

食堂の落雷出火を夏衆が最初に発見し、寺中に告げてまわり、消火に活躍しえたのは、彼らがふだん僧房の中にいるのではなく、堂宇にたむろしていたからであろう。かれらは仏に花や閼伽水をそなえ、堂の清掃雑務にたずさわっていたものとおもわれる。また神人も「凡当社神人者、無指依怙、而凌煙霞、戴霜雪、終夜奉守護社壇、終日奉仕寺門」（永仁三年後二月十一日東大寺八幡宮神人等言上状、『鎌遺』二四―一八七五三号）といわれていることから、社壇寺門の警衛にあたっていたことはまちがいない。

伊賀名張郡の在地武士源俊方は、ことを興福寺東金堂番頭米・春日御八講温飯に寄せて東大寺に敵対した。かれは所領を東院御塔に寄進することによって春日御塔の寄人になっていたらしい（黒田日出男「中世的河川交通の展開と神人・寄人」『日本中世開発史の研究』所収、校倉書房）。こうした所領寄進を介した託身は、けっきょく「神仏之威を募らんがため」という動機（延応元年九月二十日伊賀国予野庄庄官百姓等解、『福智院家古文書』二七号）を根底にもつゆえに、その奉仕の

形態は神仏（堂宇・社壇・本尊）に直接むすびついていた。

(35)『醍醐雑事記』十一。竹内理三「寺院の封建化」(注(20)前掲書所収)。
(36)保元三年四月日伊賀国在庁官人等解（『史料』二―二七八号)。
(37)『重隆記』永久元年四月十四日条。
(38)『玉葉』治承四年十二月十二日条。
(39)『平遺』六―二九九八号。
(40)『三会定一記』(興福寺叢書第一所収)、『興福寺略年代記』(『続群書類従』雑部所収)。
(41)文永十年十二月日大和春日社司法進状（『鎌遺』一五―一一四八七号)。
(42)仁安二年二月日延暦寺政所下文（『平遺』七―三四二〇号)。
(43)建仁元年四月日東大寺三綱等申状案（内閣文庫所蔵大和国古文書、『鎌遺』三―一二〇六号)。
(44)『百錬抄』第七、仁安三年三月二日条。
(45)『兵範記』仁安三年七月十八日条。
(46)正治元年九月日龍穴寺所司陳状（根津美術館所蔵文書・東大寺文書四ノ一、『史料』二―四三三号)。
(47)注(10)に同じ。
(48)寺僧帳は『中右記』長治元年十月二十日の条にみえるのが早い例である。そこには興福寺の僧二人が五大院の内にて修学者を殺害したので、大衆によって身柄を検非違使に引き渡され、「寺僧帳」から擯出されたとある。しかしこの時期の擯出は、いまだ寺の自主的な判断によってなされるのではなく、摂関家の長者宣の指令に従ってなされた。このことは自治的共同性の未熟さをしめすのであろう。なお寺僧帳、寺帳、名帳については、久野修義「中世寺院の僧侶集団」(『日本の社会史』第六巻所収、岩波書店）参照。
(49)建長七年十一月日春日社神人等申状（『福智院家古文書』三三号)。
(50)『中右記』長治元年十月、同二年十月三十日条。
(51)元暦二年正月十九日僧文覚起請文（神護寺文書、『平遺』九―四八九二号)。

(52) 北爪真佐夫「寺院における悪僧について――十二世紀の東大寺領荘園を中心に――」(林陸朗先生還暦記念会編『日本古代の政治と制度』所収、続群書類従完成会)。

(補注) 東大寺の大衆がいつごろから姿をあらわし、どう発展をとげるかという問題については、永村真氏が著書『中世東大寺の組織と経営』(塙書房、一九八九年)のなかで精細な考察をされている。永村氏によれば、平安前期には「五師并宿徳」を中心に、集団的な意志形成の集会の場をもち、集会の決定に従い、寺内外に集団的に意志表明を行う、自律的な僧団としての、東大寺「大衆」の形成が確認されるという。そして平安中期にはその集団性と寺司の簡定権を槓杆に、寺家経営への発言力を強め、平安後期には寺家の主体としての地歩を固めた上で、寺外に対しても直接的な影響を及ぼすにいたるという。こうした発展をとげていく僧団の内部が、「戒律を前提とする寺院社会の空間において、師資関係という縦糸と、寺僧意識という横糸により結合され存続する組織体」によって構成されているという指摘(永村前掲書二三八ページ)は、平安末期大衆の特殊歴史的な構造を考察するのにも大切な観点である。わたくしは寺内に生起する私僧房と「師資関係」の「縦糸」原理が強まるなかで、これと対立矛盾する寺僧という共通意識がよびさまされ、全体へとひろがろうとする「横糸」の原理も一挙に強化されたところに、平安末期的大衆の構造的特質が存したと考えるわけである。ところで顕密仏教と寺院に関する研究は、一九七〇年代の中頃以降めざましいものがある。おもなものだけでも、黒田俊雄「中世寺社勢力論」(岩波講座『日本歴史』中世2、一九七五年)、『寺社勢力』(岩波新書、一九八〇年)、稲葉伸道「中世東大寺寺院構造研究序説」(『中世史研究』創刊号、一九七六年)、平雅行「中世宗教の社会的展開」(『講座日本歴史』3、中世1、東京大学出版会、一九八四年)、久野修義「中世寺院の僧侶集団」(『日本の社会史』6、岩波書店、一九八八年)、などがあげられる。また、こうした動向をにらみつつ、厳密な史料分析に立脚する独自の立場から、東大寺の組織と経営を全面的に論じられたのが前掲永村氏の大著であった。なお、十一世紀の堂舎修造と大衆の勃興を関連づけて論じたものに拙稿「中世成立期寺院修造構造の展開――平安時代の東大寺をめぐって――」(『獨協大学教養諸学研究』二四巻、一九八九年)がある。

第二章　悪僧武力と大衆蜂起

はじめに

平安時代の末期、すなわち中世成立期に寺院勢力は怪物のように動きだした。この動きが中世の社会経済体制に照応する権力機構を形づくったことを考えると、寺院勢力の運動の動態はすこぶる興味ぶかいものがある。寺院勢力の中心的部分が学侶である大衆によって占められていたことは、これまでの研究によって明らかにされている。しかし大衆がいかなる構造をもつことによって、前代にはみられなかった権力としての正当性をそなえたかという問題については、あまり明らかではないようである。ここではこうした問題を、悪僧の武力と大衆の蜂起にまつわるいくつかの点を観察するなかで考える。

第一節　悪僧の武力

大衆の構造を解明するには、これまでしばしば混称・混同されてきた「悪僧」と「大衆」を区別することからはじめなければならない。まずはじめに悪僧とは何であろうか。この「悪僧」概念を構成する基準的な指標と、かれらの特徴的な性向を考えてみたい。

一 〈全体〉性からの逸脱

a 「一類之所為」

中世成立期には仏典の十悪、十重四十八軽戒といったものは、かならずしもそのまま〝悪〟の指標になっていたわけではなかったようである。ある僧を他の僧から区別して「悪僧」と呼ぶ基準は、この時代特有の法の意識に引き付けて考えたほうがよさそうである。こうした予測から、維摩講師研学竪義の人選をめぐって発生した興福寺大衆の蜂起に関するつぎの史料をみることにする。

①興福寺大衆依有訴、可上洛由有風聞、是以僧信永・湛秀可為当年研学竪者之由、一日依被仰下、先競発、切払件僧房舎了、又訴申云々、件僧法相英才也、依為年臈下臈訴申云々、但高才者何拘年臈哉、就中年皆欲満四十、大略悪僧等所為歟、遣検非違使於宇治院方、被制止云々、(1)

研学竪義の請を得た信永はこのとき、年三十八歳であり、臈二十六であった。湛秀は年三十七歳であり、臈は永信と同じく二十六であった。(2)大衆はこのことに対して「年臈下臈」であると異議をとなえ、競発蜂起し房舎を切りはらった。かかる事態に接した中御門宗忠は、「大略悪僧等所為歟」と考え、検非違使を宇治方面に発向して大衆上洛を制止せしめた。この一連の動きをみると、宗忠が年臈重視の大衆の意見に反論することよりも――「年臈」より「才」を尊重すべき旨を述べてはいるが――むしろ蜂起そのものが「悪僧」のしわざとすることによって、検非違使の発向を正当化しようとすることのほうに、意識の重点をおいていたようである。なぜこの事件を「悪僧」のしわざに帰したかというと、そうすることが警察力の発動に法的な根拠をあたえたからである。すくなくともそうした感覚が宗忠の胸中にはたらいていたことは推測される。

大衆と悪僧を区別しようとする法感覚は、つぎの事例からさらに明瞭に知ることができる。長治元年六月から十月にかけて、比叡山西塔の僧侶は烈しい合戦にあけくれていた。権少僧都貞尋と長教・増任らの一派が、西塔院主の座をめぐって争っていたのである。[3]『僧綱補任』によれば、貞尋は年来のあいだ兵士を山に上げて合戦をたくらみ、かれの殺した人の数は百九十八人にのぼったという。当然、大衆は「早く（貞尋を）流罪に処すべき」を朝廷にうったえた。[4]そして座主慶朝が貞尋の背後にあって、かれに同意をあたえていたことが発覚すると、大衆は慶朝を山から追却してしまった。『中右記』には「近曽山上大衆乱発、切払座主慶朝房了、是与悪僧前僧都貞尋同意之故也」とある。[5]注目すべきは、大衆のこの処置にたいして、つぎのように不当性を訴えるものがいたことである。

②楞厳院衆徒列《別カ》進奏状云、座主追却之条、非満山衆之所為、是法眼寛慶并阿闍梨頼禅等構出者、[6]

楞厳院の衆徒は、座主追却が大衆（＝満山衆）の「所為」ではなく、寛慶・頼禅の「構出」であることを別進奏状をもって訴えたのである。こうした主張はあきらかに、朝廷が座主追却を「満山衆同□《心カ》歟、将又一類之所為□《歟カ》」を糾明すべく、僧綱を登山させたことに対応するものであった。[7]おそらく寺院僧侶の武力行使は、それが衆（＝僧伽共同体）の総意に基づくものであるか、「一類」の恣意的行動であるかによって、法的意味を異にしていたのであろう。衆の武力には正当性が確保され、個人「一類」の武力には不当性が付与されていたのではなかろうか。

そう考えると、園城寺僧の比叡山放火事件に関する問注は理解しやすい。『本朝世紀』康治元年（一一四二）三月十七日の条には、「去夕、園城寺悪僧数十、帯兵仗著甲冑、倫登天台山、纔焼払東塔南谷弥勒堂辺僧房五六宇」とある。僧房に放火したのは園城寺（三井寺）の寺僧の朝順・慶智らであった。検非違使庁の問注の場で、両人は放火の動機と行動について論じた。この申詞をみると、力点のおきどころにある種の共通性が有るのに気づく。(8)

③朝順……山仁罷登事実仁候布、房一宇仁万礼付火天三箇度三井寺於被焼多流年来之欝於散世牟度満寺乃僧徒乃申候比志カハ、任愚意天罷登天候比志也、

慶智……慶智ハ人乃語仁毛不候須、寺乃大衆乃駆立候比志カハ罷登天候比志也……、只房一宇仁揚煙天今生之意趣於散世牟度ハ、上自僧正下至小法師原、皆申合天候比志也、

朝順・慶智のともに共通するところは、放火行為があくまで満寺の僧徒（大衆）の意志に基づく行為であったという点にある。けっして「人乃語」を得たことによるものではないというのである。「人乃語」を得てあらわす行為は、さきの（②関係の）「一類之所為」にほかならない。だから朝順・慶智は、みずからの行為を「一類之所為」から区別して、満寺大衆の「駈立」「申合」に帰し、そうすることによって正当化しようとしたのである。

これを裏返しからみれば、「人乃語」を得てあらわす行為、すなわち「一類之所為」は不当な行為ということになる。悪僧なる呼称がどういう場合に登場するか考えるさいに、こうした行為のもつ状況性は大切な視点であると思う。ここではまず、悪僧が衆（＝僧伽共同体）から区別されており、かれらの存在と行動が私的であったことを特に注意したい。(9)

b　「一味同心」

僧伽共同体からはずれた状態を〝悪〟と考えるようになったのは、寺院がみずからの力を「一味同心」の論理にも

とめるようになったのと、深い関連を有していた。この時期の寺院が宗教的権威をもって世俗権力に圧力をかけ、「理不尽訴訟」(10)（＝嗷訴）を押し通したことは周知のことがらである。けれども「理不尽訴訟」の力はたんに宗教的権威にあるわけではない。「非を以て理と為し」(11)「火を以て水と為すが如」(12)くする力の根源には、たしかにある独自の論理がはたらいていた。これが「一味同心」の論理である。建久九年（一一九八）和泉国寺領のことについて作成された興福寺牒状はこの論理をよく表わしている。(13)いま勝俣鎮夫氏の訳文を掲げるとつぎのようである。(14)

一般原則として国家の刑罰の法にしたがうのは当然である。しかし、この原則もみな事により時によって例外がありうるのである。およそ三千人の衆徒が同心した訴状を提出しているのに、朝廷がその訴えの正当性を疑い、それを認めることを逡巡する態度をとるというようなことはいまだ聞いたことがない。……寺社にはそれぞれの寺にきわめて多数の僧侶がいる。そして、これらの僧侶は、それぞれ顔がちがっているように一人一人その考え方も異なっている。このような多数の考え方のちがう人びとが全員同心して、満寺三千衆徒一味同心という状態がつくられたということは、なによりもわれわれの主張が「至極の道理」であることをしめしている。

興福寺僧徒は、みずからの主張が正当性をもっている理由として、三千衆徒が同心している事実そのものをあげた。そしてかようの事実が現出するのは、僧徒の主張が「至極之道理」にかなっているからであるとしたのである。僧徒どもの理屈からいえば、三千衆徒の同心があれば、いかなる非理も「至極之道理」に裏付けられた「理之窮」へと変換した。したがってこの場合、三千衆徒の〈全体〉性はまさに「通常の理非をこえた「理」をつくりあげる」力の根源に外ならなかった。それはまた正義に外ならなかった。

〈全体〉性にたいするかかる力と正義の感情が、人間社会の法意識にたかまると、その裏面では、〈全体〉性に背反する思考・存在・行動のすべてがことさら〝悪〟と観念されるようになった。ここに前述したような、僧伽共同体からはずれたところに「悪僧」が登場する理由をもとめることができるわけである。もっとも僧徒の世界では、おのれの驕慢・我執・強欲・妬みといった狭い個人的な心情からくるつまらぬ腕力行使であっても、どうかするとそれが三千衆徒の心情と合致し、期せずして〈全体〉性をつくりだしてしまうこともあった。こうなると、かれは〈全体〉性のなかに身を隠し世俗の権力から遁れることができた。**a**の①の史料にみた大衆の蜂起も、おのれの維摩会研学竪義に選ばれなかったことを怒り、選ばれたものを嫉妬する僧の個人的な騒ぎを発端にしていたのかもしれない。とすれば、宗忠が「大略悪僧等所為歟」と考えたのはいちめんにおいて正しかったといえよう。

承安三年（一一七三）五月、興福寺の堂衆を中心とする僧徒どもは多武峰を攻撃して、堂舎のすべてを焼きはらうという事件をおこした。このときの軍事行動は、大衆の集会にもとづく「一味同心」の行動であったため、合戦の張本＝悪僧はついに世俗権力の手に引き渡されることがなかった。召進を要求する政府の使者にむかって、衆徒＝大衆は「於焼在家房舎者、三千衆徒張本也……不可及張本沙汰」といってのけた。(15) また前述の興福寺の牒状のなかでも、「若猶不止蜂起者、可召誡張本」という勅定にたいして、衆徒が口ぐちに「三千一同之訴訟、全无勝劣」といいはなった。(16) 集団の〈全体〉性は張本之輩としての悪僧を完全にその内部におし隠してしまったのである。

(二) 悪僧の生態

a 「驕　慢」

悪僧が寺の内外で、僧伽共同体からはずれた存在であることは、一般的特徴としていえることがらである。それではその具体的な特徴はどのような側面でみることができるであろうか。平安末期の寺院は、個人を超えたところの権力体をうみだすべく努力がなされていた。僧伽共同体はこの努力のなかから、集会というかたちをとって姿をあらわすわけである。この共同体はほんらいの僧団と異なり、僧房を単位とする主権的個人（私財と武装能力をもつ個人）を前提としていたから、不安定で流動的であった。僧侶のだれにでもある個人的な栄達への欲望や嫉妬が、多かれ少なかれ各自を恣意的な行動にかりたて、僧伽共同体の不安定・流動性を常につくりだしていた。だから悪僧なる人間の特徴を検出しようとするなら、それはまずかようの不安定・流動をつくりだす〈あらゆる極端の傾向〉に着目する必要があるだろう。

かれら悪僧は極端に驕慢であり、そして極端に我執がつよかった。「大慢偏執」にして「我執強キ僧」であったのである。(17)驕慢・我執はともに人間そのものの心的性向にねざしており、これらが動機づける行動は、仏の教えを規律として修行学問にいそしむ僧侶の和合心を攪乱し、掻き乱した。官僚貴族のある高僧は牛車宣旨を得て慶賀に参内した。そのときのありさまは、「前駆八十人、童子等装束唐物金繍、美麗無極」という豪勢で華やかなものであった。(18)かれらは所率之従類の多きをもって楽しみとし、少なきをもって恥と心得、権勢を誇示するためにわざわざ金銀綾羅の「奇服」を好んだのである。(19)かかる驕慢の感覚は、はげしい妬みの感覚と根を一つにするもので、双方は一対の関係で敵対しあい、衝突しあう。栄誉をぎらつかせる驕慢とこれを妬む感情は僧団内部にせまい個人的な「一類」「凶類」の党派を形づくり、僧侶のあいだに乱闘・合戦を惹き起こした。まさに「傲慢はすべての悪の起源であり」「罪のすべては、その根であり幹である傲慢から芽を出し、成長」したのであった。(20)

中世日本人はかようの驕慢、我執の悪僧を天魔・天狗と結びつけて理解した。

智者学匠ノ無道心ニシテ驕慢ノ甚キ也、其無道心ノ智者ノ死スレバ必天魔ト申鬼ニ成候也、其形頭ハ天狗、身ハ人ニテ左右ノ羽生タリ、前後百歳ノ事ヲ悟テ通力アリ、虚空ヲ飛事隼ノ如シ、……末世ノ僧皆無道心ニシテ驕慢アルカユエニ十カ八九ハ必天魔トテ仏法ヲ破滅スト見エタリ、(21)

悪僧どもが騒ぐたびに、仏法が体制を支えていると信じて疑わぬ世俗権門支配層は、そこに天魔の跳梁を感じとり、頭をかかえて慨嘆したのであった。

五濁之世、天魔得其力、是世之理運也、惣非言語之所及、非筆端之可尽、夢歟、非夢歟、言而有余、而無益、不能左右云々、(22)

b 激情

悪僧は極端に激情的であった。直接的な情動はしばしば寺の内外で、騒乱的な賑やかさや残忍な暴力となって爆発し、人びとを喜ばせたり、あるいは恐怖させた。かれら悪僧はおのれの激越な感情のたかぶりを、心底から突き上げるにまかせて、あけっぴろげに表現した。だいたい中世の民衆は、地獄の恐怖と子供っぽいたわむれのあいだ、むごたらしい無情さと涙もろい心のやさしさとの間を、まるで子供の頭をもった巨人のようにゆれ動いていたという。(23) そして極端から極端へ振幅する不安定な感情は、身体的生理的な動作や反応となって直接にあらわれる。民衆はだれはばかることなく笑い、叫び、泣いた。悪僧の狂騒的な行動様式も、こうした民衆の極端な揺れ動きに通じているものと見ることができよう。

比叡山三塔無双の悪僧祐慶は、安元三年(一一七七)天台座主の明雲が流罪に処されたことにたいして、火を吐くような演説で、大衆に明雲の奪還を訴えた。かれは「三枚兜ヲ居頸ニ著ナシ、黒皮威ノ大荒目ノ鎧三尺ノ大長刀ノ茅葉ノ如クナルヲ杖ニ突」といった荒々しいいでたちで大衆のまえにたった。この姿にもにあわず、かれはこみあげてくる感情のおもむくままに、「双眼ヨリ涙ヲハラハラト流シ」て泣いた。かれの泣きの演説は他の大衆どもにたちまち感官的共鳴作用をあたえた。大衆はこぞって「尤々ト同ジ」、やがて流され行く座主を道すがら奪いかえしたのである。[24]

かれらはこうして泣くといういかにも民衆的な自己表現の方法をまじえていたが、いっぽうではなかなか高度な知識をつかって論理の組み立てを縦横におこなった。祐慶は「園城寺ノ衆徒ニテ、ヨキ学生也ケリ、倶舎成実ノ性相ヨリ法相天台ノ義ヲ極メ、顕密両宗ニ亘テ、三院三井ノ法燈」であったし、[25]西塔法師摂津竪者豪雲は「悪僧ニシテ学匠也、詩歌ニ達シテ口利也ケル」といわれている。[26]かれらは幾多の教典に精通した学問僧であって、議論に強い能弁家であった。「口利」とは、はやくよどみなくしゃべる者の意であるから、[27]いっぱんに論理的説得力と扇動的迫力をもつ僧であったと考えられる。

こうしたコトバの力を駆使して、大衆集会でははげしい演説をぶった。そうして僧どもを共通の感覚に統合し、満寺満山の衆僧あげて軍事的な力に転化せしめる決定的な役割をはたした。なお、演説ではないが悪僧のコトバのたくみさを示すものとして、南京の悪僧覚仁の裁判活動がみられる。覚仁は東大寺の寺家を代表して、伊賀国名張郡をめぐって国司目代中原利宗とあらそった。そのときかれは、法廷に一紙の証文も出対せず、「詞をもって散用を申し」たという。[28]これは覚仁が係争地の田積・負担官物の数量などをそらんじるだけの記憶力を有していたことを物語るが、かれの悪僧らしい才覚は記憶した情報を有職や法制とむすびつけて、寺家に都合のよい論理をコトバでもってでっちあげるところにみられた。

c 暴力

悪僧の極端な激情は、コトバの力ばかりではなく、腕力となっても噴き出した。悪僧どもは相手をねじ伏せるのに腕力・武力がものをいうことをだれよりもよく知っていた。悪僧と目される僧のまわりには、たいてい「一類」「凶類」の徒党がうろついており、この武勇・不善之輩が悪僧武力の主力となっていた。長治元年（一一〇四）天台座主の慶朝を大衆が追却しさったあと、延暦寺山上の寺務を執行したのは法薬禅師という人物であった。かれは自身武勇がひとよりもすぐれ、心はいつも合戦をこのんだ。数十人の武士をひきつれて、京都と諸国荘園末寺のあいだを往反し、人物を奪い取ったり人の首を切ろうとすることが多かった。だから天下の衆人でかれに従わないものはなかったという。(29)

比叡山ではしょっちゅう東西両塔間や、座主就任をめぐる党派間の、あるいは学生と堂衆といった階層間の合戦がくりかえされていた。そして三井寺や興福寺にむかっては全山をあげてしばしば戦争の態勢を組んでいた。こうした諸種の騒動が起こるたびに、悪僧仲間は「党を結び群れを成」(30)し、仲間の兵力をかきあつめた。かれらがどのように武力を編成したかは、治承二年（一一七八）の堂衆合戦のありさまから、だいたいを知ることができる。すなわち、『参考源平盛衰記』につぎのようなことが記されているのである。(31)

義竟四郎叡俊ト云者、越中国ヘ下向シテ、釈迦堂衆ニ来乗房義慶ト云者カ所ノ立置神人ヲ押取テ知行シケル間ニ、義慶憤ヲ成テ、敦賀ノ中山ニ下合テ、義竟四郎ヲ打散シ物具剝取ナトシテ恥ニ及フ、叡俊山ニ逃入テ、希有ニシテ命ヲ生、夜ニマキレ餇登山シテ衆徒ニ訴ケレハ、……即学生等西塔東谷大納言ノ岡ニ楯籠テ、城墎ヲ構フ、堂衆弥我執ヲ起シテ、同八日数百人ノ勢ヲ率シテ登山シテ、西塔北谷東陽房ニ向ヒ城ヲ構テ勝負ヲ決セントス、……十日堂衆等東陽房ヨリ坂下ニ下リ、近江国三箇庄ヘ下向シテ、国中悪党ヲ相語ヒ学匠ヲ亡サント結構ス、語フ所ノ者ト云ハ、古盗人古強盗、山賊海賊共也、年日比蓄持処ノ米穀絹布ノ類ヲ施与ケレハ、当国ニモ限ラス、他国ヨリモ聞伝テ、縁ヲ尋便ニ附テ、雲霞ノコトク聞エン程ニ、……今ハ学匠力尽テ奏聞ニ及フ、

合戦がおきると、悪僧どもは寺外から手なれた盗人・強盗・山賊・海賊などの悪党をよびよせた。かれらを「相語(う)」というやり方で自分たちの武力に編成したのである。長治元年西院主職をめぐる闘諍のさい、朝廷政府は源義家らの武士検非違使を東西坂下に派遣してそこを固めさせ、「帯兵仗攀登山上之輩」を追捕させた。[32] 兵仗をもって山に登っていくこれらの輩も「相語(らわれて)」動員された兵が多かったとおもわれる。「相語(う)」編成方式は、右史料からたんに語りかけて仲間にひきいれるというのではなく、米穀絹布の類をつかって傭い入れるやり方であったことがわかる。

悪僧武力のこうした編成のしかたはかなり一般的であったろう。東大寺僧の覚仁は名張郡について国衙と争ったが、そのさい現地で実力決着をつけるために、三百余人の軍兵を動かし簗瀬保司をおそった。[33] これだけの軍兵をどうそろえたか直接明らかにできる史料はないが、おそらくこの場合も、比叡山堂衆のやったような資力をもってしての雇用の編成ではなかったかと思う。

というのは、かれの私領には「覚仁朝夕之所従」がいるにはいるし、[34] かれの出自とする俗姓平氏の武士団勢力を吐田荘あたりに確認できはするが、[35] こうした自家の縁者からだけで編成されたと考えるには、三百余人はあまりにも多い。郡司・保司を兼ねる名張最強の武士源俊方ですら、東大寺との抗争で動員しえた兵力は二、三十人でしかなかった。覚仁は東大寺のなかの相当有力な私領主でもあったのだから、私領耕営のための資財をもっていたはずであり、また浮遊労働力の編成にはなれていたであろう。[36] 農業労働力のかわりに戦争労働力を「相語(う)」ことはそうむずか

しくはなかったはずである。

第二節　大衆の蜂起

悪僧のはげしい気性は寺を騒然たる状況にした。かれらは大規模な大衆蜂起をひきおこした。大衆蜂起は世俗権力である朝廷貴族と、寺内上層を占めるかれらの子弟を震撼せしめた。ここでは大衆と集会のありようについて、それらがどう僧徒どもの〈全体〉性をうみだすのかといった側面から観察することにする。

㈠　蜂起集会

大衆の蜂起は、一人ひとりの僧徒が房舎から外にでて、特定の場所に群集することをいった。蜂起は何者かが発する音の響きを合図にはじまった。そのありさまは「三院ノ大衆貝鐘鳴シ、金堂ノ前会合シテ」とか、[37]「大講堂ノ大鐘鳴シテ下ニケリ、満山ノ大衆鐘ニ驚キ、谷々坊々騒動シテ、講堂ノ庭ニ会合シ[38]」というものであった。満寺満山に響きわたる貝や大鐘の音を聴いて、僧徒どもはいっせいに群集した。

大衆蜂起の「蜂起」とは、これを狭く理解すると、いっせいにそれぞれの僧房から出て群集する、その態様をいう。僧徒が蜂起するのは、蜂起を動機づける何らかの事件・係争が昂じた結果であったから、当然そこにはある種の興奮と騒然たる雰囲気がみちていた。「三塔ノ大衆蜂ノ如クニ起リ合テ、院々谷々ヨリ喚叫テ群集スル有様、夥シナトハ斜ナラス」というのはこうした雰囲気をよく表している。[39]群集は動きまわる状態から、やがて動きを止めた状態にはいる。大衆集会は群集が円形をつくったまま動きを止め、密集した状態になったときにはじまるのである。[40]

大衆集会は、全寺的な問題を僉議するときには満寺満山の集会として催された。承安三年（一一七三）五月、興福寺大衆は国々の兵士、堂衆らを前面におしたてて、南大和の多武峰を焼き払った。この時の事件について、七月十三日院・摂関家は、使いを南都に派して世俗権力としての意向を伝えた。この時の大衆の対応はつぎのようであった。

東帯姿の使者光長は、院宣を懐に入れて、金堂前に参向し着座した。ここにはすでに僧綱・已講・五師・得業ら合わせて四十三人が集合しており、このものどもに向って、まず院宣・長者宣をみせてから読みきかせた。僧綱に対する峰寺焼失の責任、あるいは興福寺軍事行動の張本への追及などの件を聞かされる僧綱らは、議定するにも「歎息」するばかりであった。結論に窮した僧綱以下幹部僧侶は、この間大湯屋に集会する六方大衆・東西両金堂衆らに使を遣り、「早衆会于堂前、可被申御返事」を伝えた。そこで大衆らは堂前庭に群参した。そこにはたちまち四、五千人の大群集が出現した。この大群集のなかで、院宣をめぐる問答がおこなわれた。[41]

なぜ四、五千の大衆に院宣の「御返事」がゆだねられたかというと、この蜂起と群集のなかに最終的に事態を決着させる絶対的な力が存在するものと考えられていたからに違いない。大衆の〈全体〉性は集会という形をとってあらわれる。そして集会する大衆はこのことの故に、正義感情に裏付けられた絶対的な力をもつことができた。

ところで〈全体〉の意志は、集会のまことに騒々しい状況でのみ成立した。大衆蜂起の張本が僉議の趣をえんえんと叫ぶように発言する。これを聴く大衆は「然ルベキヲハ尤々ト同ス、然ルヘカラサルヲハ此条謂レナシ」と申した。[42]「尤々」の声が集会の全空間をおおうまで僉議はつづいた。古代ゲルマンの村落会議では多数の人が叫喚し、武器を鳴らし、ために少数の意思表示が聞こえなくなって、全員一つの意思表示として聞こえてきたときに決議が成立したという。[43]「多分之儀」がいまだ「合点」投票のような制度をもたない平安期の大衆集会は、古代ゲルマン社会と同様、「尤々」の喧騒のるつぼから〈全体〉の意思が成立した。[44]

(二) 裹頭の集団

a 裹頭の意味

大衆が蜂起するときには、きまってだれもが古袈裟で裹頭をした。この作法の一般的な理由は、個々の僧侶がたがいに顔の分からないようにするためであるという。また訴訟の趣を僉議するとき、僧はかならず鼻を抑えてにがり声をだした。これも発言者のだれかがわからないようにするためであるといわれている。しかし、ともにそれだけの意味だけなのであろうか。僧や稚児が裹頭をして蜂起・集会するありさまは『天狗草紙』その他の絵巻に数多くえがかれている。まずこの裹頭の姿態にはいかなる意味があったのか考えてみたい。

裹頭の意味論的な考察を最初におこなったのは勝野隆信氏である。[45]勝野氏は比叡山の広学竪義と裹頭の関係に注目してつぎのことをのべた。僧侶の登用試験である広学竪義は、戸を全部しめた講堂のなかで、蠟燭の灯りをたよりにおこなわれる。堂内には受験者（竪者）と試験官（探題・問者・奉行・行事・注記）だけがおり、これらのもの以外は何人たりとも立入禁止である。外からのぞき見ることも厳禁であった。ところが裹頭をしたものだけは中に入ることができたし、のぞき見ることもできた。

堂内の裹頭はなれない竪者の介添えをしてやる。受験者はあらかじめ問題が内示されており、きまりどおりに節をつけて答えればよいのであるが、[46]一生一度の大事のために上がってしまって答えることができないことがある。そのような場合、裹頭がそばに近付いて、いろいろ小声で教えてやる。それでも受験者の気が転倒して声が出ないとなると、代わりに裹頭が大声で節をつけ答えるのである。

堂内の裹頭のこうした介添えは、べつに不当なカンニングではなく、正しい一つの形式であった。堂宇のなかで論議問答を取り行なうのは、あくまでも竪者と探題以下の僧であって、裹頭の僧はこの場を構成してはいず、存在していないものと原理的には観念されていたらしい。そこで勝野氏は「黒装束黒覆面の異形で舞台に出没し、役者の介添いをしても、見物は一向不審とせずに見ている」歌舞伎の黒子のようなものであるとした。法会や儀式における裹頭の存在は、まさに異次元的であり、そのことの故に立ち入りを許されていたのである。

異次元的な意味性は裹頭するという変装によってどの僧にも与えられた。このため裹頭さえすれば、必要以外の場所にも徒党をくんで立ち入ることもできた。天禄元年（九七〇）には、はやくもこうしたものどもが比叡山には出没した。念仏堂にて法を論じていると、日暮とともに裹頭の僧が庭に満ち、汚い履物で堂内に入ってくる。これを制止しようとすると、麁言を吐いて罵り、刀仗をふりかざすから、「行道之人」は退去し、「聞法之輩」は（僧房に）かえってしまったという。(47)

承徳元年（一〇九七）興福寺の維摩会には「頭裹党」が見聞衆としてあらわれ、探題の法印覚真の入堂のさい、払いのけようとする探題従僧と殴り合いとなり、抜刀におよんだ。(48)この事件は「維摩会間未有如此事、誠是及法末、魔界令然歟」と人びとを驚かせた。(49)こうした裹頭僧の介入は、翌年も行なわれ、「例なきもの」である故に、寺家から制止された。(50)このころから、維摩会研学竪義の請を得るものは、良家の子弟に偏り、ために寺内修学の僧がこの傾向に反発をつよめだした。良家子弟偏重の傾向が大きくなれば、それだけ修学僧の栄達のチャンスはせばめられることになる。修学僧が裹頭をして党をつくり、維摩会の会場に入り込んだのはこうした背景によるものであった。裹頭の異次元的なる意味性は、法会法要論議問答に外から入り込むことを可能とするばかりではなく、日常のあらゆる秩序の枠をつきぬけるが故に、自由・狼藉を可能とするところにもあった。だから会場を破壊するか、会場そのものを占拠し、管理下におこうとする悪僧は、まず五条袈裟で頭をくるんで顔をかくし、裹頭のすがたになった。

権力は「裹頭をする所、悪事をなす」といい、比叡山の裹頭は講筵聴聞いがいの場面では停止すべきであると考えた。[51]また興福寺でも鎌倉時代になると、維摩会の裹頭を原則として停止し、許容するばあいも、人と場所をきびしく限定した。

今年維摩会異例年之条、満寺定存知歟、裹頭一向被停止了、但於有聴聞志之輩者、於会堂之辺裹頭、自東并北戸可被入堂内也、各随便宜、或上階中室之馬道辺、或金堂、廻廊、西室東北端之程、自此辺可被裹頭也、不可被徘徊会堂前、又不可有勅使探題竪義出仕見物之儀、諸方一向守此式、不可有違乱之旨、依政所仰奉触之状如件、

天福元年（一二三三）十月九日　　五師大法師経真[52]

僧徒裹頭の禁遏は、中世成立期の大衆勃興の寺内情勢にあってはまったく不可能であったと思われる。参院した中御門宗忠が裹頭を停止すべきであると奏しても、白河院は「山上之習、忽不可被制事歟、但成悪事時可有制歟」とはじめからあきらめている風であった。[53]大治五年（一一三〇）比叡山の裹頭が数十人悪事をなした。中堂衆の所為であることが判明したので、座主は権上座静命を堂衆上﨟に遣わし、「堂衆不可裹頭事也、自本裹頭事殊所制止也」と通告させた。これをうけた堂衆上﨟は「不可背此仰」と納得し、堂衆に下知したのであるが、堂衆はこれをうけいれず、かえって「是裹頭事被制者、件静命所為也」と怒り、かれの僧房を切り破る始末であった。[54]

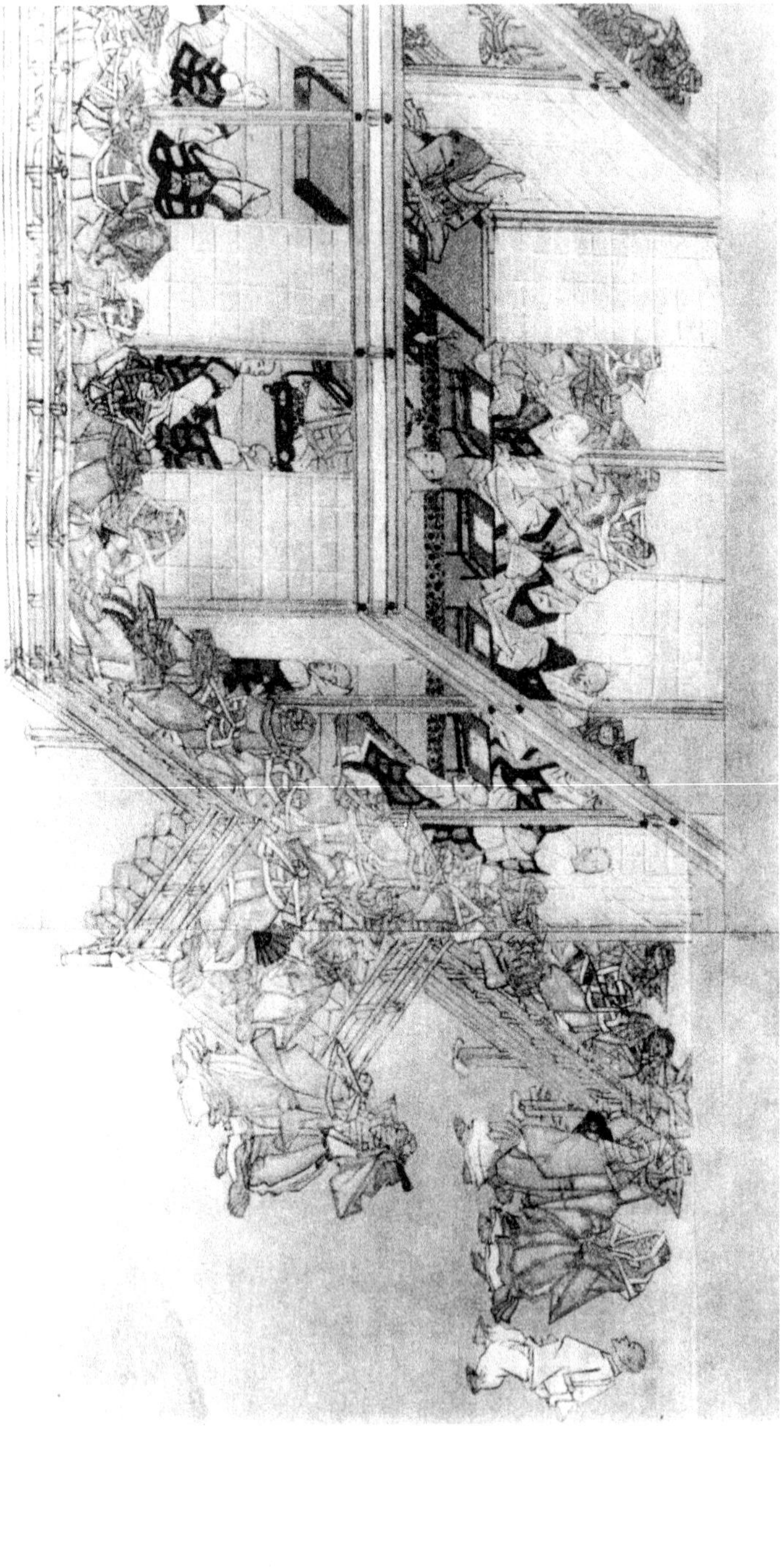

法会の会場を席巻する大衆（『法然上人絵伝』より。知恩院蔵）

ここは日吉真聖寺の拝殿である。ここで法然に授戒した慈鎮が建仁元年（1201）西方懺法を行なった。高声念仏を聞きつけて群衆した比叡山の大衆は、会場を取り巻き坐り込む。裹頭覆面の異装がまだ完了していない僧もいる。

b　覆面・変声・闇

大衆が裏頭する理由は、法会・法要の場における裏頭の意味性から理解することができる。さきにも述べたように、部外の僧が法会・法要に入りえたのはあくまでも裏頭したからである。裏頭の異形がその人間を異次元的な存在ならしめた。法会・法要の論議問答者をして、存在していない、あるいは次元を異にしているものと観念せしめたのである。このことは現実に堂内にいる裏頭の僧が、常の僧ではないことをも意味した。裏頭の僧は日常的な社会のなかで具体的にイメージされる個性的な人間ではなかった。つまり所属の院家とか就いている役職、あるいは所領私領地の有無など、日常社会でその人間を位置付ける諸要素がとりはらわれていたのである。

要するに裏頭は、日常の一個人としての存在を無化し、そのものの俗的な個性を消去するシンボリックなすがたであった。おそらく大衆集会の僧侶が「破タル袈裟ニテ頭ヲ裏ミ」「仮令勅定ナレハトテ、ヒタ頭直面ニテハ争カ僉議仕ヘキ」といったのは、こうした象徴性と関係があるだろう。(55) 個人の存在を無化し、個性を消去するかようの象徴性は大衆が声を変えるところにも見られる。発言者は歌を詠む声でも経論を説く声でもなく、また差し向いで談話をする声とも異なっており、それはまず王ノ舞を舞うとき舞の仮面をつけたまま鼻をしかめて出すような声であったり、鼻を抑えて出す声であった。(56) また集会が夜間にもたれることにも裏頭・変声に通じる象徴性がみとめられよう。康治元年（一一四二）三井寺の僧百余人が比叡山房舎の放火のことを僉議したのは暗夜であった。

造意之輩ハ小倉乃蓮蔵房并石見君等仁候布、……此外百余人新羅社度中所仁集会志天候比志加度毛、暗夜仁候比志加ハ、分明仁面於不見候、僅見知天候者等於所差申候也、(57)

承安三年興福寺が多武峰を焼き討ちしたときも、大衆四、五千人が群集したのは、亥刻（午後十時）であった。(58) それから夜を徹して僉議をつづけたのであろう。かれらの闇のなかをうごめくようすは、不気味であり、もの恐ろしくもあり、また壮観でもあった。京から東方の比叡山を見つめる貴族は、つぎのように日記にしるしている。

○今夜、台嶺之上如意山巓取火、数千衆徒往反、其火已如逢大火、(59)

○今夜、山之大衆下京、挙火下従山間、如星連、(60)

裹頭の異形、にがり声の変声、そして暗闇。これらはすべて個人からなる大衆を非人格化し、個人を超えた力を生み出す仕掛けにほかならなかった。寺院僧侶の意思はここで一挙に飛躍し、絶大な力をもつにいたる。寺院大衆の集合意識は、じつは集会の作法（裹頭・変声・暗闇）によってゆるぎなく固められていたのであった。

集会がかようの状況空間なればこそ、この状況の気分にかなった悪僧の意思は、その弁舌によってただちに大衆の集団意思となり、支配階級からは「天魔之所為」(61)としか思えぬ騒然たる事態をつくりだした。保安二年鳥羽天皇が日吉社に祈願した宣命は、悪僧が大衆を扇動する事実をつぎのように述べている。(62)

叡山ノ緇徒不待勅定ス、不憚綸言ス、其報答ト称シテ、醜類ヲ招募□凶党ヲ引率テ、柔和忍辱ノ衣ハ変シテ闘諍堅固ノ甲冑ト成利、瑜伽止観ノ窓ハ化テ、政《攻》伐征戦ノ樓櫓ト成リテ、後五月二日ニ不日ニ襲来テ逐電シテ攻撃ツ、……為法侶シテ心ハ為魔軍リ、焼失仏像シテモ無追悔之思ク、灰滅僧廬シテモ有後喜、……然而モ三千ノ衆徒何皆悪僧ナラム、其中ノ梟悪ハ党類非幾シ、一犬吠形テ、百犬同声スルナリ、

比叡山大衆が園城寺との武力抗争でどう「魔軍」に変じるか、右史料は悪僧の役割を端的に表している。悪僧どもの一犬吠えるがごとき扇動が百犬同声するようにいっせいに大衆を動かした。この背景には、軍事行動を僉議する集会が個人を消去して、非人格的で超越的な意思を形づくっていたにちがいないのである。

c　自由狼藉の芸能

ところで裏頭・変声によって個々人の日常的存在を無化することは、さまざまな地位や権限によって枠付けられた体制秩序から個人を解き放つ意味ももつ。こうした状況に身をおく下積みの僧たちは、日々の生活で沈澱させている門閥貴族出身僧の支配・権威・秩序といったものへの反感、あるいは破壊的情動を一気に噴き出させたであろう。風刺的で反体制的な秀句や当弁がおこなわれた大衆の世界とはこうした裏頭集会の場ではなかったかと思う。[63] さまざまの縁を断ちきって出現した集会の場こそ、自由・狼藉の世界でなければならず、ここそがのちの猿楽・狂言につながる延年芸能の培養基にふさわしかったと思う。

じっさい大衆集会じたいが多少ではあれ芸能性をもっていたことは、「僉議仕レ」という後白河法皇の要望にこたえて、豪雲なる山門僉議者が実演をやってみせていることから推測される。[64] 大衆集会の〈全体〉性は力であり、この威力は一定の形式を備えた客観的な姿や伎をもって象徴的外面的に表示されている。裏頭・変声はまさにこうした象徴的外面的表示にほかならず、そこに延年的な芸能性が含有されていたであろうことは当然考えられるのである。この点で裏頭の僧侶が変声するとき、王ノ舞[65]（乱舞のひとつ）を舞うとき仮面をつけて「鼻ヲニカムル」ようにして発声したというのは示唆的である。

論議問答に介添え役のほか聴聞衆が裏頭して立ち合うことが許されていたことはすでに述べたが、彼ら裏頭の聴聞衆が延年を楽しんでいることは興味深い。

入夜景、論匠了、其後聴聞衆、分両方始延年之会、児共者尽歌舞之曲、大衆者催散楽之興、[66]

こうした大衆（聴聞衆）の延年が、反体制的、秩序破壊的で権威をこけにするような情動を内にこめていたことは明らかであった。『三会定一記』によれば、白河院の時代より延年あるべからざる由の寺家からの制止があったが、暦仁元年（一二三八）の維摩会では、見物大衆ときに臨んでこれを催促し、結局例年のごとく行なってしまったという。(67)また、寛元三年の条には「十四日延年、十六日夜半有之、依大衆之責也」ともある。あきらかに延年（散楽・乱舞・当弁その他を含む）をめぐる門閥上層部と大衆との鋭い政治的対抗関係を看取することができるのである。

寺院大衆の延年は専業化した悪僧芸能民、神人芸能民によって管理されるようになる。かれらの荘園での活動は、在地の村落にかかる芸能を伝播させることになった。そのさい延年はそれがもつ反逆的精神のゆえに、悪党にうけつがれ、かれらと世界を共有する猿楽芸団によって発展させられていったであろうことは容易に想像できる。(68)（補注）

㈢　神の集団

大衆が蜂起するばあい、その背景には寺領の拡張運動と世俗権力との対抗関係が伏在することが多かった。下僧・神人は寺院勢力の周縁部にいたから、俗界と接触し、あるいは俗界と重なる部分を活動の舞台にしていた。国衙公領と境を接する荘園、雑役免権を確保しながらなお在庁の支配下にある公領などは、悪僧・神人の絶好の活動場所であった。というのはこうした地域では、在庁を権力拠点にする在地領主の圧迫が強まるいっぽうで、これを排除しようとする住民の抵抗が寺院の政治的な保護をもとめつつたたかわれていたからである。(69)

そこは悪僧・神人が住民へ精神的影響力をひろめる条件がもっとも熟しているところであった。かれらはさかんに神仏の功徳をとき、寺院の側に住民を組織し、私領地の寄進を勧めてあるいた。そればかりではなく、宗教イデオロギーで粉飾し意味づけられた上分米を元手に、住民への出挙活動などをとおして生産過程にくいこみ、在地に根を張りめぐらしていった。住民から質券をまきあげたり、法外な利稲をとったりもした[70]。かようの在地農村における活動の展開は、必然的に在庁官人・国司・目代との敵対矛盾を激化させざるをえなかった。

こうしていたるところで打擲刃傷や合戦闘諍が頻発することになった。寺院末端の下僧・神人どもが惹き起した国衙俗界権力との対立は、ただちに満寺満山の大衆蜂起を誘発した。これは大衆が個々人の存在を超え、日常の階層秩序をつきぬけていたことによるものであった。寺内の階層秩序を突き抜ける大衆の心性は、「大衆ノ意趣モ人ニマサリ、賤キ法師原マテモ世以テ軽シメス」といわれているところによく表れている[71]。「賤キ法師原」＝下僧・悪僧・神人であろうとも、大衆を構成するかぎり、人の身分を超越するゆえに、他の学侶と一体であった。したがっていささかの恥辱・打擲であっても、下僧・悪僧・神人に加えられたばあい、そのことはすなわち大衆全体へ加えられた恥辱・打擲にほかならなかった。

ところで、寺院から周縁部にまで拡大した大衆の一体感は神の意思にかなう感情でもあった。『秋の夜の長物語』に「山王のしんたくに、我一人のしゆと《衆徒》をうしなうふは、三尺のつるぎをさかさまにのむにことならずとかなしみたまひし」とあるのがこれを示す。建久九年興福寺衆徒がおのれの決議事項を、「是れ神明の人に託せるか」といっているのも、これとつながる[72]。

寺領荘園体制の地方的紛乱が、神意を体す大衆の蜂起によって重大な政治問題に発展したことは、いくつもの事例をあげることができる。けれども治承元年（一一七七）の白山神人と比叡山大衆の蜂起嗷訴ほど興味ある事件はほかにはないと思う。加賀守藤原師高・同目代師経と白山涌泉寺とのあいだに発生した軍事衝突――坊舎焼失――は、白山神人・衆徒の山門訴訟、神輿振り上げへと事態をすすめ、ついに本寺比叡山大衆の蜂起を勃発させた。

治承元年四月十三日、辰刻ニ山門大衆日吉七社ノ神輿ヲ荘リ奉リ、根本中堂ヘ振上奉リ、先八王子、客人権現、十禅師、三社ノ神輿下洛有、白山早松神輿同振下奉リ、大嶽水呑不動堂、西坂本、下松、伐堤、梅忠、法城寺ニ成ケレハ、祇園三社、北野京極寺末社ナレハ、賀茂河原ニ待受ケ、力ヲ合テ振タリケリ、東北院ノ辺ヨリ神人、宮仕多来副テ、手ヲ扣キ音ヲ調テ喚叫、貴賤上下走集テ是ヲ拝シ奉ル、(73)

大衆が神輿をかついで山を下ると、陣頭（禁中衛士の詰所前）にいたるまでの京都の河原、辻では、いくつもの末社の神人、宮仕が待ちうけ、行進する大衆に加わった。かれらはリズミカルに手を扣き、叫喚した。ここでは第一に、寺院大衆の周縁部に無数の神人、宮仕がとり囲むように群集し、さらにその外側には貴賤上下の都市民の群が走り集まり、おがみひれ伏しているさまを注意しておきたい。

第二に、「手ヲ扣キ音ヲ調テ喚叫」ぶという多分にファナティックな身体動作と狂騒を注意したい。大衆神人宮仕どもは、大内東面の陽明門の突入をはかって、官兵に阻止された。そのさいにも、やはりいかにもやかましい狂態をみせている。

官兵矢ヲ放、其矢十禅師ノ御輿ニ立、神人一人宮仕一人射殺サル、創ヲ被ル者モ多カリケリ、神輿ニ矢立神民殺害ノ上ハ、衆徒音ヲ揭テ喚叫事夥シ、見聞ノ貴賤モ身毛竪ハカリ也、大衆ハ神輿ヲ陣頭ニ振捨奉リ、泣々本山ニ帰ノホリヌ、(74)

かれらの異常なまでの心理状態を窺うことはさしてむずかしくはない。はげしい身体動作と、叫喚したりといった行為は、念珠を揉み、手を扣って帰命頂礼し、師高・師経を呪咀して起請文を書き、灰に焼いて神水に浮かべこれを呑むという行為とも無関係ではなく、(75)ふたつながら異常な集団心理の発現にほかならなかった。

こうした心理のありようをもう少し深く観察してみる。白山の衆徒、神人どもが師高・師経の処断を要求して参洛の途についたとき、その地の国司・留守所から、「戴神輿、企参洛、擬致訴訟之条、非無不審」とストップがかけられた。これにたいする衆徒（＝大衆）の返牒状はおもしろい。(76)

白山中宮大衆政所返牒　留主（守カ）所衙

来牒一紙被載送神輿御上洛事

牒、今月九日牒状同日到来、依状案事情、人成恨神起嗔、神明与衆徒、鬱憤和合、而既点定吉日、早進発旅宿、人力不可成敗、冥慮輙不可測矣、仍返牒之状如件、

安元三年（一一七七）二月九日　中宮大衆等

この返牒状には、爆発する衆徒、神人の心的構造がきわめて明瞭にあらわれている。人が恨みをなせば神は嗔《いかり》を起こす、神明と衆徒とは鬱憤が和合一体であったのだ。したがって、かれらの呪咀する行為のすべては、神の憤りの外面的な表現であって、それは自分たちの意思をもってしても制御しうるものではなかった。だから人である留守所役人がストップをかけてきたさい、人の力が成敗できるわけはなく、冥慮は輙く測りうるものではないと論じたのは当然であった。

まさに人が神と「鬱憤和合」するという宗教的確信が衆徒・神人・宮仕らを人ならぬ存在へと導いたのである。個人的存在を無化して巨大な群集のうずまきをつくり出したかれらは、もはや神そのものになりきっていた。はげしい身体動作と狂騒はこのような心的状況から発するものであった。

しかもこの時代、思考と行動の基礎に空想をおこうとしたのは衆徒・神人ばかりではなかった。朝廷貴族は大衆

（＝衆徒）蜂起をまのあたりにして「凡衆徒事、人間力不可及」といい、(77)世人は「人恨神嗔、必災害成る(78)」、「霊神怒をなせば、災害岐《ちまた》にみつといへり、おそろし、おそろし(79)」と人・神の「欝憤和合」の空想が、災害発生の空想へと発展膨張し恐怖にうちふるえたのである。ときあたかも治承元年四月、京洛は大火にみまわれた。人々は「比叡山より大なる猿どもが二三千おりくだり、手々に松火をともひて京中をやく」と夢をみた。(80)このため「世人称日吉神火」し、(81)あるいは「為物怪之由、世上謳歌」したという。(82)かくして、南都北嶺の大衆寺院勢力は、飛躍的に力を強め、世俗の権力に絶大な威圧と恐怖を与えたのであった。

むすび

これまでの悪僧武力と大衆蜂起に関する行論をまとめる。

悪僧は寺内においても、世俗社会からみても、「大衆」とは異なるものと考えられていた。悪僧の行動はまず私的な「一類之所為」であって、けっして大衆の意志から発した行動ではなかった。「悪僧」概念の基準的指標はなによりも、思考・存在・行動のすべてにおいて、大衆（＝僧伽共同体）から区別・対立するところにもとめられる。大衆と区別・対立する関係で〝悪〟なるものが考えられるようになったのは、大衆の〈全体〉性を正義とする確信がひろく社会的に定立されたことと関係していた。大衆の「一味同心」を正当な力の根源であると確信すればするほど、「一味同心」の和合を攪乱する僧は「悪僧」と観念されたのである。悪僧は極端に驕慢で我執つよき僧であり、大衆のうえにおのれをおこうとした。このために彼らは、「一類」の「凶党」と呼ばれる私的徒党を傭兵でもって組織し、せまい党派間の合戦をひきおこしたのである。

けれども悪僧はかかる性格のゆえに、一面では大衆に躍動的な生命を与えた。かれらは直情と腕力をもって烈しい挑発と煽動を行い、それが大衆の気分に合致している場合には、巨大な力をつくり出した。このときの大衆は、「尤々」と彼らに同調し、王朝政府への嗷訴をし、あるいは他寺との戦争に動き出したのである。集会する僧はみな裹頭をしていた。こうすることによって、寺院の日常の階層秩序の枠をつきぬけて、大衆としての非日常的な共同体を可視的につくり出したのである。下積みの修学僧は、栄達への途(国家的な法会の遂業)を独占する門閥貴族僧の権威に対して反発するあまり、裹頭姿で日頃の地位や権限を下からつき破り、自由・狼藉をほしいままにした。大衆の芸能である延年・乱舞・秀句・当弁といったばか騒ぎや諷刺劇・ものまね(猿楽・狂言につながる)はこうした裹頭集会の場から生まれたのであろう。

満寺満山の僧徒の力は個人を無化し、人の力を超えたもの故に、神の意思にかわると観念されていた。大衆の集団行動は神の意思の外面的表現であった。こうした人々の心性は、「神明と衆徒とが鬱憤和合」するという白山大衆の言にもっともよくあらわれていた。

注

(1)『中右記』康和五年三月二十五日条。
(2)『維摩講師研学竪義次第』康和五年条。
(3)平田俊春「南都北嶺の悪僧について」(平岡定海編『論集日本仏教史』3平安時代所収、雄山閣)。
(4)『中右記』長治元年六月二十四日条。
(5)同右、長治元年八月十三日条。

（6）同右、長治元年十月二十六日条。
（7）同右、長治元年十月十四日条。
（8）康治元年五月八日園城寺僧朝順等申詞記（愚昧記仁安三年十一月巻裏文書、『平安遺文』（以下『平遺』）六―二四七一号）。
（9）僧の行動の状況が私的であることを〝悪〟なるものの基準にする法感覚は、平安時代の〝公〟にたいして〝私〟のもつマイナスイメージとも関連するかもしれない。①「従往古以降、未被下本家検田使、今寄事検田、発軍兵令発向之条濫吹之其一也、私軍兵之輩、公家重所被禁遏也」（（長治元年）八月十四日有政入道書状、東大寺文書四ノ三十八、『平遺』四―一六二七号）、②「伊賀守孝清依非理論致阿党、或発私軍兵、或語延暦寺悪僧、或令乱入興福寺僧、如此度々令滅亡」（天永二年二月日東大寺申文案、東大寺文書四ノ一、『伊賀国黒田荘史料』（以下『史料』）一―一二八号）とあるのは〝私〟の軍兵なるゆえに、その行動が問題となっているケースである。なお①の私軍兵禁遏は同年（長治元年）の『中右記』にある「発兵廿人以上者、無指故、法令重所禁也、近日山上大衆発数千兵、朝夕合戦、死者不可勝計」（六月二十四日条）とつながるであろう。とすると私軍兵なるものの人数面の規定（兵二十人）が「法令」のなかに存在していたことになる。武装能力をもつ主権的個人は（僧も含めて）正しい法的な権利の行使（自力救済）として武力の発動がいっぱんに認められていたのであるから、それを一定の社会秩序の枠のなかにはめこむためには、兵員の数の制限が必要であったのである。
（10）『沙汰未練書』。
（11）『天台座主記』久安三年四月二十七日条。
（12）『玉葉』建久二年四月二十六日条。
（13）建久九年十一月一日興福寺牒状（『鎌倉遺文』（以下『鎌遺』）二―一〇〇九号）。
（14）勝俣鎮夫『一揆』（岩波新書）。
（15）『玉葉』承安三年七月二十一日条。
（16）注(13)に同じ。
（17）『参考源平盛衰記』巻五「澄憲賜血脈事」。
（18）『中右記』永長元年正月二十日条。

(19)『朝野群載』巻十六、永延二年六月二日太政官符。
(20)アウグスティヌスの言、ユーグ・ド・サンヴィクトールの言（J・ホイジンガ『中世の秋』、堀越孝一訳、中央公論社）。
(21)『参考源平盛衰記』巻八「法皇三井灌頂事」。
(22)『玉葉』安元三年四月十四日条。
(23)J・ホイジンガ『中世の秋』（堀越孝一訳、中央公論社）。
(24)『参考源平盛衰記』巻五「澄憲賜血脈事」。
(25)注(24)に同じ。
(26)『参考源平盛衰記』巻四「山門御輿振并豪雲僉議事」。
(27)『邦訳日葡辞書』（土井忠生・森田武・長南実編訳、岩波書店）。
(28)久安五年五月六日東大寺僧覚仁・伊賀国目代中原利宗問注記案（東大寺文書四ノ四・九十、『史料』二—二五六号）。
(29)『中右記』長治元年十月七日条。
(30)天禄元年七月十六日天台座主良源起請（廬山寺文書、『平遺』二—三〇三号）。
(31)『参考源平盛衰記』巻九「堂衆附山門堂塔事」。
(32)『中右記』長治元年十月三十日条。
(33)応保二年五月二十二日官宣旨（東大寺文書四ノ一、『史料』二—二九二号）。
(34)建仁元年四月日東大寺三綱等申状案（『鎌遺』三—一二〇六号）。
(35)泉谷康夫「華厳会免田について」（『歴史学研究』二六四号）。
(36)久野修義氏の研究（「覚仁考」『日本史研究』二一九号）によれば、覚仁は伊賀国名張郡矢川条に「威儀師覚仁預」の水田十町をもち、大和国華厳会免田北土田荘一町小を「覚仁現領」としていた。また清澄荘田地にも私領的権益をもっていたらしく、これをめぐって覚光得業なるものと争っていた。
(37)『参考源平盛衰記』巻十四「三井寺僉議附浄見原天皇事」。
(38)同巻十六「円満院大輔登山事」。

(39) 同巻四「師高流罪宣事」。
(40) 大衆蜂起は集会を予定する群集行為であった。だから蜂起をひろく理解するには、集会の段階までを視野に入れて考えるべきである。蜂起は集会をもって、一区切りの完了をみたと考えるべきなのである。集会は大衆の力を確立する場面であるから、蜂起の重心は集会の方に移らざるをえない。鎌倉時代には、大衆蜂起といえば、それはもっぱら大衆の集会を意味するようになっており、集会の儀式を「蜂起始」とよぶようになる。
(41) 『玉葉』承安三年七月二十一日条。
(42) 『参考源平盛衰記』巻四「山門御輿振并豪運僉議附頼政歌事」。
(43) 豊田武『日本宗教制度史の研究』(第一書房、一九三八年)。
(44) 網野善彦『中世東寺と東寺領荘園』(東京大学出版会、一九七八年)二七六ページ、勝俣鎮夫前掲書、一八〜二〇ページ、それぞれ南北朝時代の寺院集会における合点による票決制度の事例が紹介されている。
(45) 勝野隆信「裹頭談義」(『僧兵』、日本歴史新書、至文堂)。
(46) 竪者は答案一巻をあらかじめ用意しており、壇上でこの答を読みあげるときは節をつけることになっていた。問者に問いつめられて答に窮するところは、何とも困惑の極っいに泣き出してしまうという表現、いわゆる「泣きぶし」という節をつけるきまりであった。ここには多分に演劇的な要素がふくまれていたことを注意したい。
(47) 注(30)と同じ。
(48) 『中右記』承徳元年十月二十二日条。
(49) 注(48)に同じ。
(50) 『中右記』承徳二年十月十日条。
(51) 同前、永久二年七月二日条。
(52) 『維摩師研学竪義次第』(京都大学架蔵本)。
(53) 注(49)に同じ。
(54) 『中右記』大治五年五月十七日条。この事件にたいして、政府は中堂上臈を召して張本の輩を差し申せしめ、京都遠国を論ぜず検非違使を下し追捕を命じ、山上には所司を放って、各師主に付して尋召した。ここで師主に張本追捕の責を負わせているのは、僧房単位の結合単位組織が裏頭悪僧の足場となっていることを証する。

(55) 注(42)に同じ

(56) 注(42)に同じ。なお興福寺大衆が鼻を抑えて集会での場で発言をおこなったさまが『玉葉』にもみえる（承安三年五月二十七日条）。

(57) 注(8)に同じ。なお延応元年（一二三九）東寺長者が高野山に与えた制条第四条に、「一、可停止大衆蜂起并深更衆会事、右衆徒之蜂起者、諸寺之所好也……寺中衆議日中可足、何強可好深更群集于御社哉」とある（『鎌遺』八—五四三九）。

(58) 注(15)に同じ。

(59) 『中右記』天仁元年三月二十二日条。

(60) 同前、天仁元年三月三十日条。

(61) 同前、長承三年三月二十三日条。

(62) 保安二年六月九日鳥羽天皇宣命（『宮寺縁事抄』第二十八、石清水文書）。

(63) 大衆の秀句、当弁、諷刺のきいた乱舞や散楽のばか騒ぎが寺内僧徒間の合戦をも引き起こした（林屋辰三郎『日本中世芸能史の研究』、岩波書店、参照）。

(64) 注(55)に同じ。

(65) 『明月記』正治二年十一月十六日条に「次有御前召次第如例、万歳楽了、置櫛、物云舞了、……又自両方種々雑遊西頭中将、トテウノノ回光ツ、堪能物共物狂千寿万歳、ヤスライ花、師子、東頭弁、田楽、田植、王乃舞、以上、イサタチメ止天退出」とあり、また建仁二年十一月二十一日条には、「於御前有乱舞、兼定、長兼如例、二度舞之後辻祭、以小蔵人、載日記辛櫃蓋、舁之為神輿、各物狂、経通舞獅子、高通尻舞兼定王ノ舞」とある。「乱舞」の内容はもともと定まった曲や振りのない歌舞で、歌のほうは朗詠、今様はおろか読経でもよいように、舞も万歳楽、白拍子、呪師、何でもよかった。ようするに手足の立つところを知らざる態の芸能であった（林屋辰三郎前掲書）。そうした「物狂」の一つに王ノ舞があった。能勢朝次氏はこれを、賤民職業者の芸を模した淵酔散楽とみている（『能楽源流考』、岩波書店）。

(66)『東大寺続要録』仏法篇、世親講条。
(67)『三会定一記』暦仁元年条（興福寺叢書所収）。
(68)拙稿「楠木氏の出自——猿楽集団との関連——」（『楠木正成のすべて』、新人物往来社、一九八九年）。
(69)河音能平「中世社会成立期の農民問題」（『中世封建制成立史論』所収、東京大学出版会、一九七一年）。
(70)黒田日出男「中世成立期の民衆意識と荘園体制」（『世界史認識と人民闘争史研究の課題』（一九七一年歴史学研究会大会報告）所収）。
(71)注(17)に同じ。
(72)注(13)に同じ。
(73)注(42)に同じ。
(74)注(42)に同じ。
(75)『参考源平盛衰記』巻四「白山神輿登山事」。
(76)注(75)に同じ。
(77)『中右記』天永四年五月四日条。
(78)『参考源平盛衰記』巻四「大極殿焼失事」。
(79)『平家物語』（岩波日本古典文学大系版）上、一三七ページ。
(80)同右、一三九ページ。
(81)『帝王編年記』治承元年四月二十八日条。
(82)『玉葉』治承元年四月六日条。
（補注）初校段階に入ってから、この部分に関連する松尾恒一氏の論稿「延年発生の諸相」（『芸能』第三十一巻第一号）があることを知った（獨協高等学校教諭木村重利氏からの御教示）。松尾氏は、そこで豊富な史料を紹介しつつ、延年が衆徒の武装蜂起と同様の〈集会〉〈僉議〉の方法で結構されていたことを明らかにされている。

第三章　東大寺の大衆運動

はじめに

東大寺における大衆の運動と構造はいかなるものであったのだろうか。ここでは、しだいに権力の主体としてみずからの地位をかためていく大衆の運動の展開が、民衆の下からの力を吸い上げることによって、いかなる荘園支配の権力をつくり出したのかを考察する。

第一節　木本荘と大衆

(一)　経範放逐

東大寺の大衆が修学の領分をふみ破り、政治的な結集を本格的にとげるのは、十一世紀末から十二世紀にかけてのことである。このころ寺内では、紀伊国木本荘の支配をめぐって別当と大衆のあいだで抗争があり、これの結果として寺家の荘園政策には大きな転換がみられた。(1) じつは大衆の政治的結集は、こうした寺内情勢と緊密に連関していたのである。

木本荘は東大寺の別院（末寺）の崇敬寺が所有する荘園であったが、崇敬寺別当の源箅が荘の官符公験を東大寺の寺僧頼尊に預け置いたことがもとになって、崇敬寺の手からはなれてしまった。頼尊は官符公験を返却することをせずに、自分の入室弟子有王丸に譲り渡したまま死没してしまい、官符公験を受けとった有王丸が木本荘の在地領主源有政の子息であったために、結局は荘の進退領掌権は世俗の武士勢力に帰してしまったのである。(2) このことは東大寺内の一人の僧侶によって、広義の寺領に属す崇敬寺財産が犯され、俗界に流出させられたこと（仏物犯用）にほかならず、東大寺にとっても黙視しがたい重大事であった。(3)

当然、東大寺家としては、木本荘の返還をもとめる崇敬寺別当の運動を背後から支援することがのぞまれたわけである。ところが、嘉保二年（一〇九五）に東大寺別当に着任した権少僧都経範は、有政・有王丸父子に与して、源箅後任の崇敬寺別当頼慶の言分をしりぞけるという奇怪な姿勢をみせた。(4) かれは有王丸が頼慶の妨を注して触れ訴えてきたのをうけて、「木本荘はもとより、（崇敬寺）別当の沙汰に非ざれば、頼慶の時に及んで更にこの妨を致すべからず」という下文を発した。(5)

仁和寺系の経範は、真言密教僧としてはすぐれていたようであるが、(6) 別当着任当初より人望がなく、寺衆なかばはかれに違背し、ために院宣をもって違背張本を追却したものの、喧嘩は絶えざる状態であった。(7) そのうえ当時、堂塔・回廊・僧房以下の大規模な修造が必要とされていたため、(8) 解体しつつある封戸制にかわって独自の寺院財源たる荘園制を確立することが急務であったのであるが、このことについても彼は無理解であったから、(9) 寺衆の別当にたいする不信や不満はたかまるばかりであった。

こうした経範の不人気、不信、不満は、木本荘の件を契機にして大衆の排斥運動となって爆発した。有政に相語らわれて、崇敬寺別当頼慶の進退領掌権を否定した経範は、東大寺常住の僧衆からみればもはや許しがたい寺敵であったのであろう。かれらは三十五箇条にわたって経範の「不治」を書き上げ、そのなかの擬講以下五十余人がこれをもって上洛し、陣頭にたって訴え申した。(10) 三十五箇条のうち、「非安倍寺(崇敬寺)沙汰之由、被成其下文」たのが不治の「随一」であったことはいうまでもなかった。(11)

大衆の排斥運動におされた朝廷は、左大史伴広親、史生紀延行らを東大寺へ派遣し、中門で大衆と別当かれこれ対決せしめ、康和二年(一一〇〇)五月ついに経範を別当職から解任した。(12) 大衆の公然たる政治運動がつくり出した波及効果は相当に大きなものであった。別当経範の牢籠を知った頼慶は、私軍兵を発して木本荘住人を殺害しようとたくらみ、有王丸の使を追い返し、「ひとえにもって(荘を)押領」したという。(13) あきらかに大衆の動きで東大寺内の情勢が好転したのを察知した頼慶は、この機会に荘園現地を実力でおさえようとしたのである。

さて経範を解任した朝廷は、かわって禅林寺の永観律師を抜擢して別当の座にすえた。かれは公卿僉議のすえ、殊に「抽任」した人物であった。再三辞退するも、まったくこれが許されず、ついに寺務を執行することになった。(14) かれは「念仏をもって業とする」無欲な僧であった。(15) だから別当在任を執着することもなく、わずか二年でやめている。

(二) 大衆の支配

永観の別当在任期間はわずか二年間にすぎなかった。けれどもその間のかれは、まことに注目すべき策をもって、東大寺荘園制の形成にひとつの画期をつくった。永観の政策の注目すべきところは、国家の枠の中で荘園からの収取を実現するばかりではなく、そこから一歩ふみ出して、寺院の機構内部に荘園を組み込み、寺院経済の構造的体系をつくり出そうとした点であった。すなわち、かれは康和四年四月二十日[16]と同年同月二十九日付[17]の東大寺政所下文をもって、堂舎修造のための人夫、縄一千方の徴収をはかったのであるが、これは国家が出した修造命令（嘉保三年）[18]と国役免除（康和二年）[19]を前提とする雑役雑事の徴収にすぎなかった。

到末寺別院之遠近庄薗、皆悉被免国役前畢、何当庄独随国役哉、仍准諸国庄々、不承引国役、今明之内可勤仕寺家所役等[20]、

木本荘の寺役（人夫・縄等）催促は、右のような文書からあきらかなように、国家によって免除された国役に相当する部分を徴収するにすぎず、そのことが国家の枠内での荘園に対する関与でしかなかったことはいうまでもない。けれども、永観は荘園に対するこうした限定的な関与にとどまらず、さらに荘園と寺院のあいだを内的な支配の糸で緊密にむすびつけようとした。康和四年五月二十六日中綱延賢ら並びに崇敬寺使をして、「可庄内殺生禁断事」「可注進庄内在家事」「可進庄内検畠事」を下司住人らに令したのはこのことの一端をあらわしている[21]。

殺生禁断というイデオロギーの導入は、「昼夜猟魚」を業とする源有政の武士的生活を規制すること、荘域の内側を聖化して外と区別すること、そしてこのことによって住民の東大寺荘民としての帰属意識をつよめることに狙いがおかれていたことは明らかである。また在家注進と検畠は、この時期においてはじめられた国衙領＝公郷の在家役賦課を寺家の側がすばやく取り入れたことを示す。国衙体制内における公郷在家は、家屋や居住畠の把握だけに意義があるのではなく、国衙が公郷という政治領域によって、新たに一円的に住民を拘束したところに重要な意味があった

といわれている。[22] 殺生禁断、在家注進、検畠は、いずれも荘民の居住に枠をはめこみ、荘域の領土的性格を強めた。こうしてまず、木本荘における東大寺荘園制の基底構造は、形づくられることになったのである。

ところで、永観による木本荘支配の強化は、当然在地領主源有政、有王丸父子につよい抵抗をよびおこした。かねて有政らは崇敬寺に所当官物を請け負っていたのであるが、実際には「涓塵之弁」もいたさず、たまたま寺役を勤める住人らに対しては凌礫をくわえ、過料を取るという始末であった。[23] そればかりか、荘民を督促する寺家使中綱・小綱・出納等にむかってまで衆多の軍兵をさしむけ、凌礫をくわえるありさまであった。[24] だから木本荘を支配の糸でむすびつけるには、ただちに東大寺にとって、かようの在地からの抵抗をおさえきる寺院権力の創出を不可欠の条件とせざるをえない。ここに荘園制の基底構造に対応する上部権力が、寺内の政治的勢力配置と密接な関係で問題となってくるのである。

永観は在家の地利を東大寺八幡宮の二季八講ならびに二季彼岸不断経料として寄進し、ながく衆僧の労を止めんとはかった。[25] 実はこのことが寺院権力の創出の第一歩であった。これによって木本荘は寺内の講会、法会の財源として直結し、ために地利の徴収が八講結衆・彼岸不断経衆らにゆだねられたことはいうまでもないが、重要なことは地利徴収をはかろうとする以上、かれら衆僧が一定の強制力をもつ権力主体とならざるを得なかったことである。

かれらはさきに、不治の別当経範を追放するまでの力を寺内において誇っていた。その力が荘の支配力に転化するばあい、それは寺院権力としての外観をとることになるのである。かれらは「有政領地」「有政悪行」を停止するべく夏衆・職掌・下部らを大衆下文をもって下向させたという。[26] この大衆下文という文書形式の登場は、寺院権力としての外観をもっとも明瞭に表現していた。[27] かくして東大寺は荘園経済の本格的な展開のなかで、大衆を構成主体とする寺院権力をもつにいたった。これ以後、学僧集団である大衆は寺内における発言力をますます強め、東大寺荘園制の全体を方向づけていった。

第二節　黒田荘と大衆

㈠　恵珍の寄進

伊賀国黒田荘の出作民は、百数十年のあいだ公領（宇陀川の河東部）を舞台に国衙との対立をつづけてきた。黒田荘民と大衆が関係をとりむすぶようになったのは天養のころ（一一四四?）であった。天養二年の官宣旨によれば、東大寺の杣工らは公田を押作したうえに、封米以外の数百石におよぶ官物を「大衆下文」があると称して、ことごとく抑留したという。(28)ついで保元三年（一一五六）、伊賀国在庁官人等解によれば、北伊賀玉滝村で、寄人が本寺より「大衆之下知」があると号して、悪僧を召集し弓箭を帯し、官物の難渋と国衙使凌礫を企てたという。(29)

十二世紀なかごろから、伊賀国内には寺僧領が広汎に生起しており、預所覚仁をはじめ数多くの私領主が段別六斗の加地子を私沙汰するようになっていた。(30)村にあらわれた悪僧どもは、「領主之下知」と号して、収納所へ納めるべき米穀を「或運京都、或令運越南京」め、そのうえ種々の非法を張行するのであった。(31)こうした寺僧私領主の個別的、私的な知行活動は、寺院をまるごと一個の権力たらしめようとする大衆の運動方向と矛盾していた。大衆の運動は、自立化した個々の僧侶がそのまま遠心的に分散しつづける事態を避けるべく、寺として結集し権力を一元化しようとする運動であった。個々の寺僧の私的所有を超えたところに、法人格をもつ寺院の権力を実現しようとするそのための結集であり、運動であったわけである。「件坪々田、本自寺家司不知行、唯五師大衆一向所進退執行」であるというのも、[32]寺家司がともすれば、寺院所領の私物化をしていたからであった。

さて、矢川・中村の私領主権は長承二年に東南院主覚樹の手に入ったのであるが、[33]このばあいも覚樹は右大臣源顕房の子であり、[34]かれの「一家」たるにより入室した恵珍[35]は内大臣中御門宗忠の女を母としたから、[36]純然たる寺院の財産となるよりも、京都の貴族との関係から、世俗的な要素が混入し、私財と化す可能性が存在したものと思われる。けれども結果的には、恵珍の手を通して本寺（寺家）に寄進され寺領となった。

ではどのような経過のなかで寺領となったのであろうか。覚樹が手に入れるまでの矢川・中村は、藤原実遠―同信良―当麻三子―僧隆経―藤原保房―僧実與・中子等へ伝領されてきた。そして中村が相博、矢川が譲渡という手順をふんで覚樹にわたったのである。[37]

矢川・中村があわせて覚樹領となると、別当・三綱所司からなる政所は、黒田荘司と矢川・中村作人にむかって加地子弁済すべきを令した。ここで「件所領……殆可成他家領之処、適譲得文書等、可被領知者、為寺家非無其祐」と述べているのは、[38]この地において興福寺の押妨の策動がつづいていたことを考えると、他家領になっていたなら黒田荘の実質的支配はいちじるしく不安定化したことを思わせる。したがって、寺家にとって覚樹が私領主権を手に入れたのは、荘の安定性を確保するうえで好都合であった。けれども、寺家がこのことによって関与する権限は、依然として本寺役の収取（＝雑役の国衙からの免除）のみであって、黒田荘の制約された構造は何ら変わるものではなかった。

ところが、覚樹の弟子僧恵珍が東南院を継ぐと、寺家と河東郡矢川・中村私領との関係は一つの大きな転機を迎えることになる。恵珍は源顕国（皇后宮権佐）の子として生まれ、十二歳のとき大叔父にあたる覚樹のもとで出家した。(39)顕国の舅である中御門宗忠は、恵珍について「是第一之愛孫也、其心性堪学生器也、仍為東大寺学徒也」とみずからの日記に記した。(40)長承元年この年、かれはわずか十五歳にして大寺法華大会の竪義をとげた。(41)そして二年後の長承三年、興福寺維摩会の竪義をつとめたのである。(42)恵珍の竪義のさまの「所作神妙、万人感歎、生年十七遂大会業、古今未有事也」などといった覚樹の消息をうけとり、宗忠は「誠是仏法之器歟」と「心中欣悦」するのであった。(43)

その後、保延二年、三年と最勝講の公請にあずかり、(44)久安二年（一一四六）には興福寺維摩会の講師を勤めた。年二十九、臈十八であった。(45)恵珍は世俗門閥勢力の拠点である東南院家を足場にして、寺院聖界で栄達の途を快調にあゆんでいたわけである。かれはすでに応保二年に綱維の崇班にのぼっており、ついで仁安二年（一一六七）には少僧都となった。(46)覚樹から相伝した矢川・中村の手継文書を一括して寺家印蔵に納置したのは、権律師に任じられた二、三カ月まえの応保三年八月のことであった。(47)かれはこの年、所当・加地子のうちの三十石を院家三十講供料として留保し、これ以外のすべてを寺用にあてたのであった。

黒田荘成立過程に位置するこのことの意味はまことに大きいものがあった。仁安三年、在京別当の顕恵が寺家荘々文書を召しあげたさい、(48)寺の三綱上首覚仁はこれに応えて矢川・中村両条の文書目録を作成した。(49)この目録の末文によれば、つぎのことがわかる。すなわち、この両村（条）の田畠は、①「黒田庄往古出作杣工名田御封便補所」であるという性質と、②「私」に相伝領掌してきた「領主」権が寺家に進上されているという事実を確認したうえで、この二つの側面から発する「負所」権（＝雑役免権）と「作手」権（＝私領主権）の両方が合わさって「為寺領之条、敢無疑殆」としたのである。

あきらかに恵珍の「作手」権を寺家が吸収することによって、宇陀川河東の出作地帯は荘園としての内実をととのえたのであった。恵珍が「作手」権を寺家に付したのは、①雑役免権を梃子にして、出作荘民が公田押作・官物対捍のたたかいを激化させていた情勢に対応して、東大寺は対国衙法廷闘争(50)をやりやすくするために、荘内の二元的な領知権を一元化したいと考えたであろう。したがって寺家がわから強い要求があったものと思われる。

②この時期他の寺僧領がいくつも形成され、きびしい競合にさらされ、ために加地子収得がむずかしくなっていた。覚仁ら悪僧の現地実力支配は、私領の経営を不安定ならしめ、こうした事態が側面から寺家への寄進―吸収をうながしたのではなかったか(51)。

③出作田堵らが因縁・所従として公民をまきこみながら対国衙の闘争を激烈なものとしていた。この運動エネルギーは、「大衆之下知」をうけて噴出していたことから明らかなように、大衆の周縁部に有象無象の俗体兵士、武勇之輩をうみ出し、「私沙汰」を嫌う大衆の政治的影響力を相対的にたかめていた。このことも恵珍の私領主権放棄の理由として考えられる。

こうして東南院から私領主権を吸収したうえで、寺家は別当顕恵が後白河上皇の有力な近習僧であったという人的コネクションをフルに活用して(52)、承安四年(一一七四)ついに便補御封以外の国庫分官物の奉免をかちとり、出作新荘いっさいの勅事国役停止をとりつけたのであった(53)。

(二) 承安四年の権力編成

承安四年院庁下文をもって完成されたという黒田荘の構造は権力のしくみからみた場合、どのようなものであったのだろうか。そこでまず注意したいのが、荘園の価値を構成する地代収得の諸権限がいかなるもので、それら諸権限が寺内組織のなかにどのように配置され、支配機構を形づくっていたのかということである。

黒田荘の米穀地代は、もともと国衙の租税であった官物と私領主東南院の加地子の二つを継承、転化したものである。国衙官物のうち出作の封戸分は天喜四年（一〇五六）に寺家に便補されており(54)、東南院加地子は応保二年寺用に付されている(55)。そして便補された封戸分（御封）をのぞく官物の残り、つまり国庫に入れる部分と新荘所当が承安四年に寺家に施入され、東大寺財源となったのである。黒田荘の一円寺領化とは、これらいくつかの系譜と由来を異にする地代徴収権が承安四年の時点ですべて寺家（政所）のもとに束ねられたことを意味した。

このことは当面二つの点で重要である。ひとつは、承安四年院庁下文の直接の前提となった承安二年国司庁宣の獲得が、あとで「別当顕恵法印前司得替之刻、以贖（労）比於構取収納使補任之庁宣」といわれていることから明らかなように(56)、別当（寺家政所）が国衙の徴税権限を、収納使に補任されるという形式をとって掌握したことである。東大寺別当は太政官符をもって任命されることから、国家的公権力の幾分かはもともと保持していた。したがって、別当の国衙徴税権掌握は公権の実質が国衙から別当の側へ、移動したことにほかならなかった。

二つめは、かかる公権力の保持者たる別当に去り渡された東南院の私領主権が、承安四年の一円化を機に荘園領主権の一角にくみこまれ、領家職に上昇転化したことである。稲葉伸道氏は、東南院領である簗瀬荘を分析して、私領主東南院が領家東南院となる契機を、保の設立および保の荘園化にもとめ、かかることのできる法的権利主体東大寺（寺家政所）の存在に注目した。不安定な私領主の地位から領家へと上昇するためには、公権たりうる権門――そのなかの東大寺別当――によって公権の一部（所当官物・雑役の賦課等）が領家たる院家に分与されることが必要であったとされた。[57]

稲葉氏の、権門がもつ公権の分与によって、東南院が領家となりえたという見解は、まことに卓見というべきである。けれども荘園支配の権力が地代を収取する強制体系としてのみ意味を持ついじょう、領家としての地位が本家(寺家)との関係で、真に確定されたのは、承安四年の一円寺領化を機にしてのことであったと思う。というのは、これを機にして、御封をのぞく所当官物のすべてが常住学生百口之供料に宛てられ、これの収取を本家にたいして請け負う組織として、領家たる東南院が位置付けられたからである(次頁の図参照)。

ところで、国衙の所当官物が学生供米(=常住学生百口之供料)に転回するさい、国家がこれを認可するのを、恵珍の私領主権をもあわせて、「大仏」奉免・奉入と称していることはやはり注意する必要がある。[58] 百口学生は「大仏」の鎮守たる八幡宮の宝前で三十座の講延を抜き、また六十口僧侶を啒して三部大般若経を転読し、遥かに後仏の出世を契り、その講読の薫修を捧げることによって後白河の御願を祈り奉った。黒田荘のいっさいの収得権が寺家に付されると、それらはこうした講会・仏事を介して「大仏」のもとへ収斂していったのである。

覚仁の後家尼真妙が花厳会響料未進を弁解して、「作人泥究済、非領主対捍」といったところ、東大寺三綱はつぎのように反駁している。

寺家申云、先件料田者、大仏之外領主誰人哉、慶寿以領主職一向奉施寺家畢之故也、而覚仁者、依為慶寿之末孫、寺家付催促之沙汰、真妙者、依為覚仁之後房、又相継令奉行許也、忽号領主之条、早可被召証文、匪啻令対捍響料、還欲奪寺領、結構之旨罪科彌重、[59]

東大寺は響料未進の実否いぜんの問題として、真妙がおのれを「領主」と称したことを重大視し、これを真っ向か

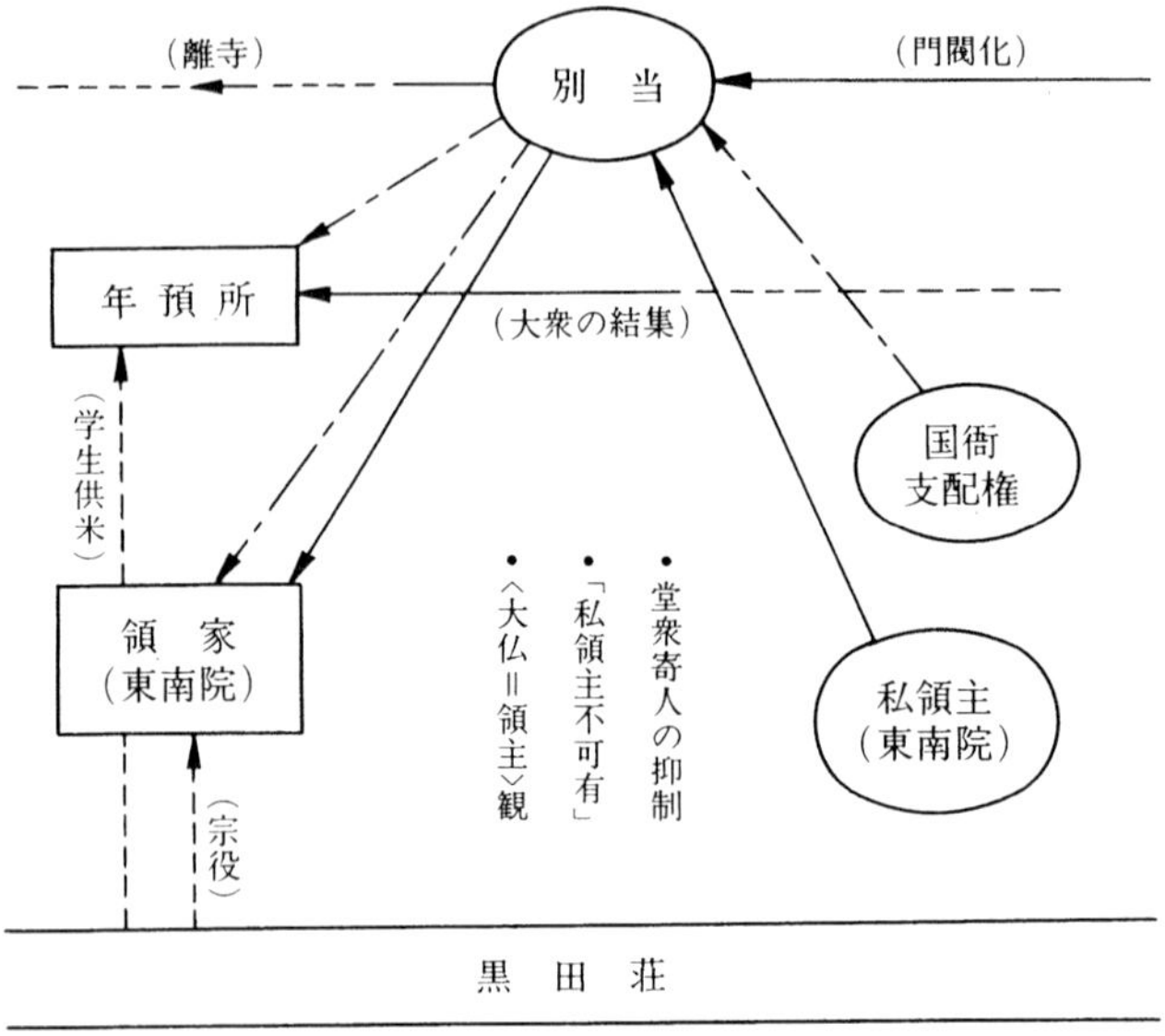

東大寺荘園制の編成

ら否定したのである。このさい、「大仏之外領主誰人哉」といいきった、寺家三綱所司のこの発言ほど、東大寺荘園制の確立期における領主観念を端的に物語るものはない。いわば〈大仏＝領主〉観ともいうべきこの観念は、荘内における「私領主不可有」の思想と表裏の関係にあるもので、東大寺荘園制の秩序意識の根幹となるものであった。在地勢力の反抗を「大仏舎那之大怨敵」(60)「大仏之怨」(61)というのもこの意識から発しており、一円寺領化後、荘民が中門・法華両堂の寄人化するのを停止した(62)のもやはりこの意識から導き出された当然の政策であったのである。かかる領主観念の一元化が荘民をして東大寺に帰服せしめる誘導路となったことはいうまでもない。かれらは「抑自本憑大仏八幡、不好寄人之職候」といい(63)、みずからを「大仏之奴婢」と規定して疑わなかったのである。

では実際の荘園支配の担当機関、つまり領主権力の執行機関はどこにあったのだろうか。それは大衆を基盤とする年預五師所にほかならなかった。かつて、国々の民衆的エネルギーを吸い上げ、反逆的かつ多分に暴発的な騒擾で国家支配階級を震撼せしめた大衆の力は、門閥支配の別当らをしばしば寺から追い出した(64)。そして年﨟智徳をそなえもたぬ権門貴族層を国家的法会——とくに維摩会——の場で講師の座からひきずりおろしたのである。[65]ところが一面で、かれら僧伽の結集は、門閥的別当の離寺化の傾向と、学生供米体制の成立とともに、結集団体内部にもつ制度性（＝大衆下文の発給）をいよいよ強め、ついに年預所という荘園経営の担当機構を作り出し、その権力意志の発動媒体として年預所下文の成立をみたのであった。[66]

かくして神と人との一体和合の観念（白山神人に見られるような）から発した民衆的反逆的運動力は、荘民のある部分を自己呪縛（大仏之奴婢として確信）させると同時に、支配の装置としての暴力に転換したのであった。まさに東大寺荘園制とは、民衆の力を基盤とする寺院権力が逆に民衆自身をからめとっていくという悲劇的なパラドックスを介して確立していったのである。

むすび ——荘園制破綻方向の展望——

これまでの東大寺大衆運動に関する行論をまとめ、寺領荘園制の権力の生成とその態容を確認する。そのうえで、東大寺と荘民との関係でこの権力がどう変化し、破綻するかを展望する。

東大寺の大衆が政治的に結集し、俗務荘園支配の必要から、一定の強制力をともなう権力の主体へと成長するのは十一世紀末から十二世紀にかけてのことであった。その契機となったのが紀伊国木本荘の支配をめぐる別当永観の政策にあったことは間違いないであろう。永観は別当に着任すると、殺生禁断、在家注進、検畠等の実施を通して荘民の生活・居住の規制をつよめ、荘園と寺院とのあいだを内的な支配の糸で緊密に結びつけると同時に、かかる支配を物理的に保障すべく大衆の力をひき出した。このころの大衆はすでに前任別当経範の「不治」を糾弾し、かれを別当の座から追い落とすだけの実力を備えもつにいたっていた。永観は木本荘を東大寺八幡の二季八講・二季彼岸不断経会の財源にすえつけることによって、大衆を八幡・不断経講衆として支配の力に転化せしめたのである。

天養のころ（一一四四？）になると伊賀国黒田荘にも大衆の政治的影響が現われてきた。現地住民は「大衆下文」「大衆下知」を承けて悪僧を召集し、国衙に対する武装抵抗をこころみるようになった。大衆と荘民の結合は、寺院経済の内部における寺僧私領の個別知行活動の発展に対する寺院全体の揺りもどし、つまり寺として権力を一元化しようとする運動の表われとして考えられる。かかる動きは東南院主恵珍が前院主覚樹から譲りうけた矢川・中村の私領主権を寺家に付けるのを余儀なくさせたものと思われる。恵珍の決意の背景には対国衙法廷闘争をしやすくするための寺家側の要請や、新たに簇生する寺僧領との競合が考えられるが、それら以上に大衆の政治的影響力が相対的に向上したことが考えられるのである。こうして出作地帯の私領主権を吸収した寺家（別当）は、承安四年院庁下文をもって、国庫分官物と勅事国役のいっさいの奉免をかち取り、一円寺領化に成功したのである。

この一円寺領化とは、国衙の徴税権限が公権をもつ寺家（別当）のもとへ移動すると同時に、寺家に吸収された私領主権が領家職に転化し、荘園領主権の一角を構成することを意味した。そして領家東南院が請け負う黒田荘本年貢は寺に創置された百口学生の供料とされることになったのである。黒田荘における大衆の支配体制は学生供米体制という形をとって実現された。その体制は、窮極的な権力の根源がひとり「大仏」にあるものと観念されており、（私）領主の存在を許さず、荘民を「大仏之奴婢」としての身分観念に呪縛した。かくして神と人との一体和合の観念をもって民衆を呑み込んだ（寄人化・神人化）大衆の運動は一転して、民衆自身を拘束し、おさえ込む力に変じたのである。

さてこう考えてくると、寺院の中世的再生と荘園体制の成立は、ヨーロッパ中世の教会権力の生成ときわめて近似していたことに気づく。B・テップァーは、無力な修道院がどう俗界封建貴族にたいして抗しえたのかという理由について、つぎのように述べている[67]。すなわち、個々の農村住民の団結をさまたげる自然経済的状態を人びとがしだいに克服するにつれ、十世紀から十一世紀へ移る時期に、ふつうの世論とよばれているものが具体的な姿をとりはじめ、「歴史の動因として、つまり広範な大衆の力強い意志表示として作用しはじめ」た。教会はまさに「この新しい力《インプルス》をとらえて自分のために利用し、さらにそれを封建的秩序の存続に無害なものに転化するのに成功した」。中世ヨーロッパの教会は「大衆を動員する」という方法で下からの民衆の運動力をくみあげ、「政治におけるなみなみならぬ勢力」を備えもつことができたというのである。「大衆を動員する」方法は「神の平和」運動のなかに最も明瞭にみることができた。

わが国の負名・田堵らの生産者農民は、王朝国家の地方権力拠点（国衙在庁）を農民支配の共同の機構につくり換えて圧迫を強める旧官人武士層に対抗すべく、寺院に走り、神仏の権威にすがりついた。こうした下からの運動は、大衆の嗷訴や他寺との戦争を契機にして、ますます多くの神人・寄人を寺の兵力に転化せしめた。大衆はその限界点に達するまで民衆を包摂し、そこに寺を再生させる力の源泉を求めたのである。大衆はその周縁部に広い民衆からなる勢力圏を形づくり、それを一種の宗教的共同体にしてしまった。ここまでの運動構造は、中世ヨーロッパの教会のありかたに通じるものがあったと思う。

かくして完成をみた寺領荘園制は、その権力の構造においてつぎのような矛盾に逢着せざるを得なかったであろう。大衆が力の主体たるためには、内部への強制力（寺僧房舎の切破り、焼却となって現われる）が存在せねばならないが、力の主体が大衆の周辺部をも含むとなれば、当然かかる強制力は神人・寄人化した荘民への制裁のばあいにも同様に適用される。荘民支配がこうした共同体内部への強制力の発動として考えられている段階には、実際の地代をなかだちとする支配・収奪の関係は見えにくい。

しかし黒田荘の在地では、鎌倉時代を通じて、東大寺荘園制の基幹的な部分である名主級農民（宗教的共同体の成員）の下に位置する小百姓らの弱小農民が農業経営を安定化させ、農民的所有を地片ごとに実現するようになると、複雑な政治構造を内蔵しながらも地域を基盤にした村落的共同体がますますはっきりと姿をあらわすようになり、それとともに東大寺の宗教的共同体から村民はしだいに離脱していかざるをえなかった。そしていっぽう、東大寺の内部では、大衆の意志を確立するための集会が制度化するとともに、五師と年預からなる大衆の代表機関は、それだけの閉じた集団と化していった。在地と寺内のかようの変化が進行すると、大衆（＝年預所）は荘民との敵対的な関係において存在しなければならなくなり、やがて大衆の発動する荘民への暴力は、確実に外的なものへと変じていった。それは宗教的共同体の破綻と亀裂にほかならなかった。

かようのありさまを端的に示すのがつぎの史料である。

抑云庄官云百姓、有訴訟之時者、先其身企参上可申披之、不経其沙汰而、猥聚強百姓、相語沙汰人、或撞鐘集人、不可致濫訴、於道理者全不可依人数之多少、将又不可依嗷々沙汰、守道理而成敗、何可有子細哉、向後以此状可存知也、(68)

これは黒田荘の荘官・沙汰人と百姓とが、寺務（別当）初任の引出物ならびに田率人夫役をめぐって相論したさい、荘預所が出した裁定文言の一部である。ここに確認できることは、かつて澎湃としてわきおこる大衆の力に依拠した東大寺が、いまや荘民にむかって「道理」を説き、「嗷々沙汰」を否定しきっている事実である。支配の権力に転じた東大寺にとって、群集・一味・嗷訴といった神意に基づく行動は、人間社会の規範としての「道理」によって秩序づけられ、克服されねばならなかった。そうしなければ階級支配の事実を制度として安定化しえぬことを、東大寺はよく知っていたのである。

けれども、そこに経済的な支配・収奪関係の事実が存在する以上、「道理」による制度の安定化をはかろうとすればするほど、それに対する民衆反抗は、神意を対置するという形態をとるようになるだろう。「鐘を撞き、人を集め」濫訴・嗷々沙汰をする百姓の心性にはこの神意が確実に脈打っていた。

宗教的共同体の破綻と亀裂は、荘園制社会形成の運動エネルギーが、一方で権力の制度化を結果すると同時に、他方では神の意志としての群集・一味・嗷訴を民衆の武器として下降拡散させる過程にほかならなかった。(補注)

注

(1) 木本荘とこれをめぐる東大寺についての研究には、西岡虎之助「古代における寺院の荘園」(『荘園史の研究』下巻一所収、岩波書店)と五味文彦「永観と『中世』」(『院政期社会の研究』所収、山川出版社)がとりあえずあげられる。

(2) 長治元年八月二日紀伊国崇敬寺別当頼慶請文(筒井寛聖氏所蔵東大寺文書、『平安遺文』(以下『平遺』と略記)四—一六二五号)。

(3) 東大寺八幡宮所司はこの事態を「件譲極非常也、寧可為証験哉、以官省符仏地公験、私相伝未聞例也」といい(長治元年七月二十日東大寺八幡宮所司申状、東大寺文書四ノ三十八、『平遺』四—一六二〇号)、また大衆も、頼尊が源筭から公験を預かり請けたとき、「以件庄私不可与渡他人」る由を消息をもって約したことをいい、有政に「設雖有譲文公私可用之哉」と主張した。仏地の公験は私相伝されるものではなく、また公私にわたって用いられるものでもなかったのである。寺領(=仏地)と私領が厳格に区別されていたことはすでに述べたが、この場合はかかる区別が曖昧にされたことによって発生した寺領の危機に他ならなかった。

（4）経範は、三河守源経信息、木寺法印と号した。尋源阿闍梨のもとに入室、承暦二年十月六日権律師に任じられ、嘉保二年六月二十二日官符をもって東大寺別当に任じられたときは、権少僧都の綱維に位していた（『仁和寺諸院家記』）。

（5）注（2）に同じ。

（6）『仁和寺諸院家記』によれば、かれは永長元年東三条殿にて孔雀経法を僧二十口を従えて修した。また康和三年東寺灌頂院で祈雨のために、孔雀経法をやはり僧二十口をしたがえて修した。このため二日目には雷が鳴り、四日目には終夜降雨した。かれは賞をこうむり、法務となった。

（7）『東大寺別当次第』。なお経範着任後、寺衆は追却されるまえに、自分たちから寺外へ出てしまったふしもある。すなわち、八幡宮有司は「前々別当故遍照寺法印（経範）専不治行非常者、寺僧等散在、希常住人」と述べている（『平遺』四―一六二〇号）。

（8）嘉保三年七月十二日官宣旨（東南院文書二ノ四、『平遺』四―一三五九号）。

（9）嘉保三年九月七日東大寺請文案（東南院文書二ノ四、『平遺』四―一三六二号）。ここで、別当経範以下三綱所司は、伽藍堂舎の修造をするにも、寺家封戸からの一塵の納物なきを嘆き、まず宣旨を諸国に下され、封戸物の究済せしめられんことを国家に要望するばかりであった。ここには独自の寺院経済（＝荘園制）を志向する姿勢はまったくみられない。

（10）『東大寺別当次第』。

（11）長治元年八月二日東大寺大衆等解案（東大寺文書三ノ九、『平遺』四―一六二六号）。不治三十五箇条のなかみは、木本荘についての姿勢のほか、「寺家破壊」状態の放置が含まれていたようであるが（『東大寺別当次第』）、その他いかなる「不治」があったか不明。

（12）『東大寺別当次第』。『僧綱補任』抄出下。『僧綱補任』第五、康和二年条。

（13）注（2）に同じ。

（14）『東大寺別当次第』前律師永観条、『僧綱補任』第五、康和二年条。

（15）『東大寺別当次第』前律師永観条。

(16) 筒井寛聖氏所蔵東大寺文書、『平遺』四―一四八〇号。
(17) 筒井寛聖氏所蔵東大寺文書、『平遺』四―一四八二号。
(18) 注(8)に同じ。
(19) 康和二年八月十二日官宣旨（東大寺文書四ノ一、『平遺』四―一四三二号）。ここで、伊賀国黒田杣工等に対する造興福寺役が停止され、寺家修理に充てられた。これは本文引用史料にある「皆悉被免国役」たさいの伊賀地方の具体例であった。
(20) 注(17)に同じ。
(21) 康和四年五月二十六日東大寺政所下文案（筒井寛聖氏所蔵東大寺文書、『平遺』四―一四八三号）。
(22) 戸田芳実「国衙領の名と在家について」（『日本領主制成立史の研究』所収、岩波書店）。なお在家注進と検畠については、五味文彦氏も前掲論文にて注目している。
(23) 注(21)に同じ。
(24) 長治元年七月二十日東大寺八幡宮所司申状（東大寺文書四ノ三十八、『平遺』四―一六二〇号）。
(25) 注(24)に同じ。
(26) 注(24)と注(11)に同じ。
(27) このときの大衆下文は、「衆僧為停止有政悪行、所下遣夏衆職掌下部等也其由載大衆下文此等豈私軍兵哉」とのみみえるだけで文書自体が現存しているわけではないが、諸種の史料からそれが、「諸衆僉議」「大温屋衆僉議」「衆議之旨」を経て、年預五師ならびに三綱所司（のちに年預五師のみとなる）の署判をもって発した下文であることがわかる（『平遺』六―二五六四号・二五二七号、『平遺』四―一七一七号を参看されたい）。
(28) 天養二年正月十七日官宣旨案（東南院文書七ノ七、『伊賀国黒田荘史料』一―二五二号。以下『史料』一―二五二号と略す）。
(29) 保元三年四月日伊賀国在庁官人等解（百巻本東大寺文書二十九巻、『史料』二―二七八号）。
(30) 注(29)に同じ。
(31) 注(29)に同じ。

(32) 寛弘九年八月二十七日東大寺所司等解（保坂潤治氏所蔵文書、『平遺』二―四六八号）。
(33) 長承元（二カ）年正月十三日藤原中子荘園相博状案（三国地誌巻一〇〇、『史料』二―二二八号）。長承二年正月十七日東大寺政所下文案（東大寺文書四ノ二、『史料』二―二二九号）。長承二年正月十七日僧源祐所領譲状（東南院文書五ノ一八、『史料』二―二三〇号）。
(34) 『尊卑分脈』第三篇、村上源氏。
(35) 『中右記』長承元年十一月十四日条。
(36) 注(34)に同じ。
(37) 平山浩三「伊賀国名張郡における収取をめぐって」（竹内理三先生喜寿記念論文集刊行会『荘園制と中世社会』所収、東京堂出版）。
(38) 長承二年正月十七日東大寺政所下文案（東大寺文書四ノ二、『史料』一―二二九号）。
(39) 源顕国子小童（恵珍）は、覚樹の大場寺房で出家したという（『中右記』大治四年三月二十二日条）。
(40) 『中右記』大治四年三月二十二日条。
(41) 注(35)に同じ。
(42) 『中右記』長承三年十月十三日条。
(43) 同右、長承三年十月十四日条。
(44) 同右、保延二年十月二十日条、保延三年五月十七日・二十日条。
(45) 『維摩講師研学竪義次第』久安二年条。
(46) 『東南院務次第』（「東大寺叢書」第二）。
(47) 応保二年八月日東南院主恵珍文書送状（東大寺文書四ノ三・二十二、『史料』二―二九三号）。
(48) 承安五年五月日東大寺荘園文書注文（東大寺文書四ノ八十五、『史料』二―三三〇号）。
(49) 仁安三年五月二十九日黒田荘出作文書目録（東大寺文書四ノ三、『史料』二―三〇六号）。
(50) 久安五年五月・六月の二度にわたり、摂関家政所で伊賀目代と争う。保元乱以後伊賀国在庁の圧迫がつよまる。朝廷では記録所が設置され、加納田の文書提出を東大寺に命じた。東大寺側の窓口となってこれをうけた覚仁は、文書をとりまとめて記録所に注進し、寺領の確保につとめた（五味文彦「院政期の東大寺文書」『院政期社会の研究』所収、前掲）。

(51) 注(29)の史料に「領主横破公田率法、恣段別令徴下六斗、所責取之員、不可勝計者歟、……而間有堪之輩、乍歎勤之不堪之民、拋生土逃脱他境、……領主之非法者、遂年倍増、依之難廻安堵計」とある。これは北伊賀玉滝・湯船村に出来した事態であるが、南伊賀でも矢川・中村の各所に数反程度の田地の売買が、この頃から行なわれはじめているところをみると、地片を集積する寺僧私領主の右のごとき非法が、恵珍の加地子取得と競合しながら展開されていたと考えられる。

(52) 顕恵が別当在任中の嘉応二年（一一七〇）四月、後白河上皇は東大寺にて受戒した（『東大寺別当次第』）。顕恵と後白河の緊密な関係を想わせる。また承安四年（一一七四）三月、法皇が厳島に参詣したとき、顕恵はこれに随行し、厳島御正躰御経供養の導師をつとめた（『源平盛衰記』巻三「一院女院厳島御幸事」）。後白河の近習僧であったさまが窺われる。

(53) 承安四年十二月十三日後白河院庁下文案（東南院文書四ノ四、『史料』二―三二一号）。

(54) 天喜四年三月二十八日伊賀国司庁宣（『史料』一―五二号）。

(55) 注(47)に同じ。

(56) 安元元年壬九月二十三日伊賀国在庁官人解（東大寺文書四ノ四、『史料』二―三三四号）。

(57) 稲葉伸道「東大寺領伊賀国名張郡簗瀬庄・黒田新荘について」（『名古屋大学文学部研究論集 LXXXIII 史学』二八）。

(58) 注(53)。治承四年十月日東大寺黒田荘文書目録（薬師院文書、『史料』二―三六三号）。

(59) 建仁元年四月日東大寺三綱等申状案（内閣文庫所蔵大和国古文書、『鎌倉遺文』三―一二〇六号）。

(60) 安元元年十二月日東大寺衆解土代（東大寺文書四ノ一、『史料』二―三四八号）。

(61) 元久元年九月日黒田荘百姓申状案（東大寺図書館所蔵倶舎論第八十九巻抄裏文書、『史料』二―四六五号）。

(62) ①承安五年五月二十三日黒田荘官等請文（東大寺文書四ノ七、『史料』二―三二七号）。
②承安五年五月二十四日黒田荘丈部俊弘等連署請文（東大寺文書四ノ八十八、『史料』二―三二八号）。
③承安五年五月二十四日安倍利宗起請文（東京大学所蔵東大寺文書、『史料』二―三二九号）。

(63) 注(62)の①に同じ。

（64）別当経範を大衆が追放したことはすでに述べた通りである。また安元元年三月四日別当に任じられた敏覚は、治承元年蜂起した大衆に寺務を止められ拝堂遅におよんだ。ためにかれは軍兵を相語らい、本寺内房舎を切り払い、焼失におよんだ（『東大寺別当次第』『百錬抄』）。

（65）『維摩講師研学竪義次第』嘉応二年条、安元二年条等を参看されたい。

（66）安元元年十一月二十三日東大寺年預所下文土代（東大寺文書二ノ五、『史料』二―三三九号）が初見。稲葉伸道「中世東大寺寺院構造研究序説」（『年報中世史研究』創刊号、一九七六年）参照。

（67）B・テップァー『民衆と教会――フランスの初期「神の平和」運動の時代における――』（渡部治雄訳、創元社歴史学叢書）。

（68）弘安十年十月日伊賀国黒田荘預所裁許状案（東大寺文書四ノ三、『鎌遺』一一―一六三八三号）。

（補注）第一部、第三部では、東大寺と村落との一体的な癒着の側面を論及したのであるが、この第二部の東大寺と村落との関係については乖離の側面を論じた。このことは論旨の一貫性からみたばあい矛盾しているといわねばならない。けれどもかかる矛盾はそれ自体が鎌倉期東大寺荘園制が内蔵する特質なのであって、どちらか一方に一面化して済まされる問題ではない。むしろ癒着と乖離の相反する傾向は、荘園構造の一定の矛盾の展開線上に現われる二つの局面において把握されたものであるのだから、荘園社会の動きの全体のなかで立体的に位置づけられることこそが課題として提起されねばならないと思う。癒着の側面は在地における悪党運動との敵対関係でみられる村落の閉鎖性なり守旧性と関連しており、乖離の側面は荘園制が体制として確立した時点に胚胎した基本的な矛盾に結びつけたものである。これら二側面の関係は固定的ではなく、村落内部の状態や外部との関係によって微妙に変化し、副次的になったりあるいは主要なものとなって、それぞれの時代の政治的諸局面を形づくったものと考える。

第三部　農村社会と悪党

第一章　漂泊民信仰と悪党

はじめに

十三世紀中葉は、統治権を事実上掌握した全国政権としての鎌倉幕府が、その体制を完成したのにとどまらず、公家・寺社等の支配体制そのものが最盛期を迎え、完成された姿をあらわした時代であった[1]。しかし、同時にこの時代は、この完成を下から支える農村社会の骨組み＝名田体制が大きく変容・崩壊しはじめて、その歩をますます速める時代でもあった。

伊賀国の黒田荘に現出したこの時代の政治的景観をながめるならば、名田体制の変容・崩壊とは、ただちに農村内諸勢力の複雑な衝突と抗争となって現象するものに外ならなかった。それまで荘内公田部に荘官としての公法的権能を行使していた大江一族集団は、公田部を構成する名田の枠組みが廃滅し、かわってその内部で生起する地主的土地所有秩序の東大寺による編成（＝料田化）とこれを体制的に保障しようとする堂童子・公人・神人等による惣寺直接支配の出現（＝料田体制の出現）に当面する。かかる在地の事態は、大江氏の公法的所務権限の縮小・喪失と、名田体制を絶対的存立条件とする名主の特権的共同組織＝〝村落〟の消滅的危機を生み出す。こうなると大江一族集団の政治的対応としては、各諸職に宛てられた給名の変質——一色名化——をもって「百姓」の人格隷属を策する以外にはなくなり、一方で名主級「百姓」は瓦解せる名の外皮〝村落〟をうち固めようと相互に結束をはかり、排外的争闘へと突き動かされることになる。この抗争に敗退した大江氏庶流は、主流（惣領）との分裂をふかめ、全農民の社会秩序たる村落から離脱した存在となっていった。(2) これが内的矛盾の直接の表現たる悪党を発生させる一つの筋道であったろう。

悪党を生み出す政治的矛盾と抗争の態様がこのようなものであったとするならば、かかる事態に規定され、また事態に作用をしかえす意識構造、鎌倉時代に生きた人々の意識の構造と特質はいかなるものであっただろうか。名田体制に刻印された名主「百姓」の〈大仏〉につながる宗教意識は、激しく変化・変動する荘内状況とともに自らの守旧的立場をますます強め、ついには直接に東大寺〈大仏〉と接合することとなる。彼らによる大仏八幡への神人化がまさにこれを示すものであって、悪党が神人をことさら憎み、襲撃・殺害を繰り返したことを考えるならば(3)、東大寺領黒田荘の宗教的政治支配の重要な基盤が〝名主〟級農民（＝神人）に存したことは明らかである。(補注1)

本章では、①こうした東大寺から在地へさしこまれたイデオロギー的支柱——大仏八幡の宗教意識——とこれを支える基盤を下からつきくずす下層農民の意識のありかたはいかなるもので、これとの関連で漂泊民手工業生産者の信仰はどのような意味をもつか、②漂泊民手工業生産者の生活と行動の原理はいかようなものとしてみられるか、そして、③村落から離脱してゆく悪党の意識構造と漂泊民信仰との関係をどうとらえるか、という三点にわたり注意する。しかして悪党発生に端的にあらわされた農村社会の矛盾のなかで、どのようなかたちで中世社会底辺を脈打つ漂泊民衆と彼らがいただく信仰が史的意味をもち、また役割を演じたものかというところに論点を結びあわせたいと思う。(4)

かかる角度からの悪党に対する観察は、「内的矛盾の直接の表現」たる悪党が単に荘園における内的なものにとどまらず、外的なものとの相互的交流・作用をもってはじめて特殊歴史的な意味性を有するものとなる、ということを明らかにするうえでの方法的作業として無意味ではなかろう。

第一節　修験山伏と漂泊民

黒田荘における下層農民の所有・経営の確立（=小百姓の自立化）は、自らの意識に何をもたらすか。このことを考えるうえで、宮座という祭祀組織が構成する〝村落〟の信仰生活圏が、それを特権的秩序として支える名田体制の崩壊とともに空洞化したことは注目にあたいする。

ところで、この完結的な信仰生活圏内部において成長をとげる小百姓は、単に彼らの比重が重くなったからといって、既存の「氏神」信仰圏の中で新たな宮座を組織してこれを堆積させるだけではなかった。私は〝村落〟に表象された名の外皮が廃される過程で、それまで観念的にではあれある一つのまとまりをもち、その一つのまとまりのなかで、自我を埋没させていた村落住民が個へと分解してゆく側面を重視したい。(5)下層農民大衆の生活に根ざすたたかいは、何も平板な〝層〟として自らを座的世界のみにとじこめたまま押し上げるのではない。社会の中での個へと自己を相対化させる作用が、この期の農民解放の大きな契機ではなかったかと思う。

自己を相対化させた新たな社会関係の形成は〝村落〟内の基層部では先行的にはじまっていた。貞永元年（一二三二）八月五日の「不動丸」に処分された一反半の田畠地片についての処分状(6)が残っているが、そこに明記された田畠の所在およびその配置は次のごとくである。

　在名張郡中村条字松本

　四至 限東安宗領際　際南良見房領　（傍点――筆者）
　　　限西明王殿領際　限北道際

この配置にある中村条字松本の田畠一反半が、いかなる名に編成されていたかは不明であるが、少なくも〝村落〟秩序に基づきこの地が処分されるとするならば、この処分状には、この土地が隣接する名主「百姓」を保証人としてしかるべきである。(7) こう考えると、処分者とともに連署されるべきは東側に隣接する安宗をおいてはない。安宗は杣工六十六名（「斧金」を預かる名主集団）に属す歴とした〝村落〟成員であった。(8) ところが実際には西を限るところに作田する明王殿（不動丸とは信仰面でつながりがあると思われる）が、処分者とともに「丈部明王丸」と署名しているのである。不動丸の「不動」も明王丸の「明王」も不動明王をあらわすとおもわれる。不動明王は、山伏の行体に不動袈裟が不可欠な要素となっている(9)ことからも明らかなように、修験者にとって中心的な仏（神）であったのである。私はここに〝村落〟内農民の一つの意識＝個性の芽ばえと、その自己の相対化を条件づける漂泊的信仰生活圏の意味をみることができるのではなかろうかと考える。つまり、〝村落〟が崩壊するなかで、主体的な個の意識が生み出される過程は、相即的に漂泊的信仰世界を媒介とする個と個のつながりを作り出していたものと思われるのである。それは、これまでの〝村落〟の規制をまったく無視したところから出発するもので新たな共同体（「惣村」的共同体へつながる）に照応する信仰意識であったろう。(10)

では、黒田荘農村にかかる深刻な影響を与えていた漂泊的信仰生活圏は、鎌倉時代後・末期に、その信仰生活圏内でいかなる特質をもち機能していたのであろうか。

永治二年（一一四二）の西蓮勧文案という史料が東大寺所蔵春華秋月抄草十四裏文書にある。この史料によると承保年中（一〇七四〜一〇七七）、金剛仏子正縁聖人が不動明王の正躰を見たいと願い、金峯山・熊野・長谷寺の三個所に祈誓（立願）して三個年間修行を積んでいたところ、三所権現（熊野権現）の二人童子が夢にあらわれ、不動明王にあえる場所を教えた。そこは「滝水重浪」の「黄生滝《おうだき》」であって伊賀国名張郡の南端の地であるとのことであり、はたしてそこへいってみると、七金山という役行者行道の跡を見出したとある。

右の内容を含むこの史料は『平安遺文』刊行過程には収載されず、検討を要するものとして処理されてきたように、一般に史料的真偽があやしいために注目されぬままにある。[11] しかしながら、右史料が作成されたとする永治二年よりも五十年前、正縁が「黄生滝」へ入った承保年中よりも降る寛治六年（一〇九二）、矢川・中村の私領問題のもつれから金峯山の先達法師原が数多の従類を率い黒田荘内に出没し、暴行をはたらいており、[12] その際「彼山（金峯山）浮宿之輩」が「横募神威……忽致其妨」[13] ていたことから、金峯山系の「浮宿」の者が少なからず荘内に入りこんで相論の在地的条件をつくっていたことを窺わせる。したがって、こうした事実からおしはかるならば、永治二年に正縁のような行動内容をもりこんだ勧文案が西蓮の手により作成されたとしてもよいのではなかろうか。

とするならば、史料中に書かれた正縁という「聖人」は興味をひく。当時「聖人」とは「ヒジリ」ともよばれる山棲の念仏僧であった。彼らが抖擻する山には霊魂のシンボルとして不滅の火があると考えられ、この火をまもるものとして「ヒジリ」が存在したという。[14]『梁塵秘抄』巻二に「聖の住所は何処何処ぞ、大峯・葛城・石の槌、箕面よ勝尾よ、播磨の書写の山、南は熊野の那智新宮」とうたわれている「ヒジリ」はかかる性格のもので、彼らは時として熊野詣の「先達」となって活動していたのである。おそらく、金剛仏子正縁聖人もこのような性格の山林抖擻家であったのではなかろうか。そして、信仰面ではかかる性格の「ヒジリ」正縁は現実の生活では、平野部農村へ出てゆき、「浮宿之輩」として農夫に雇われ粮物をとったり、[15]紛争へ介入しては「神威」を募って農夫と抗争する存在であったものと思われる。

こうした「ヒジリ」や廻国する手工業生産者といった非人＝乞丐の世界を共有する民は、中世社会から構成的に排除されているとはいえ、農業労働においてまでは排除されていなかったことが最近の研究で明らかにされつつある。しかし一方では、宮座に象徴される〃村落〃からの観念的次元での排除は厳しく貫徹されており、彼らが定住農耕民（名主級農民）のもつような「氏神」的信仰を内在させることが決してありえなかったことも事実である。彼らの精神世界には彼ら独自の神（仏）が居たことをここで考えるべきである。たとえば、鋳物師・タタラ師が信仰する神は農村では決してみられぬ山の神であった。高野の奥の相浦という山村で掛けられていた軸の神像は、五来重氏によれば「中央に白衣に緋袴の女神が立っており、その背景は巌窟で、左手前に赤顔に天狗鼻の男神が座って鏨と金槌と斧をもっている」ものであった。[16]樵夫や狩人、マタギにもそれぞれ山神があるという。

鉄を扱い、狩猟をし、木を伐採する山人たちは自らの祖先を鬼とか妖怪と考えていたせいか、[17]彼らの信仰する神はおそろしい鬼や鬼女、山姥や天狗で表現されていた。原始的修験道はこうしたいろいろな山神信仰に対応して発生したのである。熊野とも結びついているかかる「ヒジリ」（鎌倉時代に入ると山伏と呼ばれる）が運搬する説経説話をあらわした『神道集』も、したがって制外者《にんがいしゃ》の苦悩を、殺生を「渡世計」とする人々の苦しみをおのれの苦しみとして背負う神の観念をもって表現されている。『神道集』巻四「諏訪大明神五月会事」においては、神が狩猟民の罪を自身でひきうけたこと、あるいは「神道集と密接な関係がある」（筑土鈴寛）甲賀三郎説経で、三郎が狩のしぐさを見せるのは、狩＝殺生の罪を体現したものであった。[18] そして、かかる漂泊する神が〃村落〃外に非人＝乞丐の世界を共有する人々の精神面を支配していたことは想像にかたくない。巻二の六の「熊野権現事」では、熊野権現の御誓願として「一度我山ニ参詣ヲ成者ニハ、設ヒ三悪道（地獄・餓鬼・畜生）ニ至云トモ験ヲ差シテ撰ヒ取リ可度《スクウ》」[19]といわせているのは、こうした説経に聴きいる人々の精神を反映したものといえよう。

『神道集』のなかで作り出されている鋳物師の思想構造は注目に値する。[20]「熊野権現事」は、①宮中内侍所の正体である鏡は、天照大神が岩屋へ隠れた時に、その姿を鋳留めたものである、②鋳師明神がこれを預かって神武天皇に渡した、③熊野神は内侍所の守護神である、ということを述べているが、①の部分で天照大神に対して「御躰ヲ鋳留メテ子孫ニ可見申」（「そのお姿を子孫に示すために鋳残しましょう」――貴志正造訳）[21]といっているのは鋳師明神と理解され、②にいう内侍所の「鋳師大明神」は、③の「内侍所の第一の守護神」である熊野権現をさすものであるので、ここでの熊野神は熊野鋳師大明神といった性格となっている。このような神祇体系に昇華させることで鋳師明神（鋳物師の守護神……民間の山神から発するであろう）が皇室へつながってゆき、この説話を運搬する山伏が、鋳師明神の神人として斧を肩にかけていたということを考えあわせるならば、[22]〃村落〃から疎外され漂泊する者を内面から支える精神的構造を、そのイデオロギー的な皇室への収斂の構図として注意する必要がある。

もともと鋳物師と山伏とは、鉄を媒介に密接な関係があったのだが、それ以上にここにみられる鋳物師――修験山伏――皇室へとつながる漂泊的信仰生活圏の機能が、供御人（鋳物師――蔵人所――）――天皇へと編成される経済的な制度[23]に対応する意識の系譜として考えられるのではあるまいか。そしてこうした機能が非人＝乞丐の世界一般にも貫徹していたのではなかろうか。

私はこうした熊野信仰＝修験信仰をベースにして、体制外に生きる人々の信仰のあり方をおさえ、そのあり方から逆に黒田荘の手工業生産者らも問題にされるべきと考える。燈爐供御人広階鋳物師が唐懸の地に田地を開き、よりついていることには、一つには賤民的手工業生産者の居住形態と境域の問題で（後述）、二つには製鉄と信仰との関係で興味がもたれる。

ここで後者を考える。場所はことなるが東北の岩木山麓に多くの製鉄遺跡を有する村々があり、そこにはまた多くの鬼伝説を伝えている。伝説中の鬼は岩木山の赤倉沢を棲み家としており、この赤倉沢は通称赤倉山といい、岩木山でもっとも神秘な修験行場といわれている。そしてこの赤倉山が、製鉄遺跡と鬼伝説の残る岩木山の北側にあるのも偶然の一致ではないという。[24] 唐懸の地に現在鬼伝説を検出することはできない。しかし平安時代正縁聖人が入っていった荘の南端の地、つまり七金山黄滝寺（修験行場）の麓の竜口に含まれるところが唐懸の地であったことは、漂泊的信仰としての修験と広階鋳物師とが無関係ではなかったことを暗示している。しかも、南大和から熊野ルートに通ずる伊勢街道ぞいに位置するこの地が荘内への熊野信仰路の入り口として重要な地点であったのである。

黒田荘には「有徳人」として、鋳物師のほかさまざまな分業・流通にたずさわる人々が東大寺に把握されていた。それは「黒田荘有得交名」という史料に書き記されている。[25] 交名にみられる五十四人の名前は、どれ一人として荘内に伝統をもつ名主「百姓」の名めい[26]と一致するものがないばかりか、名主的な名前（たとえば「吉」とか「安」とかの字は、名主独特の嘉名として多く付されている。[27] 六十六名の中にも「吉元」・「是吉」・「重吉」とか「安吉」・「安行」・「安貞」等の名めいがしばしばみられる）を想わせるものも一つもない。このことから、〝村落〟を構成する「氏神」信仰生活圏のものではないことが予想されるが、熊野＝修験信仰をベースに考えることにより、一層明瞭となる。

交名中の「ケムチャタ太夫」という「コヤ」（中村の小屋出か）に在住するものは「験者太夫」と読むことができよう。（補注2）檀の「牛王五郎」は直截に熊野信仰を想わせる。丈六の「千手二郎太夫」は千手観音から由来するものと考えられる。千手観音は熊野三所権現のうち、西の宮の本地であり、したがってこれも熊野信仰にむすびつく。檀の「辰太郎」も辰狐王と関連する名前であるようだ。辰狐王は密教では吒枳尼天《だきにてん》をさし、また如意輪観音の化現として、山伏の柿の衣に象徴されるのである。[28] 以上の直接的に修験信仰をあらわす名前のほかに、「寺垣内」および「中ムコ」に仮住する「カチ」＝鍛冶や、住所不明（多分廻国してたまたま嘉元年間黒田荘に立寄り、そこで有徳人として注進されたものであろう）の「カウソリカチ」＝髪剃鍛冶、あるいは「タナヒロ」（棚広）に身をよせる「イモシ」＝鋳物師なども先述した山神―修験―熊野といった漂泊的信仰生活圏のなかに精神生活をおくものであったことはまずまちがいない。

非農業民という言葉ではあまりにも一括しにくい多様な要素を含む〝村落〟外生産者は、〝村落〟の枠の内部で成長する小百姓まで含めて、狭小完結的で静的な「氏神」信仰生活圏とは無縁であるという面、流動してやまぬ漂泊的信仰生活圏を即自的に構成している面で共通性を見出すことができる。そこには、〝村落〟とは区別すべき世界の神が支配していた。漂泊する神が支配するところの人々の宗教意識は皇室へとつながらせていたのではなかったか。黒田荘の場合、おもにこの漂泊する神とは修験信仰の神であった。

第二節　手工業生産者と悪党

農業経営を基礎とする〝村落〟から精神領域を区別される賤民的手工業者の実態観察をこころみる。ここではおもに仁治二年（一二四一）の粉河寺領丹生屋村・高野山領名手荘（紀伊国那賀郡所在）境相論のさいみられた悪党的人間をとおして、その居住・活動空間、政治関係の基本的特質を検出し、そこにみられる史的意味をあとづけることに力点をおく。彼らのごとき人間類型のなかに後代（鎌倉時代後・末期）析出される悪党ときわめて近似している――したがって一族・村落からの分解・離脱の主体たる悪党がもつ性格を具備している――要素を明らかにする。

仁治二年五月、義治法師なる人間が耕作していた山畑の麦を丹生屋村と名手荘どちらが苅り取るかという問題で緊張している最中に、突如高野山勢数百騎の荘官百姓等が「着甲冑帯弓箭」して山畑へ入りすべて刈り取ってしまった。[29]これを発端にして、数度にわたる暴力的闘乱を含むはげしい相論が行なわれることになる。[30]

ところで、この両荘「村」間抗争のなかで特に注意せねばならないことは、相方点札・苅畑をし、[31]緊張を深める論所＝椎尾山畑およびそこに関与する義治法師なる人物の性格についてである。

丹生屋と名手を境とする水無川（別名、名手川）を上流へたどってゆくと、西川原・東川原両村をすぎたところから川は二方向にわかれて水源へとつながる。このY字型をなす谷の中間に五〜六百メートル級の和泉山脈から派生し突き出している尾根が椎尾山である。両岸へおちこむ山肌は五万分の一の地形図にあらわされた等高線の目のつみ方から検するにきわめて急な勾配をなしている。この地へ義治は暦仁元年（一二三八）のころはじめて入りこみ南傾斜面に密生繁茂する[32]森林を伐採し焼畑を営んでいた。[33]おそらくこの農業生産性の低劣性を特徴づける焼畑なる粗放農業に依拠する以上、四〜五年をサイクルとする耕地の開発・放棄、そして（別の焼畑耕地を求めての）移動を生活の基調として、[34]義治法師は椎尾山へ入ってきたものであろう。

義治法師の性格を調べると、彼は中世〝村落〟社会を構成する住人＝名主「百姓」とは明らかに異質なもので、奇怪な人間諸関係のなかに位置していることがまず判明する。彼はそもそも嫡男の朝治とともに名手荘＝高野山側の

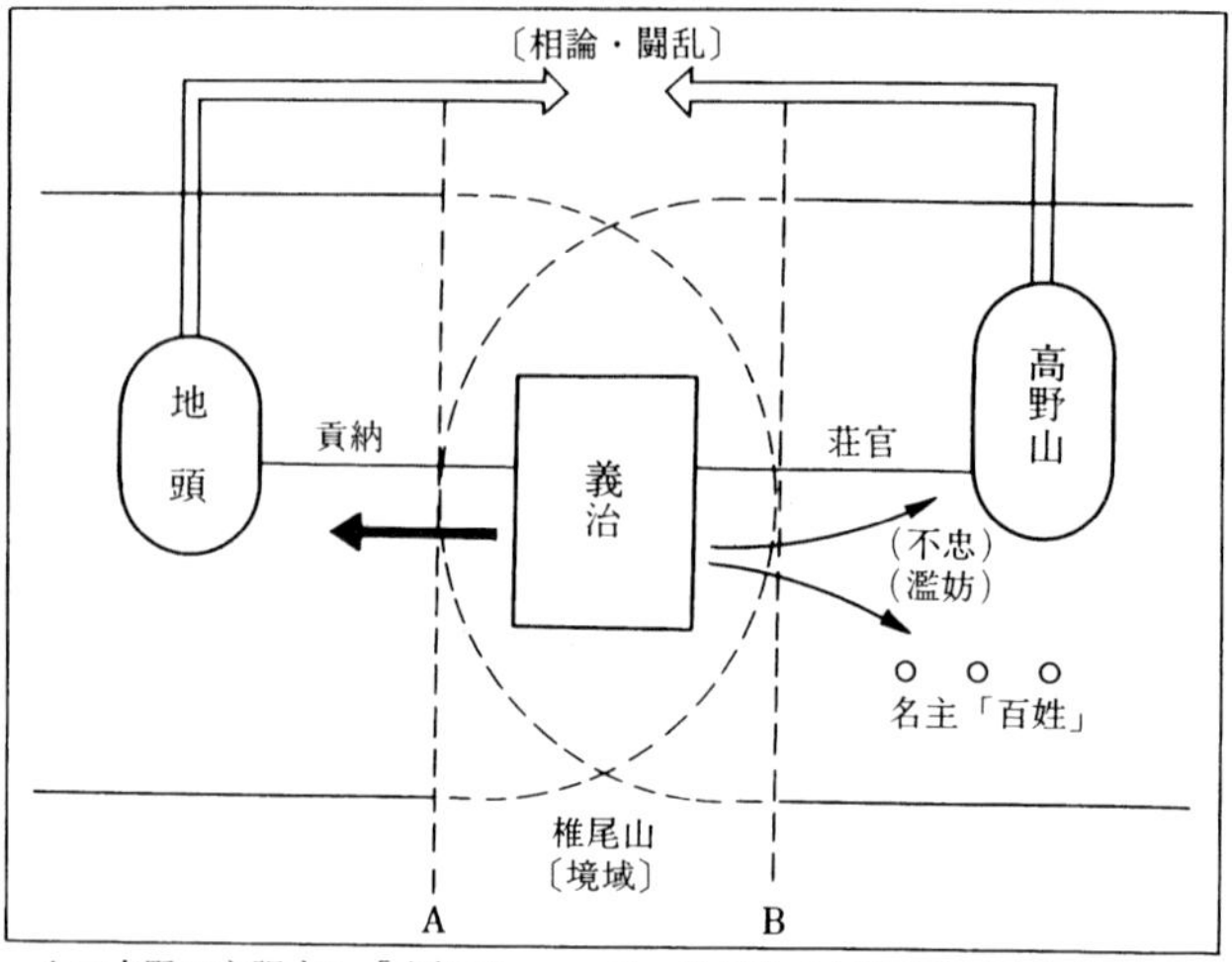

A＝高野の主張する「水無河」　　B＝粉河寺の主張する「水無河」
水無河が両方を画する境であるため、高野山はAまでを名手荘とする。
粉河寺はBまでを丹生屋村とする。

義治をめぐる高野山・粉河寺関係図

「倶以為庄官」る存在であった。[35] そのことをもってしては、高野山寺家との関係を荘官という職を介してとりむすんでいたということが明らかに確認できる。次に、このとりむすばれた関係にあらわれた彼の「諸事を張行する」行為の実態はいかなるものであったか。この点で、彼は「積悪をいよいよ長じて、心を狼心と同じくし」て、荘民に向かっては「盗跖の威を振い……悩害を加え」、高野山寺家に対しては「山門の下知に相随わず、事を抄掠し、或は領家の制止にかかわらず劫略を宗とするの間、有限の仏聖燈油を猶もって犯用す」といった状態であった。[36] 要するに、寺家に向かっては「不忠」、荘民に向かっては「濫妨」というのが荘官によって表現された行為の内容であったのである。まさに名手荘にとっては、義治法師とは「獅子身中の虫」[37] であったのである。

これだけのことであるならば、格別たいした問題にもならず、ごく普通に荘園文書にあらわれてきそうな在地領主的人間として処理してしまいそうなところである。ところが彼は一荘内に身をおき、領家にはむかい、「百姓」を家父長的隷属下へと包摂してゆこうとする、つまり完結的世界に矛盾を深めてゆこうとする単純なタイプの人間ではなかった。すなわち、彼は一方では隣荘の丹生屋村の地頭と関係をもっていたのである。それは、両荘「村」間の相論がはじまる一年前（仁治元年＝一二四〇）、名手荘往代の井水を丹生屋村地頭と同心して打ち破ったといわれていることにより(38)、ほぼ予測されるが、久延なる名手荘名主「百姓」が「故義治入道弁行騰皮於丹生屋地頭」じていたことを証言していることから明らかになる(39)。これこそ、地頭との個人的つながりを具体的に示すものである。義治法師は「地主義治入道」などと粉河側に呼ばれていること、また外祖父琳宗が椎尾山の山口で名手荘民の入山をこばみ、鉞《まさかり》・斧三十余を奪い取った事実(40)などから考えるならば、椎尾の山口より内側（＝山内）に居をかまえ、一定の生活と経営の実体をもつ自律性のある人間であったと思われる。したがって地頭との関係は、人格的な従属関係＝保護・被保護関係に組み込まれた存在ではなく、単なる何らかの権益を保障（後述するような義治法師の生業を考えると流通にかかわる権益の保障か）されるための貢納（行騰《むかばき》の貢納）――政治的諸関係のなかでの「同心」――を内容とする程度の関係にすぎないであろう。だが、簡単に封建的に地頭の従属下へ入ってゆくのではなく、地頭といわば〝横〟の接触をもつ存在であるゆえに、なおさら注目にあたいするのである。

以上の関係を図示するならば前ページの図のごとくなろう。椎尾山という両荘「村」域の境を錯綜させた境域に身をおき、一方では名手荘側の荘官となり、もう片方では丹生屋（地頭）と結びつくという両属関係をもっており、力の平衡の中間に位置していたのである。

さらにまた、義治法師を興味ある人物たらしめている要素として、名手荘「百姓」久成の証言のなかに「行騰《むかばき》皮」という貢納物があらわれてくることである。行騰とは、平安時代初期には鷹飼いが用い、末期から武士が狩猟・遠行にあたり騎馬の際着用した皮製品である。義治法師の特徴の第一が彼の居住地域＝境域ならびにとり結ばれた人間諸関係にあるとするならば、第二の特徴はここにある。彼の生業がいわゆる非農業的なものを予想させるが、別の史料で「此上（義治の）嫡男朝治継箕裘之家業、与親父之悪行」とでてくることから、(41)この予想はますます確信として強まる。「家業」とは自給自足の経済を骨格とする鎌倉時代農家では使われにくく、むしろ何らかの分業体系のなかで限られた職能を代々専業とする場合使われる言葉であるようだ。高野山から「不違羅縷」る「悪行」と指弾される義治の「家業」とは行騰皮をつくるために「入定之地御廟之傍、射鹿剥皮」「忽汗猪鹿之血」(42)す野川の山人と同一のものであった。まさに「箕裘」（＝ミ・カワゴロモ）の製作を文字通りことする賤民的手工業者の像が義治法師という人間にうかび上がるのである。

かかる賤民的手工業者がこうした境域に焼畑を行ない、住みつく行為のうらには、何らかの意味が必ず含まれているはずである。あるいは網野善彦氏が最近明らかにされている「公界」の論理で説明できるかもしれない。(43)ともかく、かかる荘域に接する境域での居住と活動、そしてこれに伴う相論の誘発は意外に特殊な事例ではなかったのである。

黒田荘と興福寺領大和国長瀬荘は正治二年（一二〇〇）(44)ごろ激しい境相論を行なっている。この相論から窺われる問題の本質――境域空間と賤民手工業者の関係――はおどろくほど類似したものであった。結局、この場合も河内（長瀬荘民は「和泉国之所生」とする）(45)の鋳物師大工重任が黒田荘南端＝境域唐懸に「仮住」(46)し私領を開発したことから相論の淵源がはじまる。義江彰夫氏はかつて、この相論史料を用いて、①在地間の自生的流通、②東大寺側による手工業者に対する編成、③手工業生産と農業との未分離性の三点から分析を加えられている。(47)しかしながら、境域空間と賤民的手工業者との関係とその関係がしめる問題の意味性についてはまったく看過されているのである。唐懸の地は、広階重任によって開発されるまでは、一面の沼沢地であったという。重任は黒田荘官専頭職に任ぜられる以前から荘域を接する長瀬荘に好みを通じ、長瀬の下司高橋成延の第六女子の夫となっており、したがってその子貞重も黒田荘の荘官に補任される一方、長瀬荘からは「当御庄住人成延之為孫子故、是非他人」と観念されていたのである。[48] つまり広階鋳物師父子は荘域と荘域にある緩衝帯ともいうべき帰属の不鮮明なる場に住みつき、両属関係をとりむすび、ために両荘間に位置する人間の帰属をめぐってもたらされるある種の村民がいだく確信は、ただちにその人間が住む土地の帰属についての確信に転化し、両荘の間にはげしい相論をもたらした。[49]

こうしたかたちで問題が顕在するその形態と経過からみるに、流動的手工業者による境不鮮明な空間への介在＝居住……これによりもたらされる両荘間の土地をめぐっての相論、といった諸点で名手・丹生屋と黒田・長瀬のケースはまことに類似したものであった。[50]

このことからみちびき出せる中世社会における賤民的手工業者＝浮浪民の存在形態ならびにその意味は、つぎのように指摘できよう。

第一に椎尾山なり、唐懸の地の領有権をめぐる矛盾それ自体、もともとは相互の共同用益の観念に埋没しており、おそらく帰属の不鮮明さが在地にあっては当然のものとされていたのではなかろうか。それは前近代の人間の全生活体験が「非聖化」された近代社会の非宗教的な人間の全体験内容からは到底理解しえぬほどに宗教的感情に彩られ、「聖なる宇宙」に生きる感覚に衝きうごかされ、行動が制約されていたことを考えるさい、[51] 各荘の荘域の内部がそこを精神生活の場とする〝村落〟成員にとっては、そこに勧請された荘園領主の神仏（黒田荘＝〈大仏〉、名手荘＝〈丹生明神〉）とだき合わせで「世界」の中心をなしていたにちがいない。したがってこの「世界」の縁辺に広がる境域に対する宗教的感情が〝村落〟外の世界と考えるものであったことは、〈山神〉から発する原始的修験信仰を内蔵して廻国する広階鋳物師が唐懸に居住したこと、そして唐懸という名張南端の地が平安時代から役優婆塞と関係する地と信じられていたことの意味から推して明らかである。こうした「世界」と村落共同体の人々から危険視されタブーにつつまれた「他界」(52)との関係を想起すべきである。「他界」と村との境域は魔神的力・疫病をもたらす力を封じ、また農村の現実的な生産・再生産の源泉として用水・肥料・燃料・食糧等を採取する社会的秩序づけとして「山口」を設定すれば、これでことたりたのである。現実の生産活動としては定田部耕地と密接に結合しながら、一般に境域とはこのように帰属の不鮮明な、そして特殊な観念を随伴するのを特質とする空間であった。そしてこの故に山間部境域とか、あるいは魔神を防ぐ道祖神・牛神を設置する道路(53)は、「仮住」と回国の場、漂泊信仰の結節点と脈管を機能していたといえる。「屋モ无ク食モ无クシ天道路ニ迷フ」(54)と〝村落〟成員に恐れられたかかる空間こそが手工業生産者の精神生活圏であったのである。

第二に、椎尾山(55)の義治法師に端的なごとく第一の性格なるゆえに、境域と「道路」を生活の場とする人間は、つまり義治法師のごとき存在は、諸権門法体系にとり攪乱的因子と映じたであろう。

在地における境は、その在地を高次から覆う荘園領主の法が機能する限界をも意味する。その内部での絶対的本所法の貫徹とはうらはらに、外部では別の本所法なり幕府法の法体系が機能し、別々の法体系が社会全体の治安にあっていたことは、追加法の五九条(56)・一〇〇条(57)、あるいは東大寺文書の六波羅御教書に明らかである。

相模守殿御教書案文

当国名張郡殺害人并人勾引等事、以交名注文相副、東大寺領沙汰人搦出之時、於堺外可令請取、且任道理可令専沙汰、且可令注申子細之状如件、

嘉禄元年五月三日　相模守（北条時房）在御判

伊賀国守護代

（『鎌倉遺文』五―三三七六号）

犯科人を搦め取るのは領内沙汰人の任務とし、武家はこれを境の外で請け取ることしかできぬ法領域の強固な分割的状況は、軍事政権として鎌倉幕府がその検断の爪牙を自由にどこへでも伸ばせるものではなかったことを語るものに外ならない。

このような法空間の〝縦割り〟の構造をもってさきの義治法師の行動をみなおすと、この事件＝争論・闘乱の中心人物は単に一地域の相論のなかではかたづけられぬものをおもわせる。彼は決して〝村落〟成員でなかったことはすでに述べたが、領有不鮮明な空間――法領域の狭間《はざま》――に居住・焼畑する行為は、彼の生業＝狩猟・流通から由来する行動性とあいまって、重大な意味が有されているものの如くおもえる。後代に鎌倉幕府権力機構をさかんに揺さぶり、倒壊へと導くまさしく歴史的集団としての悪党がもつ一個の属性がこの辺に存するのではなかろうか。この期のような法の〝縦割り〟の状況にあっては、これに対して基底部＝在地において各法領域を横に切った〝面〟として身軽に徘徊・経回する分子の存在は、諸権門の寄せ集めにとっては、それだけでも、これら総体からなる国家組織を破壊する有効な因子となりえたのである。これが賤民的手工業者の存在形態であり、歴史的な第二の意味である。

第三節　修験山伏と悪党

第一節で黒田荘内を流れあるく漂泊民と修験信仰との関係をみ、漂泊民としての賤民的手工業者がどのような存在形態を具有することにより悪党的要素をもつものかを前節で論じてきた。この結果、悪党化した在地武士大江氏の性格とこれのもつ歴史的意義も修験信仰と義治法師らの人間タイプから理解する必要があろう。この方面からの理解により悪党の問題は一荘一村にとどまらざるより広く深い問題として把握できる。

〝村落〟とこれに対応する「氏神」機能神を軸とする宮座的信仰圏（〈大仏〉イデオロギーへつながる信仰生活圏）が荘園体制に象徴される当代の体制を下から支えるものとするならば、かかる体制に対立抗争する諸勢力の依拠するイデオロギーは、まさしく〝村落〟（それは〝村落〟の深部から突き上げる下層農民のたたかいにより腐朽・瓦解されつつある存在）から疎外され遊行漂泊する民衆の間に息づく漂泊的信仰生活圏に求められねばならなかった。漂泊的信仰生活圏のもつ基本性格は固定的な法領域間の境域や道路を動的存在の場とすることであって、ためにまた、農村からの分解・離脱の主体がただちに交流する性格をもっていた。

ことに、村落（崩壊する名主〝村落〟と生成する直接生産者農民大衆の生活領域の二重からなる共同体）から孤立し、しかも族縁共同体からも名字を削られ(58)、あるいは「永断一門所従之好」れ、ついに同族主流（惣領）から東大寺と共同して「治罸」を加えられることとなった(59)、したがってどこの面からみても無所有・無権利な、そして（生産手段・労働用具からはもちろん）地域的な法領域からも自由な一切の体制から離脱した悪党が、精神面で最も端的にたどる方向は、農村のなかにあっても非村落的な精神領域にほかならなかったのである。

このため、悪党と漂泊的信仰生活圏を構成する出世間の「芸能者」山伏とは(60)、黒田荘の宗教的環境上特に関係がありそうである。

鎌倉時代後期の山伏について『沙石集』巻六では栄朝上人という既成坊主の口を通して次のように語らせている。

ナマジイニ法師トハ名《なつ》ケ、布施ヲトリ、供養ヲウケナガラ、不可思議ノ異類・異形ノ法師、国ニミチテ、仏弟子ノ名ヲケガシ、一戒モ不持。或妻子ヲ帯シ、或ハ兵杖ヲヨコタヘ、狩リ漁《すなど》リヲシ、合戦・殺害ヲ少シモ不憚。カヽル心優末代ニナリテ、マシテ、布薩ナンドハ名ヲモ知ヌ人モ有リ。此座ニモ見ヘ侍ルハ、男カト見レバ、サスガ袈裟ノヤウナル物カケタリ。烏帽子モキズ、児ニモアラズ、法師ニモアラズ、

このような辛辣な批評を山伏の面前でしたために、栄朝上人につき従う僧共は「心ヅキナキ事、ノ給物哉。山伏ハ、タケ〲シキ物ゾ」と狼狽したという。[61] このことからも、山伏についてのかかる表現が決して誇張ではなかったことは確かである。当時の既成寺院にとっては、彼らは「異類僧徒」であって「上慢」なるゆえに彼らを容れることは「闘諍基」と考えられるような存在であったのである。[62]

これは、当代に畿内に続出する悪党となんとその性格が似ていることであろうか。『峯相記』にみえる播磨山々にあらわれ「或ハ城ニ籠り寄手ニ加ハリ、或ハ引入返リ忠ヲ旨トシ……博打・博エキ」にうち興じ、「ハシリ」(高処より木を走らせ敵をたおす戦法)をつかい飛礫をなげる彼らの像と少しもかわらない。彼ら悪党も「異類・異形ナルアリサマ人倫ニ異リ、柿維《帷》ニ六方笠ヲ着シテ……ツカサヤハゲタル大刀ヲハキ、竹ナカヱサイハウ杖ハカリ」といういでたちであった。ここでいわれる「柿維《帷》」は「柿衣」と同じものであろう。柿衣とは、麻布を柿の渋で摺ったもので風雨に耐え山行に適した衣服であるが、[63] 単にそれだけの意味に「柿維《帷》」を理解するわけにはいかない。柿衣の着衣は柿の色(狐色)があらわす修験宗教的理念を意味する山伏特有のものであった。[64] したがって、彼らのいでたちから考えて、山伏のはしくれであった可能性は高い。

つまり、山伏も悪党も体制側のものからは「人倫ニ異ル」「異類・異形」のもので、また実際悪党が遊行漂泊する

神仏にむすびついていた以上、山伏になる（山伏としての面を兼帯する）ことも普通にあったのである。

これまで、黒田悪党の具体像をめぐっては、これを発展的（在地領主的）先入観でとらえるため、右記『峯相記』の悪党が転落流亡した名主・農民の山賊・強盗等になったものであって、これとは別個に新情勢に対応しつつ封建領主化したものが『峯相記』後段に表現された「吉キ馬ニ乗リ列リ、五十騎百騎打ツヅキ、引馬唐櫃弓箭、兵具ノ類ヒ金銀ヲチリバメ、鎧腹巻テリカガヤク計リ也」といった像にあてはまるとし、これを黒田悪党に投影する試みがなされているかのようである。(65) たしかに、黒田悪党の外貌を直接物語る史料は管見の限りでは一つもなく、ともすれば土地を介しての一面の像に目を奪われるならば、かような姿態を想像する以外には黒田悪党を我々の頭脳に描くことはできない。しかしながら、さきに述べた政治的・イデオロギー的対抗関係のなかで黒田悪党を考えると、大江氏庶流観俊一派は播磨の山中を跳梁跋扈するあの『峯相記』前段の悪党と寸分たがわぬ姿で彷彿させられるのである。

大江一族内の宗教意識が修験信仰と密接な関係・交流を有していたことから考えられることは、彼らのなかに「大江金剛女」とか「大江金剛三郎」「明王四郎」などが検せられること、(66) 大江氏についての史料中に「たきやうの人く(67)」とか「他行輩(68)」という文言がみられることなどから予想される。おそらくこの「他行」が一族縁者内にみうけられるのは、彼らの少なからぬ者が大峯への入峯や山林抖擻、回国頭陀に日を送っていたことを物語るだろうし、こうした浮動をとおして広域な情報網を確立していたものとみることができる。また大江氏の末裔が、地侍＝小領主となって地域的に一揆体制をなしていたころ、織田信長に討滅されるまでは、名張の地は「忍」者の根拠地であったことともよく知られた事実である。(69) 伊賀国名張地方に「忍術」が発展したことも修験山伏の存在をおいては考えられない。

修験道は神仙術と融合しているために、さまざまな験術的要素（空中飛行等）をうちにこめていた。加持修法に九字

（臨兵闘者皆陣列在前）を切ったり、(70) 隠形の印をむすんで身を隠し、(71) あるいは幾多の奇跡とも思える不可思議なことどもを行なってみせる、(72) そして、一般の世人の目からはかかる異類・異形の者は超越的験力を備える魔物＝天狗と思われ恐れられていた。(73) こうした修験密教徒が軍事的必要から「忍術」へと変型していったものと考えることは決して的のはずれた推測ではないと思う。

黒田荘から析出された制外者《にんがいしゃ》は、遊行漂泊する神仏としての修験神をいただく精神領域＝非村落的領域へと向かうことにより、体制としての組織ならびにこれに貫かれた〈大仏〉イデオロギーと抗争する（「寺家敵対」）だけではなく荘園村落という枠そのものから完全に解放されることになる。

前代（鎌倉時代前期）の農業経営者・荘官として自己を構成的に位置づけていた在地武士にとり、「庄内追却」という東大寺の検断は圧倒的な威力を兼ねそなえた暴力として機能した。経営と生活が荘内へそれなりに根をはり、これを基底的条件としてのみ自らの再生産を可能とする構造をつくり上げているとすれば、この構造を破壊され、荘官としての社会的地位をうばいとられることは絶望的な没落のみを意味していた。事実彼らは「蹉跌と敗北」の歴史をたどったかの様相を呈する。(74) だが、在地武士にこの時代に与えられた意義は武力的地域権力を確立する、もって荘園制という「古いウクラード」を破砕し、領主・農民間の新たな経済関係を創出することばかりにあったわけではないと考えたならばどうであろうか。賤民的手工業生産者義治法師が、法体系（＝権力体系）のアキレス腱ともいうべき場を活動の根拠地としていたこと、そしてこのような人間を歴史的集団としての悪党の原型とするならば、かかる人間世界への合流こそが「外部勢力としての悪党」(75) との相互触発の作用を促す回路となったはずである。この回路こそが既存の鎌倉時代の法体系の基本骨格（検断権者を別とする〝縦割り〟構造）を根柢から攪乱し鎌倉幕府を衰弱させ倒壊へと導く運動力の源泉となっていったとみることができる。非村落的な分解・離脱の主体のみが生みだすこの運動力が、やがて本所一円地として完結的検断領域を誇っていた東大寺をして次の如くいわしめていることを評価すべきである。

……諸国山賊以下夜討強盗等之大犯者、皆是武家成敗之限也、随而如弘安三年二月三日六波羅家状者、可召取国、中悪党云々、全無被除本所一円地之所見、平均可有沙汰之条、無子細歟……(76)

ここでは、自らの検断能力の完全な喪失を告白するばかりではなく、幕府の施策を論拠とすることにより悪党問題を「国中」の問題にまで拡大し、そうして悪党鎮圧を幕府にせまろうとする姿勢をあらわしている。これ以後、現実はどうあれ(77)、武家の検断領域を拡げさせ、いやがうえにも新しいタイプとしての悪党の性格に対応した機動性を幕府の警察体系自体につけさせることは重大な課題となったにちがいない。しだいに痲痺してゆく末端組織(守護代・地頭・御家人)をひきずりながら、それでも「令警固方々大道末、可打止悪党(78)」と指令する幕府の苦悩の基底には、荘から荘へ、村から村へ大道を経廻する漂泊の回路が脈動していたのである。こうした社会情勢が南北朝内乱の爆発を深いところで条件づけていたのである。

むすび

これまでの行論をまとめ、今後の課題をあわせ考えることをもってむすびとしたい。

黒田荘農村でみられた〝村落〟社会の崩壊状況は、〝村落〟内にあって個性を埋没させていた生産者農民を生きいきとした個へと分解させる。一方、漂泊的信仰生活圏には〝村落〟の信仰とは異質の神が支配し躍動していた。孤立と離脱をもってもっとも端的に個へと帰した悪党は、体制としての〈東大寺―〝村落〟〉に対立抗争する以上、漂泊的信仰生活圏に精神的イデオロギー的アジールを求めてゆく。黒田悪党の場合、手工業生産者がそうであったごとく修験山伏へと結びつく。行騰の製作、あるいは鉄の精錬、農具の製造に日をおくる賤民的手工業生産者の行動原理をその内にひめる漂泊的信仰生活圏は、個人＝分解主体＝悪党を一荘一村あるいは一郡一郷といった完結した枠では理解しえぬ広域にわたる、そして活動的な運動主体として再構成＝再組織する。鎌倉時代末期のかかる情勢と中央の政治情勢（後醍醐天皇による幕府打倒の蜂起）とが結合すると、以上の運動と条件をもってあらわれた悪党活動は全畿内的ないしそれ以上の広大な矛盾へと連動することになる。

悪党の歴史的評価を右のような角度から行ないうるとするならば、悪党の性格分析とは単にそれのみにとどまるものではなく、実は南北朝内乱を物質的に条件づける軍事力の質にかかわる重大な意味をもつものとなろう。佐藤和彦氏はかねて、内乱史研究のなかで占める軍事力の問題をもっと重視すべきことを提唱されている。[79] 内乱期における特質的な兵士材料とはなにか、あるいは当時の武器の生産・流通・所有のあり方がどう内乱を深部で規定していたものか、などの諸問題は、これをとくうえで回国する手工業生産者、彼らの精神構造、そしてこれらの世界を共有する悪党の問題等と無関係とはおもわれないが、すべて今後の課題としたい。

注

（1）網野善彦「鎌倉末期の諸矛盾」（『講座日本史』3、東京大学出版会、一九七〇年）。
（2）第一部第二章参照。
（3）嘉暦三年十月日東大寺衆徒等重申状土代（『大日本古文書』東大寺文書之十、一〇六号、以下『大古』十―一〇六号と略す）。嘉暦二年十一月六日東大寺満寺衆議事書（『三国地誌』）。

（4）かかる観点の設定が桜井好朗氏の論文「中世における漂泊と遊芸」（岩波講座『日本歴史』5中世1、一九七五年）から触発されたものであることを明記しておく。

（5）当然、原始共同体社会＝無階級社会ではないので、一般的な自我が埋没していたという意味ではない。生産過程での名主主導の〝村落〟的規制が先行するという意味での自我の埋没である。たとえば丹波国大山荘では、承安三年四月二日隣荘富田荘の用水を引くために、その代価として自荘の山野草木の採取を富田荘に認める「契約」をとりかわしているが、これが誰によってとりかわされたかというと、外ならぬ「大山庄住人」によってなされたものであった（徳治三年五月二十八日大山荘用水契約状、『大山村史』史料編一〇五号）。したがってその際、山野草木の用益権は一般農民も有していたろうが、管理権は「住人」等＝〝村落〟が独占していたことを示す。とすれば一般村民には真の村落運営は許されていないことになり、彼らの意志はそこでは〝村落〟のなかに埋没せざるをえなかった。

（6）貞永元年八月五日尊弁遺領田地処分状（百巻本東大寺文書五十三号、『鎌倉遺文』六巻四三五六号。以下『鎌遺』六―四三五六号と略す）。

（7）建保四年（一二一六）やはり名張中村条の字西野田臥木二反百二十歩が売り渡されたときには、その売券に売主の地主僧および嫡男と勢楽名主紀景永が連署していることからも、私領売渡にさいしては名主が保証人となっていることが判明する（建保四年二月十六日僧慶恩田地売券、『鎌遺』四―二二一二号）。

（8）欠年公事勤否名々注文（東大寺文書四ノ七）。

（9）和歌森太郎氏の『修験道史研究』によれば、悪鬼降伏の利剣をもつ不動明王と直体たりえんがために、山伏は不動袈裟を身にまとったという（同書一七九ページ）。

（10）平安・鎌倉時代の黒田荘関係史料にはみえず近世には実在している諸村落の神々（白山・熊野・牛頭・愛宕等）は、この転換する共同体の過渡期に漂泊的信仰生活圏から基層部へ流れ込んで農業定住村落へ沈澱したものと理解することができる。そして沈澱した段階で、再びあらたな共同体は農業定住社会の再生産過程を集団的に保障する地域的な村落社会を形成する。そして自立化する農民は漂泊する神を定着させても、漂泊する「芸能」民は差別することになる。〝村落〟内底辺にある小百姓らの漂泊信仰とのかかわりも、個としての横のつながりも、水田にあるかぎり新たな〝惣村〟的共同体を生み出す精神的営為へと回帰してゆく。漂泊する神はここで村の鎮守とされ、村の信仰は「氏神」から「産土神」へと転換したものと思われる。

(11) 昭和五十一年刊『平安遺文』新続補遺に収載された。文書番号補三一五。

(12) 寛治六年四月二十五日官宣旨（百巻本東大寺文書四十一号、『平安遺文』四巻一三〇七号。以下、『平遺』四―一三〇七号と略す）。

(13) 寛治六年二月十八日官宣旨案（東大寺文書四ノ六、『平遺』四―一三〇四号）。

(14) 五来重「金の御嶽」（『吉野・熊野信仰の研究』所収、名著出版、一九七五年）。

(15) ここで想起されるのは、『峯相記』にみえる「西土ノ生ヲ望ム」教信上人の生活である。彼は「髪ヲモソラス、爪ヲモ切ラス、衣ヲモ着ス袈裟ヲモ懸ケ（ヌ）」風体で「或ハ農夫ニ雇レテ田ヲ殖ヘ畠ヲカヘシ、或ハ旅人ニ従ヒ荷ヒニ《(荷)》ヲ送テ糧物ヲモラフ」生活を送っていた。河音能平「中世社会成立期の農民問題」（『中世封建制成立史論』所収、東京大学出版会、一九七一年）参照。

(16) 五来重前掲論文。

(17) 折口信夫「翁の発生」（『折口信夫全集』第二巻所収、中央公論社）。

(18) 桜井好朗「中世における漂泊と遊芸」（岩波講座『日本歴史』中世1所収、一九七五年）。

(19) 近藤喜博編東洋文庫本『神道集』。

(20) 筑土鈴寛「諏訪本地・甲賀三郎」（『中世宗教・芸文の研究㈠』筑土鈴寛著作集第三巻所収、せりか書房、一九七六年）参照。

(21) 平凡社東洋文庫版『神道集』。

(22) 平凡社東洋文庫版『神道集』「熊野権現の事」注二九。

(23) 網野善彦「中世における天皇支配権の一考察」（『史学雑誌』八一―八、一九七二年）。

(24) 内藤正敏『ミイラ信仰の研究』（大和書房、一九七四年）。

(25) 嘉元二年正月十四日黒田荘有得交名注文（東大寺文書四ノ七）。

(26) 注(8)に同じ。

(27) 明石一紀「黒田庄における宮座の成立」（『民衆史研究会会報』三）。
(28) 村山修一『山伏の歴史』（塙選書、一九七〇年）三二四ページ。
(29) 仁治二年七月日金剛峯寺衆徒陳状案（『鎌遺』八—五九一〇号・五九一一号）。欠年金剛峯寺衆徒陳状土代（『鎌遺』八—五九一二号）。
(30) 舟越康寿「高野山領名手庄と粉河寺領丹生屋村との紛争について」（『史蹟名勝天然記念物』一五ノ一二号）、阿部猛「高野山領紀伊国名手庄」（『東京学芸大学紀要』二五集）、太田順三「鎌倉期の堺相論と絵図——紀伊国粉河寺領と高野山領の相論の場合——」（荘園研究会編『荘園絵図の基礎的研究』所収、三一書房、一九七三年）。
(31) 高野山勢が入る前日、丹生屋地頭代長康（正員は品川清尚）が麦畑を「号没収之地、令点定」め刈り取った。これに対して百姓らは「雖所苅残不幾、若不苅之者、為向後、定成非名手領之由緒歟」と主張し、やはり刈り畑を行なった（注(29)所掲史料）。
(32) 高野政所南門材木を伐り出していることからも、樹木はよく繁茂していたものと思われる。『鎌遺』八—五九一〇号。
(33) 仁治二年七月日金剛峯寺衆徒陳状案（『鎌遺』八—五九一〇号）で「義治入道切此椎尾（山）作畑之由、有其風聞、仍加制止之処、全以不切之旨申返答畢、寺家在(存)此旨、経年序之処、義治入道猶以切之」と記述されているところに焼畑の事情が知られる。焼畑の行為が「此椎尾（山）を切って畑を作る」という表現であることは、『葛川明王院史料』にも同じような表現「切彼山於(マヽ)畑作等五穀等」（一一五号文書）があることからわかる。その具体的な作業の様相は「山嶺仁波取材木之、焼払其跡天波作大小豆等之五穀、打開渓谷令開発耕作」（六九号文書）というものであった。阿部猛氏によると（シノオという山は現在ほとんどみかん畑になっていて「現地を一見した印象ではとても畑になりそうなところではなかった」（阿部猛前掲論文）といわれるが、焼畑が四〇度前後の急勾配でも行なわれうることを考えれば（福井勝義『焼畑の村』、朝日新聞社）、畑の実在はごく自然に理解できると思う。なお椎尾山で焼畑が行なわれていたことは、これが別の史料建保二年二月日紀伊名手荘官等申状（『鎌遺』四—二〇八一号）で「切山」と呼ばれていたことからもうなずける。焼畑に関する史学的論稿としては畑井弘「奈良・平安時代の焼畑農業」（大阪歴史学会編『中世社会の成立と展開』所収、吉川弘文館）がある。
(34) 佐々木高明『稲作以前』（ＮＨＫブックス）八八〜一三六ページ。

(35) 仁治二年七月日金剛峯寺衆徒陳状案(『鎌遺』八―五九一一号)。
(36) 注(35)に同じ。
(37) 注(35)に同じ。
(38) 注(35)に同じ。
(39) 建長二年十二月二日官宣旨(高野山文書宝簡集三十、『鎌遺』一〇―七二五六号)。
(40) 仁治二年七月日金剛峯寺衆徒陳状案(『鎌遺』八―五九一〇号)および注(35)所掲文書。
(41) 注(35)に同じ。
(42) 建長八年六月日金剛峯寺衆徒愁状案(高野山文書又続宝簡集百二十九、『鎌遺』一一―八〇〇六号)。
(43) 網野善彦「中世都市論」(岩波講座『日本歴史』中世3、一九七六年)。
(44) 正治二年ごろとするのは義江彰夫氏の考証による。「荘園村落と手工業分業者とに関する一史料」(『月刊歴史』二〇号)。
(45) 欠年大和長瀬荘百姓等重申状案(東大寺文書四ノ六、『鎌遺』二―一〇七三号)。
(46) 義江氏は京大影写本一―一―二五七ノ三で「元河内国住人鋳物師大工、後住黒田御庄」と筆者傍点箇所を読まれているがこれでは意味をとりにくく、鋳物師大工重任の性格を考えるうえで不都合である。『鎌倉遺文』二―一〇七五号ではこの部分が「仮住」となっており、筆者が東京大学史料編纂所影写本東大寺文書四ノ六をたしかめた限り、やや文字がくずれて判読しにくいものの「仮住」と読むのがやはり妥当と思われた。
(47) 義江彰夫前掲論文。
(48) 注(45)に同じ。
(49) 西岡虎之助「荘園の牓示」(荘園研究会編『荘園絵図の基礎的研究』所収、三一書房、一九七三年)。
(50) これらの境相論以外に大住・薪両荘間の境相論においても、「これら中心人物(貞弘・宗知ら境相論の中心人物――筆者)の身元を洗ってみればいずれも薪・大住両荘のまともな住民でも神人でもないばかりか、むしろ相次ぐ事件全体が……浮浪的傾向をもつ――要するに後年の『悪党』をおもわせる人物の策動によるものであるかにさえみえる」と黒田俊雄氏が「鎌倉時代の国家機構――薪・大住両荘の争乱を中心に――」(『日本中世の国家と宗教』、岩波書店、一九七五年)において指摘されているのに注意すべきである。

(51) M・エリアーデ『聖と俗　宗教的なるものの本質について』(叢書ウニベルシタス、法政大学出版局、一九六九年)。

(52) 小松和彦「世捨てと山中他界観」(『伝統と現代』第一六号)。樋口州男「遁世論ノート——山中の隠から市中の隠へ——」(『民衆史研究会会報』一)。

(53) 摂津国粟生村の境で西国街道との結び目には「道祖本」なる地名が存する。田中寿朗氏は「『道祖本』と悪党」(『民衆史研究会会報』四)において、ここの場と炭の生産、流通者との間にある関係について注目している。名手荘と丹生屋村との境には牛神の祀られていたことが太田順三氏によって指摘されている(前掲論文)。

(54) 永暦二年三月二十二日橘恒元起請文(仁和寺文書、『平遺』七—三一四四号)。河音能平注(15)所掲論文参照。

(55) 椎尾山東谷の水源に金剛童子という所がある。この場所は紀泉の堺であって、泉州牛滝に越る者はこれを街道としていた(『紀伊国続風土記』巻二七)。

(56) 『中世法制史料集』第一巻鎌倉幕府法五九条に「一、西国守護代等申国中所々犯人等事、……其外権門勢家神社仏寺等領先々号不入部、於其堺、可尋明犯否之由、触遣之時、或一日路、或二日路、如此候之間、其堺者則或野中、或於山中、擬尋明之間、往反不輙、……若又為実犯者、……尤於堺可請取……」とある。

(57) 同右史料一〇〇条には「一、近年四一半之徒党興盛云々、偏是盗犯之基也、如然之輩、無左右擬召取者、狼藉之訴訟出来歟、於京中者、申入別当、以保官人可被破却其家、辺土者、申本所同有沙汰者、定被停止歟、或又於野山中打之云々、随見及可搦之、凡随被召禁、申給其身、可令下関東也」とある。

(58) 弘安五年十月日東大寺衆徒等申状案(東大寺文書、『大古』十—六三号)。

(59) 正安二年七月二十一日黒田荘下司大江泰定請文(東大寺文書、『大古』七—三八四号)。

(60) 『普通唱導集』出世間部。黒田俊雄「中世の身分制と卑賤観念」(『日本中世の国家と宗教』所収、前掲)参照。

(61) 『沙石集』(日本古典文学大系本)二七〇ページ。

(62) 建保五年三月八日僧覚心置文(河内金剛寺文書、『鎌遺』四—二二九六号)。

(63) 村山修一前掲書一五八〜一五九ページ。

(64)『渓嵐拾葉集』に「柿衣者辰狐之色表也、辰狐者如意輪観音化現也」とある。なお和歌森太郎『修験道史研究』参照。
(65)小泉宜右「悪党について」(『歴史学研究』三〇〇号)。小泉氏は上記論稿で黒田悪党が『峯相記』の後段の像そのものであると言われているわけではないが、黒田悪党を領主制から理解され、一般に封建領主化した悪党像を『峯相記』後段に求められているので、黒田悪党もかかるものと考えられるのは自然であり、かようの像をイメージされておられると解した。
(66)嘉暦四年卯月日悪党交名注文(東大寺文書四ノ三)。
(67)応長二年二月二十五日年預五師書状(東大寺文書四ノ二)。
(68)天徳二年壬六月日郡内一族等言上状(東大寺文書一ノ四)。
(69)中貞夫編『名張市史』上巻。
(70)和歌森太郎前掲書一三三ページ。
(71)『沙石集』巻第七「天狗ノ人ニ真言教タル事」(岩波日本古典文学大系本)七八ページ。
(72)『太平記』巻第二「長崎新左衛門尉意見事付阿新殿事」日本古典文学大系本)七八ページ。
(73)『明月記』建久七年六月二十三日条。なお天狗論については黒田俊雄「悪党とその時代」(『日本中世封建制論』所収、東京大学出版会、一九七四年)参照。
(74)石母田正『中世的世界の形成』(東京大学出版会、一九五七年)。
(75)石母田正同右書二六五ページ。
(76)弘安五年十月日東大寺衆徒申状(東大寺文書、『大古』十一六三号)。
(77)第一期悪党清定・康直らに関しては、その身を京都に召し上げ所当の罰を執達しているが、その後は悪党に対する警察活動そのものがにぶくなってゆく。こうした事態の背後には、幕府権力の末端組織(守護代・地頭・御家人)自体が〝悪党〟化するという重大な矛盾が伏在していたのである。中村直勝「伊賀国黒田荘」(『荘園の研究』所収、星野書店、一九三九年)参照。
(78)『中世法制史料集』第一巻鎌倉幕府法追加法六五五条。
(79)佐藤和彦『南北朝内乱』(日本の歴史11、小学館、一九七四年)。

（補注１）　第二部第三章で述べたごとく、東大寺荘園制が体制として完成すると、民衆の運動エネルギーを汲み上げつつ強大化した大衆は一転して、民衆支配の階級的集団へと変じた。これにともなって〈大仏〉信仰は荘民から離れ、外在化していったにちがいないが、そうであればなおさら、この疎遠な大仏八幡をイデオロギーとして在地に植え付けるのは、東大寺にとって政治の努力いがいにはなかった。荘内名主級農民の守旧的な立場からの神人化は寺家の側のかかる政治性にもっとも符合した動きに外ならず、そこには何らの民衆性・闘争性をも観ることはできない。

（補注２）　昭和五十八刊行『大日本古文書』東大寺文書之十二（東大寺図書館架蔵文書之七）収載三一二号文書の嘉元二年正月十四日黒田荘有徳人交名注進状案では「ケムチャタ太夫」ではなく「ケムチャウ太夫」と読まれている。したがってこれをもって「験者太夫」と理解するのは誤りかもしれず断定することを留保したい。ただしこの間違いの可能性が黒田荘における共同体外的あるいは非〝村落〟的な信仰と芸能民の存在を否定するまでのものではなく、全体の構想を変える必要はないと考える。「ケムチャウ」は隣荘の大和国山辺郡都介郷水涌荘にも「兼丈」としてみえ（永仁二年三月日東大寺大仏燈油料田注文、『鎌遺』二四―一八五一七号）、また若狭国太良荘にも「大門傔仗」としてあらわれる。大門傔仗の家には琵琶法師とおぼしき盲目の法師が寄宿している。「兼丈」とか「傔仗」、そして黒田荘の「ケムチャウ」はいずれも、村上天皇の命をうけて入唐した藤原貞敏が琵琶博士廉承武から譲りうけて本朝に伝えたという伝説的な琵琶の名器玄上《げんじょう》に由来する名ではなかろうか。そうであるとすれば「ケムチャウ」なる人物は、太良荘の大門傔仗と同様に漂泊の賤民芸能者としての琵琶法師と結びつくであろう。同時にかれが太夫として星川の「権守」の配下にある猿楽芸団の一員である点（一九七三年早稲田大学大学院竹内ゼミ樋口州男報告「長者伝説と黒田荘」）も、中世芸能民の性格を考えるうえで注意をしておきたい。猿楽が古密教の咒師走りや修験山伏の延年芸能と深いつながりがあったことも付言しておく。悪党と修験芸能と猿楽については拙稿「楠木正成の出自――猿楽集団との関連――」（佐藤和彦『楠木正成のすべて』所収、新人物往来社、一九八九年）で考察した。

第二章　村民の法意識と悪党

はじめに

中世における人間の意識や行動の様式は、おかれたその時々の政治的・宗教的環境に規制される。在地の政治的ないし宗教的環境の全域が領主のそれと同体関係にある場合は、在地住民の精神はくまなく捕捉され、矛盾が意識化され行動に移される余地は与えられない。

本章では、このような状態のもとにある完成期の黒田荘の村落が、いかなる経路をたどって領主側の政治や宗教から相対的に距離をもつようになるのかということを、荘園制の全構造体系の変化の問題としてとらえる。そうすることによって、村落に生まれた悪党が何故に東大寺内部にまで影響を及ぼし、さらに非農村的性格をもつにいたるかが説明されてくるのである。

また、鎌倉時代の農村住民は、意識や行動と密接に結びついた言語生活を営んでいたはずであるが、このことを一応視野において、さきの村落や悪党の行動様式を考えてみたい。

第一節　村落民の言語機能

(一)「大仏之怨」

十二世紀の初め頃から宇陀川の対岸にひろがる国衙公領地帯を併呑しようとする東大寺は、公郷在家役賦課を切り崩す一つの論理を編み出した。これが有名な「寺奴の論理」である。この論理が観念的な詭弁に終わらず、国衙を拠点とした在地領主の支配を拒み、これと抗争を続ける在地農民大衆(田堵層)の動向の前に、現実的な意味を持ち得たことはすでに明らかにされている。(1)

「寺奴の論理」に意味を持たせ得た下からの動きは、そのまま承安四年(一一七四)の一円寺領化へ促進的作用を果たすとともに、東大寺側からの支配制度の整備拡充を容易ならしめた。こうして平安時代の最末期に完成したのが名田体制である。(2)これは、一般に上層農民の一定の所有と経営に基づく政治的共同組織を基礎とするもので、一方では体制的に疎外された厖大な農民大衆を生み出す一つの巨大な分裂支配の体制であったといわれている。(3)

こうした制度の下で独立して百姓名(六十六名)に編成された荘民の個性は、彼らの身分意識の中にはっきりとみることができる。かつて寺家の側で呼んだ「寺奴」の呼称は、自らを「大仏遮那□之奴婢」(4)と呼ぶ北伊賀五箇荘の荘民に受け継がれている。これがなぜ荘民自身に受け入れられ、彼らのものとなるのか。それは、公文の非法を糾弾して要求が容れられないならば「企烈参大仏之御前、懸斧金」と一座一味起請を行なう黒田荘民の発想から説明し得よう。(5)

承安五年（一一七五）に誓言した荘官らの「抑、自本奉憑大仏八幡」という言葉[6]からも明らかなように、大仏御前に烈参せんとする荘民たちの意識の底には、強訴をするというよりも「大仏八幡を憑み奉る」という発想が潜んでいた。〈大仏〉と緊密に結合する黒田荘民のかような意識の構造は、他の不安定・弱小生産者の諸身分から自らを区別し、東大寺領の名主たる個性的な格式を農村内部につくるとともに、彼らの精神を濃厚な宗教的観念におとしめた。したがって、寺家の法体系のもとに強く拘束されることにもなったのである。この意識の構造は、名田体制と分かちがたい関係を持ちながら、名主「百姓」の中に根強く残り、多くの寺領荘園で在地領主制を下から規制することになる。

元久元年（一二〇四）の黒田荘の百姓申状は、このことを考えるうえでやはり重要な史料といわねばならない。ことに次の部分を改めて注目したい。

凡者一座一味起請之上、于今及遁避之条、百姓之愁苦、何事如之哉、抂理好対決者、為開御不審対決歟、憚神慮許也、……彼所行……且寺家之公損、又大仏之怨也、[7]

百姓が一座一味起請（訴訟の正当な手続き）[8]をしているのにもかかわらず、寺家が今もって裁決を避けているのは愁苦に堪えないと述べるとともに、公文（平康兼か）が理をまげて「対決」をしたがっているのは、寺家の「御不審」をごまかそうと考えているからであろう、という。そして、このようなことに対しては、「我々は神慮を憚るばかりである」と自らの論理の拠たる神慮を対置しているのである。したがって、〈大仏〉の神慮に適う百姓の立場からは、「非法苛法」の公文は「大仏之怨」でなければならなかったのである。

(二)「不可有相語之儀」

こうした在地武士の非法に遭遇した名主「百姓」は在地においてどのような行動をとっていたのであろうか。そのような関心から史料を繰ってみると、次のような百姓の行動を見出すことができる。

(イ)就被致当預所殿非法横行、御領已荒所上者、不吉御代官也、……於当預所殿者、雖七代不可合百姓等之由、一同仕畢、(9)

(ロ)依為難堪罷出御領内上者、於当雑掌者、雖及子々孫々不可相向之旨、飲神水畢、(10)

(ハ)於宮石兵衛尉并右馬允等者、以私芳心、対面向顔ヲモ仕、或付庄家聊存芳心之儀、互申要事、不可有相語之儀候、(11)

(イ)・(ロ)は、ともに東寺領の弓削島荘の「百姓」が認めた申状である。(ハ)は、高野山領の紀伊国那賀郡柴目村番題百姓等の起請文の一部である。

これら史料のいずれもが、当該の代官なり在地武士に対し、一致して顔を向けず、コトバを交えないというところに主要な特徴がある。

コトバは、単に情報を伝達するための用具的機能を果たすだけではなく、身振りや表情、あるいはある種の前記号的音声を伴って強い感情を他者へ移入するものである。(12)したがって、コトバは一緒に物を食うことや、狩猟その他の遊技をすること、或いは共に働くといった集団的な活動の中では、もっとも手間のかからない、しかも諸活動のすべてにおいて共通の感覚をつくり出す大切な親交確立の方法である。

それ故、言語の生活は、在地における共同体関係に生命を与える欠くことのできない要素であり、これのあり方は、農村の法や社会、そして政治の関係と深くかかわっていたものと思われる。

いうまでもなく、村落社会は慣習と伝統の世界である。いまだ政治的に統治し、村民の全生活構造を領有しうるに至っていない在地武士が慣習に反することを行なった場合、村民の心理は不安定になり、その結果顔を向けコトバを交えることを集団的に拒否したのである。村落を超え、共同体をその統治下に置き得ていない畿内およびその近国の武士は、一族と郎等の境界を越えて村落にまで言語の絆をひろげることが、大切な存立の条件であった。領主制の未熟な地侍的存在にとっては、かかる言語生活は前述した〝親交〟確立のための必須の要件であったのである。したがって、コトバを拒否されるという事は、「非法」武士にとって大きな政治的打撃になりえたのであろう。

こうした村落でのコトバについてのあり方は、それが政治的側面を帯しているが故に、荘園領主側でも政策上で活用するようになっていた。たとえば、東大寺は美濃国大井荘で公文観蓮に雑給免分田畠没収の刑罰を加えると同時に、「於其身者、限永代、庄官百姓等、不可合眼交仕観蓮之由、成(ママ)庄官、寺家、社家、有司、百姓等、可令書一味起請文也」と決議している。[13] しかも、「於有違背此旨之輩者、可為与同罪」としているところをみると、「合眼の交りを仕る」（コトバを交えることも当然この中に含まれる）行為は、荘園制の支配の方策ともかかわっていたものであろう。[補注]

㈢「不可見聞隠」

ところで、慣習とコトバについて、もう少し広い視野からながめておくことは、中世農村の生活意識をおさえるために無意味な作業ではない。

慣習は、それが特定の地域に結びついて一箇の生活構造となるためには、地域の生活を実現するための集団の約束、義務、規律が伝統化されねばならない。それは文書によってなされるのではなく、[14]共同社会が受けとる一連の言語的刺戟に対する共通の反応で再生産され、伝統化されたものと思う。では、この言語的刺戟と共に共通の反応とは社会生活のいかなる部面にみることができるか。さきに考察した在地武士との対抗関係でみせた「荘民」の「不可相向」行為もその一つである。また、石井進氏が指摘された[15]藤原利仁の生活は、この問題を考える上で一事例となる。『今昔物語』によれば、「人呼びの岳」という塚があって、利仁はそこから「此の辺の下人承はれ、明くる朝の卯の時に……山芋一筋づつ持て参れ」と近在の従者に命令をし招集をはかる。[16]このような利仁の生活ぶりは、中世領主のコトバによる領民支配の方式を想像させるにたるものがある。

さらに、以下のような事象も注目に値するであろう。金沢文庫本の『斉民要術』裏文書によれば、遠江国二宮領の領家賢意ならびに預所（覚円）が、地頭代四郎左衛門尉基景、同妹聟景光等により、宿意をもって夜討をかけられ討ち取られるという事件が起きた。この史料は、荘郷地頭クラスの軍事力構成を考えるうえでも興味がもたれるが、次の部分は当面の問題を考察するのにおもしろい。

且賢意暫令相防彼夜討……夜討之程、云炎上之間、雖及数尅、庄官百姓等一人毛不合声、不□（出合）也、[17]

賢意は、必死に防戦して火炎の中を数刻におよび持ちこたえたというのに、周辺の荘官百姓等は一人としてやって来なかったという。賢意の子息基重の痛苦に満ちたこの発言の裏がわには、いざことが起きた場合、大声を出し合い集まって来るような在地農民の存在をみてとることができよう。[18]つまり、領主側である基重は、それを期待していたのである。

このような領主との関係にさえみえる村民間のコトバによる連帯は、村民等自身の生活領域においてははるかに重要な意味と役割を負っていたものと思われる。すなわち、生産と労働に結びついた村民にとって、文字による生活よりも現場的で感官的な言語による生活の方が多くの生活部面を占めていたはずだからである。

次の事例は、コトバが村民の行動規範を律するものとして共同体内で機能していることを表わしている。東大寺の寺家使・堂童子が国使らを引き連れて、華厳会料の督促のために大和国の吐田荘へやって来た。逃げ隠れた会料米負担者をおびき寄せようと考えた彼らは、住屋の前にいた馬疋と屋内の皮古等の雑物を追捕しようとした[19]。すると馬の口を持つ少童が「むま□（か）わことりたり」とののしった[20]。この結果、叫喚を聞いた数十人の輩が出て来て、馬や雑物を奪い返したという[21]。村の者が叫ぶのを聞いた隣人は、その場に駆けつけるというのが共同体の一つの約束であり、義務であったのであろう[22]。もしこの事象に共同社会の行動規範ともいえる慣習が認められるとすれば、少童が発した叫びは共同体的反応を呼び起こすための記号であった。

またコトバは、大声をあげて話すこととこれを聞く行為によって、ある事柄に法的保証を与える効果をももっていたと考えられる。これは、後述するような荘園制の一定の解体にともなって現われて来た自治的村落において推測できる現象である。

地主日熊国宗なる者が、粉河寺領東村壱段の所有権を法的に確保する証文を失った際、次のような紛失状を立てている。

立紛失状　田地事

合壱段者　在粉河寺御領東村字上野垣内池田、地主日熊国宗字森安守、

右田地者、一村諸衆一同仁弐処仁、本壱貫三百文之質仁雖入之、致其弁令請出了、而依失文書ヲ、今一村諸衆仁

申天、所立紛失状也、全向後不可有其妨、若取出彼文書人有ラハ、可被処罪科者也、仍為後日証文、所立紛失状
如件、

弘安元年戊寅十二月三日　地主（日熊）国宗（略押）

紀友恒（花押）

「（追筆）但此文書ハ於一村毘沙門講座、諸衆一同仁所立状也、仍状如件」(23)

紛失状は、土地の私有制を前提に現われたものであるので、単に紛失者が紛失の事実を述べたてるだけでは無意味である。この制度を成立させ、またこの制度を含む全社会秩序を保持する権力によって承認させることが必要である。(24)この紛失状の場合、承認する権力とは、毘沙門講に結集する「一村諸衆」であったことは明白である。

とすれば、「一村諸衆」の村落集団と国宗との間でどのような手続きがとられ、右文書が公証力を備えるに至ったかについて興味がもたれる。追筆で「諸衆一同仁」たてたとその状況が説明されていることから、まず社会秩序を構成する人間が時間と場所を同じくして、一同に会していたことが予測される。東大寺文書に、「仍門弟等召集テ、立紛失状……」(25)とあることから、そのことはまず間違いあるまい。おそらく、村の毘沙門堂にでも集まったものであろう。こうして集まった村人に向かって、国宗は何かを「申天」紛失状を立てたという。この〃申す〃という行為については、おそらく紛失者国宗が当該の地片の所有権を社会的に証明するために、大声で「相伝の由緒」でもしゃべったのか、本文書を読みあげるかしたのであろう。

中村直勝氏は、「キキミミ」のある売券を紹介されて、(26)文書の効力は、それが製作されたときではなく、読みあげられた瞬間に生まれたものであることを述べられている。これは、まことに説得性のある所論である。

中世の社会にあっては、「見る」とか「聞く」行為は、ことのほか法的責任をつき従うものとして観念されていたようである。幕府法をはじめ、荘官の請文、さらに農民にまで広く使われる「不可見聞隠」の文言もこの辺から考えるべきであろう(27)。

この集団的承認をともなった発言には、その重要性を集団的に記憶にとどめるために、あらゆる情緒が喚起されるよう仕組まれており、荘重な言葉(28)や呪術的な行動や身振りをともなっていたかもしれない。「神水起請」の確言的・確約的宣誓において、その誓文を書したる紙を焼いて灰となし、これを酒または水に混ぜて飲み下したり、あるいは鐘や鉦などを打ち鳴らす行為(29)と同じような働きをする意味から、紛失状のまわりに声を出したコトバの世界が想像しうるのではなかろうか。

以上とりとめもなく、中世社会におけるコトバの世界について考えてきたのであるが、興福寺条々定文の「三方神人等、於宝前高声雑談等、狼藉至也、堅可令禁事(30)」の一条のような荘園制支配の中枢部における声（＝コトバ）に対するとらえ方や、有名な奥嶋百姓らが「悪口」という種類のコトバに「不思議」を考え(31)、太良荘の定宴が「悪口」を放言するを「奇恠之振舞」としたことなど(32)からみても、中世におけるコトバのもつ意味は、決して無視しうるものではない(33)。

おそらく、コトバそのものの観念的機能とこれに対する考え方を媒介にした荘園制下の人々の意識の探求は、方法的に存在しうると思う。

第二節　黒田荘民の〈大仏〉からの離脱

黒田荘にみられるような中世荘園制の主柱たる名田体制は、すでにその成立当初から矛盾を内蔵しており、十三世紀の中頃あたりから明確にその機能が喪われてくる。この機能の麻痺と解体は、荘内の様々な変化をもたらすことになる。ここではとくに名主「百姓」の地位と性質の変化を、これまで体制外的に排除されていた様々な勤労的農民の動きとの関連で一通りの観察をしておく。

黒田荘の場合、名田体制が経済的に担う役割は、直接生産者から学生供米を徴納させ、雑多な公事を東大寺に奉仕させるところにあった。これらにはいずれも色濃いイデオロギー的な粉飾がほどこされており、そうすることによってそれぞれの品目なり、労働内容が意味づけられていた。たとえば、学生供米なる納入品目は、黒田荘の一円不輸化を実現させた後白河上皇のために大仏八幡の宝前で大般若経を転読する百口の学生に宛てられ(34)、そうすることによって、荘民の大仏八幡への信仰と隷従を組織していたのである。また、同荘は、かつて伊賀と大和の国境に位置する笠間一帯の杣山を起点としており、材木造進の寺役は杣工の粮料を補給する意味から名張郡の御封便補化をもたらし、さらに一円寺領化の理由ともなったのであるから、十三世紀に入ってからも依然として大切な公事であったはずである。

この他、鎌倉時代の全時期を通じて「めの人夫」役(35)、「めし夫」役(36)、「講堂荘厳」役(37)、「大仏殿宿直」役(38)、「郷夫伝馬」役(39)、「田率人夫」役(40)などの公事が課せられている。これらの諸役のうちで明らかに名単位に賦課されているものは、「めの人夫」「大仏殿宿直」[41]「田率人夫」などであったことが確認される。

名別に賦課された夫役的公事は、実際に荘民が奈良に出向いて労働提供したものか、それとも公事米、公事銭といった米銭の代納で贖われていたものかよく分からない。おそらく、田率人夫の規定に、「於六十六名者、一人可出之、、、、、、代銭者不可過百文」[42]とあることなどから、十三世紀の後半あたりにはかなりの部分までが、米納や銭納となっていたものではなかろうか。公事が公事料と呼ばれだすのもこのためと思う。[43]

さきに述べた名田体制という地代徴収のシステムは、どのような変化をみせていたか。その端的な方向性は、それまで名主が管内の作手所有者や個別経営を保持する生産者農民から、年貢や公事を集中あるいは差配をし寺家へ納入していたものが、名主の手を経ないで行なわれるようになったことである。たとえば、友重名の百二十歩を耕作する弥五郎入道は、「百姓丸」として直接に本年貢学生供米を納入することになっていた。[44]また、宇陀川河東の樺井田地一反を請作する五郎検校は、「新学生供米参斗八升地主得分六斗炭一籠、毎年無懈怠南都運上候」と奈良に在住する寺僧地主に請負っている。[45]これらの現象は、名制度を無視した形で地主—請作関係が農民生活の深いところまでくい込んできた結果で、そうした関係と物の流れが名主の管理統制から離れて、名田内の地片ごとに繰り広げられていたものとみることができよう。

こうして名田体制が機能を停止してくると、学生供米はとどこおりがちとなり、領家である東南・尊勝両院家は、規式に従って荘務権を惣寺に去り渡さざるをえなくなる。[46]この事態の進行は、一面において東大寺による猛烈な荘内の地主権獲得の運動となって現われ、惣寺の直接支配の確立へむけての神人・公人・堂童子の激しい活動を生み出した。

名田の機能が弛緩し解体すると、名田体制の内部を通過して特定のイデオロギー的粉飾と宗教的意味付けがなされていた本年貢学生供米と労働賦役としての公事の地位が相対的に低下することになる。そして、地主権を獲得することによって収取する様々の種類の料田からの米や銭貨は、単なる非個性化した地代一般となった。ここで荘園は、剰余の収取源、地代源へと変質、抽象化する。このような非個性的な地代を負担するようになった荘民からは、特殊な「大仏之奴婢」といった身分意識はゆっくりと、しかし確実に消え去っていったものと思われる。

このことは、〈大仏〉からの「荘民」の精神的な離脱を意味するものに外ならず、彼らには在地において一箇の完結した自治的村落を形成してゆく条件が与えられることになった。十三世紀後半から畿内各地に現われてくる「村人」とは、こうした条件の与えられた農民をいうのであろう。ここに惣村の成立を展望しうるのである。

荘園の制度・構造を変え、負担のなかみからイデオロギー的付着物を消し去り、さらに荘民自身を変化させた根底的な力は、直接生産者によるたゆまぬ勤労的土地所有の拡大深化であったことはいうまでもない。鎌倉中末期から南北朝期にいたる農民闘争が村落の二重構成＝分裂支配を実質的に破壊していくことに、そのもっとも重大な課題があったとするならば、(47)散田作人や浮浪的な弱小農民、あるいは「脇百姓」と呼ばれる人々の勤労的土地所有の深化と領主への直接的地代負担能力の獲得が、かかる農民闘争の基礎的な力であったというべきである。

彼ら直接生産者による名田体制の破壊的作用は、さきに述べたように荘園を一つの地代源としてしまい、そこに耕作するすべての農民に東大寺権力の暴力的検断を拡大させずにはおかなかったところにあった。かつて、荘内の有力な荘民にのみ加えられることのあった住宅焼却と荘内追放、所領没官の処刑(48)は、いまや全荘民にまでおよぼされるようになった。この政治的変化は、全荘民をして寺家東大寺と対峙させることになり、結果として名田体制の身分的二重構成を撤去することになったのである。

これは、中村にある新荘一段六十歩の土地に「四目《しめ》」をはられた際、これを切り捨て、「恣自由作物苅取」り「散々誇言」をはいた中大夫守行の個別的抵抗[49]から、より一層大規模な形では「惣庄土民等令同心彼悪党等、追放寺家使者、切塞路次、致悪行[50]」すといった悪党と融合した抵抗活動となって結果した。

鎌倉前期にあっては、ひたすら「大仏を憑み奉り」、「神慮」を拠として正義を主張した黒田荘の農民は、いまや敢て神威を拒否し注連を切って捨てた。嘉暦三年（一三二八）小屋戸村の金剛兵衛尉盛俊が、神人・小綱・公人（寺家直接支配の爪牙）を黒田坂に襲撃し殺害したとき、彼は「自今以後、永不可入寺家使者於庄内」と神水起請に及んだという[51]。そして、「凡今此悪行者、一庄土民無所漏」といわれているところをみると[52]、この神水起請には、多くの農民が参加していたものと思われる。〈大仏〉の呪縛から解放された彼らは、一種〝祭〟にもつながる非日常的世界で、狂騒的に欣喜雀躍していたのではなかろうか。

第三節　黒田悪党の非在地性

黒田悪党が「一庄土民」の広く激しい動きのなかで現われてくるということは、荘内生産者大衆との緊密な連絡を保ちながら発生したことを予測させるが、では一体かれらの発生を住民主体の運動と解することができるであろうか。

かつて、この問題について、石母田正氏は「中世農民の反抗として一般化することは困難」であると明確に述べ、悪党の農民反抗と相違する点を、東大寺が持つ政治の頽廃を分かちもたねばならなかった悪党自身の頽廃に求められ

た。(53)

大江氏一族集団を中核とする黒田悪党は、前章で既述したように農民と融合する側面を持ちながら、片面では謀書を構えては土民を悩乱し、(54)さらに「庄内放火殺害」(55)あるいは農民住宅に押し寄せて狼藉をはたらき焼き払うといった行動をとっている。(56)この点で彼らは、確かに「頽廃」的であり、農民抵抗とは異なるものであった。けれども悪党が住民全体の運動と解しえない真の理由は、単に農民との矛盾にあったのではなく、むしろ彼らが非在地的・非農村的勢力であったところに見出されるのではないか。農民との矛盾も、一度彼らの存在を農村的イメージから解き放って観ることが大切なのである。

このような視点に立って、悪党を一つの運動現象として分析してみると、どういう像が浮かびあがるであろうか。悪党関係の史料を細かく読んでみると、彼らは奈良の寺辺に出没し、(57)あるいは「当他国、云洛中、夜討強盗以下之悪行、只黒田庄之結構也」(58)といわれている。そして、「都鄙之謳哥驚耳目」(59)というあり様は、ついに「殆可及天下之珎事」(60)といった事態にまでいたる。はたして元弘元年（一三三一）の内乱の火蓋が切っておとされ、鎌倉幕府は覆滅した。後醍醐天皇の主要な軍事力が、畿内近国に蠢動する悪党によって担われていたことを考えれば、「天下之珎事」（鎌倉幕府―御家人体制の崩壊）を危惧する寺家の認識は、蓋し正鵠を射たものであった。

内乱期軍事力の機動性は、天王寺の合戦にみられるごとく巧妙な陽動作戦を可能とし、(61)千剣破城を攻める幕府軍を随所で分断し、敵戦力の拡散に成功している。(62)このことは、悪党・野伏がいくつもの交通路を巧みに動き回って情報を運搬し、軍勢の移動を行なっていたことを示すもので、悪党の在地的・農村的生活者のイメージを解消するに足るものがある。

こうした内乱期軍事力の行動形態とからめて「都鄙之謳哥驚耳目」す黒田悪党を考えておくことは、物と銭貨の流れと結びついていることと関係する。この面からの悪党を「武装商人団」として捕捉する学説は、すでに出されている。[63]だから、かようの性格についての論及は一応省いて、ここでは黒田悪党が荘園制の全構造体系のあらゆる部分を行動空間としていたことを指摘したい。

嘉暦二年（一三二七）、惣寺は悪党退治の評定を行なう沙汰人を差定めた際、

沙汰人評定之趣、縦為御寺務并余方門主、雖及于御尋、固守起請、不可令披露、況於余人乎、都不可有口外、[64]

という誓約を沙汰人からとった。余人はおろか別当・門主に対してまで秘守を義務付け、すべての討議内容の漏出を防ぐべくしいたこの箝口令の厳重さは、「悪党引汲之仁、寺辺有其類歟之由、兼日之風間非一」[65]ということによるものであった。まさに黒田悪党の影響力は、荘園制の構造体系の内部を流動して寺辺にまで及んでいたのである。

黒田荘その他東大寺領の地代荘園化[66]と地代の減収は、寺内の各級・各集団の複雑な利害対立を生み出すと同時に、あからさまな米銭への欲求を寺僧内部に押し広めていった。寺内・寺辺での「悪党引汲之仁」が現われる根拠は、こうした東大寺荘園制の全体の変化による抜き難い矛盾にあったのである。

このために悪党追罰の衆議には、しばしば寺内僧侶の悪党与同なき旨を誓う起請文が書かれなければならなかった。[67]嘉暦年間の年預五師の書状によると、黒田悪党沙汰につき、衆徒・学侶らとともに「一味同心致其沙汰、不可有別心私曲、若有内通矯錺之輩者、可処罪科之次第」の旨を悉く起請し案文を別当に進めている。[68]二月堂牛玉宝印[69]を用いた厳重な集団規制は、それ自体内部の矛盾を牛玉宝印の霊力で隠蔽しようとするものであって、それはかえって寺院機構内部の矛盾と不安を表出するものであった。

おそらく、寺僧の内部には悪党と気脈を通じるものが相当数いたであろう。大法師快春は、他人を語らって衆議をなし、青蓮寺五郎入道の「手土産」を得、また鮎鮨などを受けとっていることを衆会落書で暴露され、「被載落書之条、難堪次第也」と陳弁につとめている。[70] また、新荘預所俊快は、悪党を荘家に籠め置いているといわれ、預所職をとり上げられて荘家の居住を止められた。[71] さらに、同じく新荘預所となって荘務にたずさわる快実は、要劇闕如を理由に荘家を惣寺に移管されると公然たる悪党活動を自ら開始するにいたる。[72] このため惣寺は、満寺群議の結果、快実の所領点定を決議し、惣寺進止の地においてはただちにこれを敢行し、諸院家領での快実の田畠は段歩を残さず点定すべきを通達した。[73]

彼らは、寺内の「夜打企」に与し、[74]「好悪行、結徒党」[75]ぶ武装僧徒に基盤をもち、寺内の政治関係のなりゆきによってはいつでも荘内悪党と連携し、また彼らに活動の場を与えていった。東大寺荘園制の全体構造がこうして悪党の活動空間となっていく中で、黒田荘という名張盆地の一地域に生まれた地侍は、農村内から解放されていった。そして、彼らが内にもつ修験密教徒ゆえの漂泊性が、この時点で悪党を全社会的矛盾へと連結することになるのである。[76]

ところで、荘園地代の非個性化が進行した鎌倉時代の後半は、惣寺権力によって声高に「犯用」という語が叫ばれている。荘内地侍の観俊・覚舜は本所(惣寺)違背や悪党扶持のほかに、「年貢犯用」が罪状にあげられている。[77] そして、寺内寺僧快実も「犯用年貢・正税」している。[78] 東寺百合文書に西念が認めた小名田譲状がある。この中で「永所譲与念阿弥也、然而以彼名田得分物、擬仏事等之料足之上者、曾不可有私用犯用之儀……」と述べている。[79] 仏事等の料足をはかるべきところを私用に供することが「犯用」なのであろう。おそらくは、笠松宏至氏が明らかにされている[80]仏物に対する「互用の罪」に結びつく概念を含意した語であるかと思われる。とすると、米銭に解消してしまってなかなか区別のつけにくい「十二大会以下仏神之料足」なればこそ、ことさら「人の物」ではなく「仏の物」であることを強調しなければならなかったのであろう。

惣寺は、荘民に対しても寺僧に向けても罪状としての「犯用」をなじった。そのことは、もはや虚偽のイデオロギー的粉飾が剥げおちた米銭をめぐって、農村を問わず都市(南京)をいわず争奪を開始した動乱の時代を告げるものであった。

以上から明らかなように、黒田荘に生起した悪党は、「犯用」のために農民と融合し、同じく「犯用」のために狼藉をはたらいた。この二面性は彼らが寺内の政治空間に深くつながり、変質・解体に瀕した荘園制の全構造体系に吸着することによって在地を離れた当然の結果であった。(81)彼らは、農民の生産と生活について注意を払わず、農民の産み出す富の一般に対して欲求したのであって、その意味では多分に都市的要素が彼らにみとめられるのではないだろうか。

むすび

これまでみてきたように、黒田荘の名主「百姓」は、荘園制度の外におかれていた厖大な弱小農民の定着と安定、年貢地代の負担能力獲得によってその地位が脅かされる。そしてさらに、地代そのものに付着した個性がなくなった結果、年貢・公事を負担することによって得ていた身分的格式も喪うことになった。

この段階に〈大仏〉を憑み、神慮に拘束された荘民の意識は、自身が農民一般へと変容する中で解放されていった。

荘園領主の神仏を拝していた荘民は、こうして村々に勧請された領主の神を地域の共同体を守護する神に変換させる。

そうした中世農民の共同体の中でコトバはいつも隣人を結びつける大切な絆であったが、一箇の完結した自治的世界が形づくられると、紛失状・売券のように文字に表わされたものまで、コトバによって隣人に知悉され、そのことによって効力が生まれた。黒田荘の村落にもこうした言語生活が行なわれていたことは疑いないが、法や慣習・規範といったものとの関係をみせる史料は一切見出せない。

しかしながら、黒田荘民の意識の変化の著しい発現は、悪党の跳梁にみられる。それはおもに、農民的な生産者から遊離し、荘園制の上部（寺内）に至るまでの全体の構造を活動空間としていたこと、漂泊性をもっていたために内乱軍事力となる条件を備えていたことなどに確かめられる。

ところで、本章は鎌倉時代の全時代を制度的な変化だけではなく、それを貫く人間や意識の変化を大雑把ではあれのぞきみたいと考えているうちに、散漫なものになってしまった。けれども、以上の所論からあえて発言するならば、中世の社会には閉じた集団と開かれた集団が存在し、両者の関係のあり方がその時々の相貌を規定するのではなかったかということである。

閉じた集団である名主「百姓」や、これを一旦破壊して再度つくられる惣的農民集団と、一切の階級・階層からはみ出して、しかも全社会を呑み込むかの勢いを示す悪党とは、その結合の契機も行動の様式も、さらには言語的特徴までも異なっていたはずである。彼らは、開かれた集団としての特徴を備えているのである。

そして、組織に準拠して行動する閉じた集団内では、人々の言語生活は情報伝達のための用具的コトバが大部分を占めているはずだが、一旦日常的な組織が消滅して開かれた集団に変換した場合には、そこに出現する言語空間に前記号的言語が横溢するのではないだろうか。悪党の狂騒、天狗の「不思議」は、こうした世界から理解しうると思われるのである。

注

(1) 小山靖憲「荘園制形成期の領主と農民」(稲垣泰彦編『荘園の世界』所収、東京大学出版会)。

(2) 戸田芳実「黒田庄における寺領と庄民——庄園制の非古代的性格について——」(『日本史研究』三〇、一九五六年)

(3) 河音能平「中世社会成立期の農民問題」(『中世封建制成立史論』所収、東京大学出版会)。

(4) 嘉禄元年十月二十六日北伊賀御油神人定文(『鎌倉遺文』第五巻三四二四号、以下『鎌遺』五—三四二四号と略記する)。

(5) 元久元年九月日伊賀国黒田荘百姓申状案(『鎌遺』三—一四七七号)。

(6) 承安五年五月二十三日黒田荘官等請文(『伊賀国黒田荘史料』二巻三二七号)。

(7) 元久元年九月日伊賀国黒田荘百姓申状案(『鎌遺』三—一四七七号)。

(8) 中世農民の訴訟から逃散にいたるまでの行動様式には、一味神水→連署申状・連署起請文→逃散という順序があり、これに従った一座一味起請(第二段階の行動)は「次第の沙汰」として認められていたはずである(入間田宣夫「逃散の作法」『豊田武博士古稀記念　日本中世の政治と文化』所収、吉川弘文館)。

(9) 正和三年十一月日弓削島荘領家方百姓等重申状(『日本塩業大系』史料編古代・中世一、三〇二ページ)。

(10) 元亨四年九月日弓削島荘百姓等申状(同『大系』史料編古代・中世一、三三九ページ)。

(11) 文永六年八月日紀伊柴目村番頭百姓等起請文(『鎌遺』一四—一〇四八一号)。

(12) S・I・ハヤカワ『思考と行動における言語』(岩波現代叢書)。

(13) 建治二年十二月日東大寺下文案(『鎌遺』一六—一二六〇八号)。

(14) M・ブロックはその著『フランス農村史の基本性格』のなかでつぎのように書いている。「慣習は、ときには、成文法や、裁判の判決や、調査の結果つくられた所領の財産目録のなかに現われている。しかし、大部分の場合、それは単に口頭のものでしかなかった。結局、ひとは人間の記憶を当てにした」(一一〇ページ、なお傍点は筆者)。

(15) 石井進『中世武士団』（日本の歴史12、小学館）。『中世の風景』下（中公新書）。
(16) 『今昔物語』（日本古典文学大系本）第四巻四五八～四六三ページ
(17) 欠年基重言上状（『鎌遺』一五―一一六〇四号）。
(18) 同史料によると、「於領家之眷属等者、男□嫌老少、併令打殺之処、郷役之宿直二人許打漏之畢」という文言もみえるので、政所屋敷には毎晩郷役としての宿直の農民が詰めていたことが判明する。百姓が大声を交しながら来るものと、基重が考えたのは、宿直役が前提となっていたためである。
(19) 建仁元年六月二十三日検非違使庁問注申詞記（『鎌遺』三―一二二七号）。
(20) 建仁元年三月二十一日尼真妙陳状（『鎌遺』三―一一九〇号）。
(21) 建仁元年六月二十三日検非違使庁問注申詞記（『鎌遺』三―一二二七号）。また建仁元年四月日尼真妙陳状案（『鎌遺』三―一二〇五号）には「乱人近隣之小屋、猥押取乗馬以下、加追捕種々雑物之間、在地人等各揚音加制止、乗馬等ヲ奪留」とある。なお竹内理三『寺領荘園の研究』（畝傍書店）二七二～二七四ページ参照。
(22) ミッタイス＝リーベリッヒ『ドイツ法制史概説』は、復讐の現われ方の一つとして、「被害者は「叫び声」を挙げ、この叫び声を聞いた者はすべてこれに応ずる義務」があったことを指摘している（同書五六ページ）。
(23) 『和歌山県史』中世史料一、四一八ページ。
(24) 佐藤進一『古文書学入門』（法政大学出版局）二〇九～二一〇ページ。
(25) 建暦二年十二月八日僧慶増文書紛失状（『伊賀国黒田荘史料』二巻四八二号）。
(26) 中村直勝「キキミミのある売券」（『中村直勝著作集』五巻所収、淡交社）。
(27) 『中世法制史料集』鎌倉幕府法・高野山膝下荘園の荘官起請文（『大日本古文書』高野山文書之一。以下『大古』と略す）などを参看されたい。農民の文言としては、「……ヌスヒトは……シラス候、ミス候」「家ニ火ヲツケ候……ユメユメミス、シラス候」（法隆寺文書、『中村直勝著作集』五巻二八七ページ）などがあり、一つ一つの紹介はいとまのないほどあるが、単なるきまり文言として等閑に付すべきではない。
(28) 「荘重な言葉は力をもっている」（G・ファン・デル・レーウ『宗教現象学入門』二一九ページ）。

(29) 峰岸純夫「中世社会と一揆」(『一揆』一巻所収、東京大学出版会)。
(30) 『中臣祐賢記』弘安元年六月五日条、興福寺条々定文(『鎌遺』一七―一三〇七四号)。
(31) 弘長二年十月十一日近江奥嶋百姓等荘隠置文(『鎌遺』一二―八八八一号)。「悪口」を吐いた者に対しては、これの小屋を焼き払い、荘内を追却するという厳刑が科されている。
(32) (建治二年)七月十八日定宴申状(『鎌遺』一六―一二四一五号)。
(33) コトバについては、現今の中世史研究の射程のなかでしだいに注目されつつある。笠松宏至氏は「お前の母さん…」(『UP』一九八〇年九三号)で「悪口」の内容に具体的に立入った考察を行ない、また大山喬平氏は、検注のさい地頭・預所両方が立合い、取帳の作成のあと読合せをすます慣行が存在したことを指摘している(「本領安堵地頭と修験の市場」『日本海地域の歴史と文化』所収)。なお「高声」「悪口」は「濫言」の芸能とも関連する。第二部第二章の「自由狼藉の芸能」を参照されたい。
(34) 文治二年七月日東大寺三綱等解案(『鎌遺』一―一三三号)。
(35) 欠年上司房殿書状(東大寺文書四ノ四五)。
(36) 注(35)に同じ。
(37) 徳治二年三月日年預所下知状案(東大寺文書四ノ六)、延慶四年三月二十九日大屋戸郷百姓等重申状(『大古』東大寺文書之十一―一九五号)。
(38) 注(37)に同じ。
(39) 嘉暦三年二月十八日東大寺年預所下知状案(『大古』十一―一〇四号)。
(40) 弘安十年十月日預所和与成敗案(東大寺文書四ノ三)。
(41) 寛喜三年九月日伊賀黒田荘宿直免注文(『鎌遺』六―四二二六号)。
(42) 注(40)に同じ。
(43) 徳治二年十一月八日年預五師実樹契約状(東大寺文書四ノ四)。
(44) 正応四年八月二十四日黒田新荘学生供米収納使定舜免除状(『大古』別集一―七〇号)。延慶四年三月八日虎王丸田地売券

『大古』八―五四六号)。
(45) 徳治二年卯月四日五郎検校作職請文(東大寺文書四ノ四五)。
(46) 嘉暦四年七月二十八日東南院勾当定賢奉書(『大古』八―六〇五号)。元徳二年 五月二十五日尊勝院勾当覚聖書状等案(同十一―一一四号)。
(47) 黒田日出男「中世成立期の民衆意識と荘園体制」(歴史学研究別冊特集『世界史認識と人民闘争史研究の課題』、一九七一年)
(48) 欠年(寛元~宝治年間のもの)沙弥道証書状案(『大古』十一―二四九号)。
(49) 弘長二年九月晦日黒田新荘荘家畠地没収状(『大古』八―六〇八号)。
(50) 嘉暦二年六月日東大寺衆徒等重申状案(『大古』十―九六号)。
(51) 嘉暦三年十月十五日東大寺衆徒等重申状土代(『大古』十一―一〇六号)。
(52) 注(51)に同じ。
(53) 石母田正『中世的世界の形成』(東京大学出版会)。
(54) 応長二年三月日東大寺衆徒等重申状案(『大古』十―八一号)。
(55) 弘安五年十月日東大寺衆徒等申状等案(『大古』十―六三号)。
(56) 徳治二年九月日東大寺衆徒等重申状土代(『大古』十―七四号)。
(57) 正安二年四月日東大寺衆徒等重申状土代(『大古』十―七一号)。
(58) 文永二年六月日伊賀守護代子息平政氏重訴状(『大古』五―九二号)。
(59) 元徳二年十月日東大寺申状案(『大古』十一―一一八号)。
(60) 元徳二年六月日東大寺衆僉議事書土代(『大古』十一―一一七号)。
(61) 『太平記』巻六(日本古典文学大系本)一八五~一九三ページ。
(62) 『太平記』巻七(同大系本)二二三ページ。
(63) 網野善彦『蒙古襲来』(日本の歴史10、小学館)。

(64) 嘉暦二年十月二日黒田荘悪党対治沙汰人等連署起請文(『大古』十一―一八七号)。
(65) 注(64)に同じ。
(66) 名田体制(旧名体制)が古典荘園のメルクマールであるならば(工藤敬一『荘園の人々』、教育社)、同体制の解体からは、古典荘園の変質を考えねばならず、これを当面「地代荘園」と呼ぶことは可能であろう。
(67) 建長元年六月日東大寺衆徒等起請文(東大寺文書四ノ三)。
(68) 嘉暦二年五月九日年預五師頼昭書状土代(『大古』十―九四号)。
(69) 二月堂牛玉宝印は寺内の統制のためにその使用がもとめられると同時に、農民の側からはその使用が制限されることにより神聖な〝力〟が維持された(千々和到「東大寺文書にみえる牛玉宝印」『南都仏教』三九号)。
(70) 欠年快春起請文(『鎌遺』一三―九六二二号)。
(71) 欠年(推定文永九年)某書状(『鎌遺』一五―一一〇五九号)。
(72) 欠年(推定正応頃)東大寺衆徒等申状案(『大古』三―八二八号)。
(73) 元徳二年九月衆会事書(東大寺図書館所蔵文書)。
(74) 文永元年九月十八日御嵯峨上皇院宣(『鎌遺』一二―九一五六号)。
(75) 文永九年五月十日東大寺五師下知状案(『鎌遺』一四―一一〇三〇号)。
(76) 拙稿「漂泊民信仰と悪党」(本書第三部第一章)。
(77) 正安二年四月日東大寺衆徒等重申状土代(『大古』十―七一号)。
(78) 注(72)に同じ。
(79) 建治三年四月九日西念小名田譲状案(『鎌遺』一七―一二七一六号)。
(80) 笠松宏至「仏物・僧物・人物」(『思想』六七〇号)。
(81) 惣寺への権力集中と荘園の直接支配はこの矛盾の表現に外ならなかった。
(補注) 拙稿のかかる観点を紹介して下さった入間田宣夫氏は、コトバからさらに眼差し(目のはたらき)の方に重点をすえて共同体におけるコミュニケーションのありようを考察された(「撫民・公平と在地社会」『日本の社会史』第五巻所収、岩波書店)。人格の無媒介的結合からなり立つ社会では、たしかに「眼差し」のもつ意味は軽視すべきではない。元久二年畠山重忠・重保父子を討った北条時政は、かれらの謀叛が無実であったことの報告を義時から受けると、年来の「合眼之昵」を忘れられず悲涙を禁じえなかったという(『吾妻鏡』元久二年六月二十三日条)。

〔付論1〕鮎鮨と悪党

『鎌倉遺文』古文書編第十三巻には東大寺文書のなかの快春起請文なる一通が収載されている。文書番号は九六二二号(紙幅の都合から原文掲載を省くので直接『鎌倉遺文』にあたられたい)。起請文は後部を欠いているので、いつのものかが不明であったが、さいきん後部欠失部が京都大学にあり、それによると正和三年五月九日のものであるということが判明した(東京大学史料編纂所千々和到氏より御教示を賜った)。

文書の内容は黒田悪党を引級しているとの落書をうけた寺僧快春が、わが身の潔白なることを証せんとしたものである。快春は春秋二季八講米の寺納を遅滞する悪党青蓮寺五郎入道から、寺家陳弁の便宜をはかったみかえりとして鮎鮨を受けとっていたらしい。在地勢力に「内通矯飾する輩」が続出した十四世紀はじめの東大寺の内部状況を考量すれば、かようの惣寺起請に及ぶ寺僧の行為とその結果としての起請文の存在はとくにめずらしいというほどのものではない。けれどもこの文書に登場する「鮎鮨」は他の文書にあらわれないだけに気になる。名張郡には水量ゆたかな河川が幾筋もながれ、そこかしこで古くから内水面漁業活動が展開されていた。だから現われないということが、かえって不自然に思えるのである。

そこでまず鮎鮨がほんとうに名張郡黒田荘から南都へ上がってきていなかったのかどうかをみよう。上がっていなければ、寺内で喰われていないはずであるがどうだろうか。

中世東大寺の寺僧たちには、黒田荘の鮎鮨を欲ふかく無心し喰っていた徴証がわずかではあるがみられる。寛喜のころに、黒田荘かその近辺のものと思われる地頭代伴頼広は、「狩漁事」についての寺僧の動きを「自寺僧之御中、随分件魚盃等常被召之由、携漁味之輩、所称申也」と暴露した（『鎌倉遺文』第一八巻一三三一七号）。この場合の「漁味」は魚味であって魚の料理を意味すると解せられる。そうであるならば、寺僧たちが「漁味に携はる輩」から召しとっていた「魚盃等」のなかには、酒のほかに（盃は酒器の意）一定の調理をほどこした鮎鮨が含まれていたものと想像できる。鮎鮨を好む寺僧の徒が「携漁味之輩」に対してさかんに無心するさまをここから思いうかべてもよいのではなかろうか。

寺僧のかかる無心の様と薦生荘に簗を打つ僧綱の姿はともに「見苦しき事」であると頼広に指弾されている。緇徒なれば生物《なまもの》である鮎鮨は禁物であり、寺院社会の教団生活で喰うべからざるものと建前のうえでは考えられていたのだろう。そうであればなおさらのこと、袖をひろげる寺僧らにそっと手渡した鮎鮨の桶はまことにふさわしい悪党の贈物であったといわねばなるまい。なお、塩と飯を配して発酵させた鮨という食物は保存がきき、輸送に便利なせいか、ルイス・フロイスは彼の著『日欧文化比較』のなかで、日本人がさかんに「悪臭を放つ」魚（鮨のこと）を躊躇することなく贈っていると述べている（『大航海時代叢書XI』五六六ページ）。

ところで鮎鮨が悪党の贈物としていわば「非法」の関係をとりむすぶ媒体となってしか現われない理由は何であろうか。この問題は寺院社会の生物に対する考え方からばかりではなく、在地の河川漁業そのもののありかたからも考えるべきである。

青蓮寺五郎入道が住む青蓮寺村には東部山地国見杣から流れてくる青蓮寺川がある。川は青蓮寺村から夏見村へぬけるころ河況を変え、簗瀬へとつながっている。夏見のあたりから流速はゆるみ比奈知方面からの支流を受け入れながら流路を広げ、河床における棲息魚種は多様なものとなってくる。先行研究によれば、青蓮寺川は古くから「供御川」とも呼ばれ、夏見には供御屋が附属し、供御人集団の漁場となっていたという。かれらの漁業は荘民（＝荘園に組織された農村住民）をまず川から排除し、そのうえで彼らが独占的に川魚を先取するところにその特徴が求められる。伴頼広の文言のなかで「如此之役ゝ等、沙汰之後者、庄官百□（姓）皆悉取之」とあるのを注目したい。「如此之役々」というのが文書の脈絡上〈供御・贄の備進の役〉であることが明瞭なので、そのための「沙汰之後」とは〈供御人の漁撈の終了後〉ということになる。とすれば、荘官百姓らの荘民がこぞって川に入るのは、供御人の川狩りが終わってからのことであって、終了前の入漁は厳しく規制されていたものと想定できる。寛喜三年に、それまで行なわれなかった西河（宇陀川）で供御漁がはじめて開始され、「河司」（＝荘園外組織・国衙系の役人？）が設置されたさい、住民らは黒田荘官百姓等重申状（『鎌倉遺文』第六巻四一七一号、文書名は「伊賀黒田荘官等請文」と付されるも、内容からは申状とするのが妥当と思われる）をしたためた。そのなかで「当時何始テ可被漁御貢御哉、就中河司始天被備補之後者、弥以御庄民等煩出来候哉」と表現している。ここで荘民が供御漁そのものに反対していることを注意したい。ここから供御漁には供御人集団の先取権が必ず随伴していることと、河司のために供御人の漁撈先取権が補強され、そのために避けることのできない「煩」が漁《すなどり》をする荘民のまえにあらわれたことの二点が看取されよう。

荘民の自由な漁を脅かす供御人集団の漁撈先取権は供御（魚）の聖性を確保しようとするところに根拠があるので

あって、そのための川支配のイデオロギーは供祭物をとる神官のそれと異ならなかったものと考えられる。播磨国野口保を流れる「贄川」は「神用以前、凡人不黷之（贄川）」ることになっており、「不盧（マヽ）黷此河、誤而侵此河之者、或処重科、或致清秘者承前之例也」といわれている（『鎌倉遺文』第一五巻一一四四四号）。神用以前に「凡人」が入漁するのを「黷《けがす》」とか「侵《おかす》」と呼ぶところに、贄を取るものの側の河川漁業に対する秩序意識が端的に表出されているのである。「贄川」では神札によって住民の排除が行なわれたが、「供御川」（青蓮寺川）においても、何らかの威嚇がなされ川の聖化がはかられたのであろう。

このように供御人の手によって管理された名張郡の内水面漁業をながめてみると、荘民生活にとっての漁業活動は、いちじるしく制約されていたことが充分推測できるのである。となれば、寺家の側から荘内の漁業に制度性を付与することは困難であり、したがって、川魚は収取の対象とはなりえない。南都への運上物にみえないのは、このためと考えられる。制度外的たらざるをえぬ鮎鮨は、同様に制度外的存在であった悪党によってしか、寺内における価値を与えられなかったのである。荘内をあばれまわる悪党どもは制度を破壊する抗争関係において登場してくる。表面上は制度にむかいあって立ちあらわれるのである。けれども、かれらの真の荘園破壊力は支配の隙間をぬって流動上昇し、裏側から寺門の深部へとはいり込んでゆく浸透力にあった。

鮎鮨はこの浸透力を媒介するものとして、偶然にも寺僧起請文のうえに顔をのぞかせたのである。

第三章　南北朝内乱期の戦力

はじめに

南北朝内乱時代の全過程のなかで、中世日本社会はいかなる変容をとげたか——。かつてわが国の歴史学界はこうした問題に大きな関心をはらい、深く研究と討論をおこなった。その結果、南北朝内乱史は狭義の政治史から解き放たれ、封建制成立の画期点を射程にすえた社会構成史の一環に位置づけられた。

けれどもその後、南北朝内乱に社会構成の変革（＝封建革命）を想定する学説は、厳密で実証的な経済制度の研究を通して、しだいに疑問視されるにいたり、むしろ停滞と混迷が内乱の実態ではなかったかとする見解が提出されるにおよんだ。南北朝内乱史にまつわる時代の理解は変革と躍進の時代像から混迷・停滞のそれへと大きく後退したのである。ところで、これまでの内乱史研究の視座は、内乱の力学的な政治抗争とそれを惹きおこす下部構造の動き（とくに荘園在地の農民動向）にもっぱら絞られてきたといっても過言ではない。けれどもかようの視座が内乱史研究のすべてであるとする必要はない。むしろ武装、構成、編制、戦術、戦略がなによりもまずそのときどきの生産の水準と交通の連絡に依存していることを考えるなら、内乱の主要な軸となる戦争そのものがもつ特殊歴史的な意味を究明する視座があってもよいのではなかろうか。

こうした問題関心からつぎのことがらを注意したい。

南北朝時代に入ると、それまでの兵器が内乱の時代に照応する形に変化をとげ、あるいは新たに発明された。佐藤進一氏によると（『南北朝の動乱』、日本の歴史9、中央公論社）、内乱時代に入ると、肉迫兵器の刀剣、甲冑の形態と構造が変化した。刀剣は片手でつかう馬上用から、両手を使える徒歩《かち》立《だち》用へとその用途をかえたため、刀身の反《そり》が浅くなった。また甲冑は、刀による打撃から頭を保護するために冑《かぶと》の鉢を深くして、内部には頭が鉢裏に密着しないように革をつけるようになった。またこのころになると、槍（矢利）とか手突矢が新たな戦闘用具として登場してきた。

南北朝時代に入ると、戦闘形態が騎射戦から徒歩《かち》での斬撃戦に変化した。平坦な開闊地で馬を疾駆させる射戦よりも、おのれの足で駆けまわり、複雑な地形、岩石、樹木といったものを戦闘条件に入れた肉迫戦闘が主流を占めることになった。鎌倉末から南北朝時代の軍忠状をみると、「野伏合戦」とよばれる戦闘の存在が確認されるが、これはそれまでの戦闘形態の変化によって生まれたものの呼称であって、斬撃戦を主とする徒歩立のゲリラ戦闘にほかならなかった。

南北朝時代に入ると、戦闘上の規則がうしなわれ、伝来のしきたりと戦争作法は消えうせた。鎌倉時代の戦争で重んじられたのは、騎馬武者の規則であった。家格と伝統を一身に体現する鎌倉武士は戦場で勇気と力と技をきそった。そこではまったく個人的な資質を比べあったのである。個人の資質が称賛にあたいするためには、かれらは馬を射ずに相手をたおすことを必要とした。これが「馬を射てはならぬ」という規則になったのである。しかし、南北朝内乱期の戦争は、こうした儀式や遊技にも似た名誉のための規則を完全に廃棄してしまった。

南北朝内乱の戦争そのものにみられるこのようないくつかの著しい特徴は、たがいに分かちがたくむすびついていた。すなわち、槍や反の浅い刀剣、打撃から頭をまもる冑、比較的運動機能に富んだ軽量の甲などで身をかためることは、森林に引きこんで敵を襲うゲリラ的戦闘、山岳での攻城戦・籠城戦などに照応していたのである。そしてこうした軽装備と自由な戦闘法が、重装備と名誉、あるいは戦闘の規則としきたりを駆逐してしまい、戦争を非形式化してしまうという関係にたつのである。

これらが密接一体となってみせる、著しく内乱期的な戦争の特徴は、社会の奥深いところで進行するきわめて構造的な変化によって根本的には規定されていた。戦争そのものに特殊歴史的な意味を見出すには、なによりも戦争の特徴から社会の構造的な変化を見透す方法をとらねばなるまい。この方法となるのが兵士材料とこれによる軍事力構成の分析にほかならないと考える。というのは、兵士材料と軍事力構成こそおそらく中世社会のもろもろの制度ならびに人間の結合の原理に基礎をおいているはずだからである。

かようの立場から、南北朝内乱をあらためてながめると、兵士材料と軍事力構成にはその質において、大きく二つの類型が存在していたことがみとめられる。兵士材料を存在、結合、行動、あるいは情動といった面から観察をしてみたい。本稿はそのためにそれぞれの具体的ありさまをのぞきみようとした作業仮説的なおぼえがきである。

第一節　畿内型戦力

元弘元年（一三三一）、朝廷の討幕計画が発覚し、笠置へ逃れた後醍醐天皇は公然と討幕戦の兵を挙げた。そのとき最初に現実的な戦力となった戦闘集団（一三三一〜一三三三年までの討幕派戦闘集団）は、明らかに鎌倉的体制秩序を維持するために機能していた地頭御家人のそれとは、多くの面で異質のものであった。この初期内乱起爆剤としての戦闘集団は、すでに一九五〇年代松本新八郎氏によって注目されたところの党・一揆・甲乙人らの集団を無視しては考えることができない。(1)

南北朝内乱の基層部に「甲乙人・農奴・小農民の解放戦争」をさぐりあて、この「下剋上の運動とは、かれらがその闘争の組織としてつくり出した郷村制度をもってする一種の階級闘争」であったとする画期的見解は、政治史と社会経済史をむすびつけるのに成功し、内乱史を飛躍的に豊かなものとならしめた。

しかしながら、かかる最深部の人民の動きがはたして、直接に内乱そのものの点火役としてたちあらわれ、これを推進する主体となっていったものかどうか（それは、これが封建革命としての評価に結びつくかどうかの問題となる）、なお検討の余地があるのではなかろうか。それは内乱を軍事力学的に牽引する兵士材料の社会的内実がいかなるものであったのかという問題である。これを解明するには、戦闘主力をなす兵士材料とその軍事力構成を検討することから出発する必要がある。

㈠ 野伏と「群集の輩」

内乱期戦力を素材とした先行研究は意外に少なく、井上良信氏の「太平記と領主層」という論文(2)がほとんど唯一のものである。

井上氏の主要な論点をここで要約すると、『太平記』の史料的価値が、決して無視できるものではなく、登場人物は決して架空の人物ではない。この認識の上で、①『太平記』中に現わされた領主の数は、播磨、備前、丹波、紀伊、近江、越前が多い。次に東国の武蔵、下野、相模等は多いが、国によって差がある。②これに対して、山城、河内、摂津、大和等畿内中心部が内乱主戦場でありながら少なく、比較的多い河内等も楠木の活躍を記すためで人数の順位は下位にある。③これに対し、山城、河内、大和等では野伏の活躍が多く見られる。その他の地域では、周辺部の丹波、近江、紀伊、播磨、越前等にも若干出現するが、他の国々には見られない。④したがって、畿内の地域に最も特徴的な戦力の単位は野伏、溢者、郷民等であったものとみなければならない、とするものである。

以上の『太平記』の中にみられる領主（鎌倉的守護豪族、地域的土豪）、野伏の頻度集計から導き出された社会諸集団の内乱参加状況は、客観的な数量の分布、密度として鳥瞰することを可能とする。その限りでは、きわめて貴重な研究であった。

ところが、氏はせっかく畿内の戦力（初期内乱戦力）を「野伏」にありと明解にされながら、彼らの階級的社会的平時の実体が何であるのかという点で、首肯しがたい結論を持ちこんでしまった。即ち、畿内において内乱期を戦い抜いた戦力は(1)土豪＝地域的領主層（後の国人―筆者注）(2)土豪＝代官的名主層（平野殿荘曽歩々氏）(3)名主百姓、と三分類されたうえで、実に野伏・溢者の類を(3)すなわち、名主百姓にあたるものとされてしまっているのである。

このような認識は、すでに戦前の清水三男氏が「野臥」＝農兵とされた見解に起因しているものと思われる。[3] 清水氏は東寺領丹波国大山荘の守護人夫役の事例をとりあげて、戦闘員として農民を用いた事を明らかにされた。すなわち、これを示すものとしてつぎの史料を掲げたのである。[4]

（端裏書）「午大山庄地下散用状　明徳元□」

大山庄守護役人夫目六

但馬陣時別シテ入一日食一人別ニ□

藤内分	四十六人	妙覚	五十八人
行岡ゝ	四十一人	出合馬	三十六人
惣内	四十二人	左近	六十八人
妙本	百十二人	衛門	七十七□
平内《サイノ》	四十二人	行恒	四十三人
定阿弥	三十七人	湯屋谷	五人
アツキ谷	二十人	岸入道	四十二□
源内	四十人	天神左近	六十二□

（以下略ス）

おそらく「藤内分四十六人、妙覚五十八人……」と記述されているのは、清水氏が分析されたように、名主達がその力に応じて部内の農夫を提供したものと解するのが正しいであろう。けれども、この史料は明徳元年（一三九〇）のもので、将軍足利義満が山名氏清・満幸をもって、一族の山名時熙・氏之を但馬に攻めさせた事件に関係するものであろう。南北朝内乱をはるかに経過して、すでに室町幕府―守護領国体制が大山荘にも在地的に確立されている段階のものであるということを考えるべきである。初期内乱期とは鎌倉期を通して鬱積する畿内村落・都市民の分解・流浪・離脱の矛盾が、内乱という形をとって一時的無政府状態を現出させた時期なのであって、かかる時期の社会情況にある「野臥」と、これが鎮静され支配体制が再編成された段階での「野伏とも呼ばれた」ところの「守護役人夫」とは厳密に区別すべきである。

「野臥」とはもともと動詞的に用いられる言葉から由来する。

御敵出之由有其聞、於池田庄芋畑致野臥、

可抽軍忠之状如件、

貞和三年十一月廿六日

白鬚党中(5)

これは北朝軍の某が南軍の徘徊を聞き、紀伊白鬚党に令して、同国池田荘芋畑に出て、これに備えしめたものである。この文書は、「野臥を致し……」とあるので、「野臥」が動詞的に用いられた行為名称であることの明瞭な証拠となる。やがて、「野臥」はこれを行なう人間を指称するようになり、雑草雑木に身をかくして敵を襲う遊撃戦の小部隊を意味するようになった。その意味では、組織された軍隊の一部を野伏に編成することも考えられるが、南北朝内乱の初期兵士材料は、かかる上からの組織された小部隊とみることができないということは言うに及ばず、農村に自生する名主「百姓」の軍事組織とも見ることはできない。

もし笠置山へ籠り、あるいは赤坂、金剛、吉野と戦う兵士が、名主「百姓」以下の農民を主体とするならば、元弘以降南北朝期の内乱は、土一揆・一向一揆を待たずして、すでに農民戦争的様相をあらわしていたことになるであろう。(6)

では一体、四条少将隆貞、楠木や同舎弟七郎、石河判官代、判官代五郎、同松山、平野、山城五郎以下のおもだった者らを背後から支える其外雑兵「知数」《野伏》（「楠木合戦注文」）と言われる部分がいかなるものからなっていたのか。

これを検討するには、ほとんど史料らしいものは見あたらず、それだけに簡単に論断はできない。しかし、『太平記』に記された彼らの行動とその特徴を鎌倉期からの主要な矛盾の延長線上におくなら、野伏、溢者の実体はおのずから明らかになろう。彼等の外貌から見ておくことにする。

去程ニ明レバ五月廿一日ニ六波羅ノ勢五千余騎、所々ノ陣ヲ一所ニ幷セ、渡辺ノ橋マデ打莅《ウチノゾン》デ、河向ニ引ヘタル敵ノ勢ヲ見渡セバ、僅ニ二三百騎ニハ不過、剰痩タル馬ニ縄手綱懸タル体ノ武者共也。(7)

これは、有名な天王寺の合戦の際、渡辺橋をはさんで六波羅軍と対陣したときの楠木軍の様相を叙述した部分である。二、三百騎の武者は「楠木合戦注文」にいわれる「不知数」る「雑兵」の一部であろう。その姿は痩せた馬に乗り、縄の手綱を懸けるという装いであった。これをみた隅田・高橋は「ハカ〱シキ敵ハ一人モ無リケリ」と油断して大敗したという。

かれらの行動から「忠義」といった封建的モラルや組織性・規律性といったものを見出すことは困難である。このことは、かれら野伏・溢者が主従制的人格的紐帯をもたないこと、あるいは互いに結合した恒常的集団性から無縁であることを示している。初期内乱期の兵士材料の特質を解くカギはまさしくこの点にあると考えるべきである。

鎌倉期荘園制社会のいき詰まりは、旧名体制の広汎な解体と、それにともなう特権的村落集団（名主「共同体」）の分解をもたらし、在地の不安定が人間の流動を惹きおこした。(8)おそらく、さきにみた天王寺合戦の兵士も、こうした社会的背景のもとに生み出された新しい型の人間であって、天王寺・渡辺あたりを根城にする交通運輸労働者であったとも考えられる。

さて、村落から道路へと活動の舞台を移した個々の分解主体（悪党・溢者）は、都市・交通の要衝へと流入した。それが幕府滅亡の前夜いかに不気味な存在として胎動していたかは、『花園天皇宸記』のつぎの記事が端的に物語っている。(9)

（元弘二年〈一三三二〉六月）七日乙巳晴、今日祇園御霊会桙等、可止兵具之由、武家奏聞之、即被仰勅答、今日桙等皆以無音、只叩鼓許也、是又武家相触之故不出音云々、

八日……大塔宮等隠居京中之由風聞、仍武家禁遏、

祇園会の桙はおろか鼓の音さえ禁じてゆく戒厳状態のもとには、もはや噴出口を求めて抑えがたい溢者の力が京都の町中にうずまいていたのである。しかも、この鬱勃たる溢者の力を利用すべく、後醍醐天皇の皇子大塔宮（護良親王）が潜伏し画策しているのは興味をひく。

『太平記』によると、合戦のさい「見物衆」（巻二・八八ページ）とか、「見物之目」（巻六・一九八ページ）というものがでてくるが、これは単なる文芸的手法から勝手に設けられた集団ではない。和泉松尾寺文書の「御祈禱所和泉国松尾寺僧侶等言上状」によると、(10)「至于千葉屋城者数ケ月抽軍忠之条楠木薩摩房并群集之輩令見知」めていたと述べているが、自らの軍忠の確実性を証するものとして「群集之輩」をわざわざ挿入している。これは、『太平記』の「見物衆」と同じものを言うのであろう。私は、かかる「群集之輩」「見物衆」といったものが、京都の町中でも祇園会の鼓の音さえ禁止される程の支配権力にとっての不安な要素となっていたのであり、実は南北朝の直接の兵士材料になっていた人間こそかかる「群集之輩」であったと思う。

京都や関・津に充満するかかる「群集之輩」が一度一点の意識に集中すると、恐るべきエネルギーとなって爆発し(11)

たのである。彼等がともすれば目的のない、そして不統一、無統制な行動に出ることもこうした群集の爆発に随伴する混乱に外ならなかった。熊野に滞留する大塔宮の指令を受け、竹原八郎が伊勢で蜂起した際、『花園天皇宸記』[12]には次の如く表現されている。

六月二十日甲子、伝聞、伊勢国有梟悪之輩、成烏合之衆、追捕所々、其勢甚多云々、仍武家、差使者、令実検云々、

とあるのは、「伝聞」であって、直接的情況描写としての史料とはならないが、彼らがばらばらに寄り集まり、ところかまわず「所々」を「追捕」＝掠奪を働いたことは充分考えられよう。

以上で、井上氏・清水氏により提起された野伏＝名主「百姓」という評価は、初期内乱の戦力としてはあたらないことが明らかになった。野伏・溢者は非組織的な分解主体からなる群集を兵士材料とする戦闘集団であって、畿内型の軍事力（井上氏によれば、畿内の地域にもっとも特徴的な戦力）はかようの戦闘集団によって構成されていたものと考えることができる。

(二)「群集」の意識情況

野伏の原型＝「群集之輩」の歴史的性格を意識情況の面からおさえなおすと、どのようなことが言えるであろうか。

鎌倉中期以降は、秩序、慣習、固定性といったものの崩壊の時代であった。この崩壊と流動によって人は変わる。全ての面から無所有、無権利な個人と帰した人間の意識は、また逆にその貧困と病苦をもって、ある奇怪な呪術的な熱狂性で統合されやすい。

ところで、天災・疾病に苦しむ厖大な制外者《にんがいしゃ》は仏会のたびに群集した。『峯相記』によれば、正応四年書写山護法所の遷宮式があったさい「児大衆ノ田楽鏑流馬、随兵等渡物、言語道断ノ結構、自他上下《貴賤朱》男女馳集ル、西国第一ノ見物タル」ものであった。また福井荘に旅人が薬師観音の古仏二体を捨てたところ、「其辺ノ人々板ヲ上ニ、フキ祟メ奉ル、自然ニ所求所望悉ク叶ヒ祈所ムナシカラス」とされ、「上下万民参詣ス、目暗ハ眼前ニ眼ヲ開キ、腰折ハ即時ニ立馳ル、万病皆愈福寿疑無由掌ヲサイ《シ》テ分明也トノシル」ありさまで、「当国（播磨）ニ限ラス接津《ママ》、河内、和泉、紀伊国、但馬、丹波、備前、美作、四国辺土京田舎集ル間ニ三里カ内ハ」諸方の道は人でうずまり、乞食非人が充満したとある。(13) そこにみられたのは、黒田俊雄氏によるならば、呪術的段階の信仰に低迷する群衆の姿であった。(14)

これは、ますます悪党が猖獗を極めるころの人々の意識情況をよく表わしているといえよう。当時の人々は、あるささいな事（例えば、二体の古仏を旅人が捨てたというそのこと）をさえ狂躁的に自らのエネルギーを発散させるきっかけとした。これが当時の民間信仰の傾向性であったのである。そこにあるものは、民衆の没論理的で呪術的な情動であったのだが、それは一面で漂泊する浮浪の徒が「群集」し、「充満」する力に外ならなかった。内乱の前夜、かかる宗教的・呪術的世界に酔いしれていた制外者は内乱爆発時においては、(15) 戦場に「見物衆」「見物之目」「群集之輩」として現われる。

信仰＝聖なるもの＝祭と戦争とは人間の意識の面で何らかの連関性があるのではなかろうか。ロジェ・カイヨワは、戦争の性格を次のように述べている。(16)

それは（戦争―筆者注）、最も苛酷な運命として現われる。それは盲目的であり、不条理であり、思いのままに殺戮を働き、また完全に非人間的である。ところで聖なるものもまたまさにそのようなものではなかったか。聖なるものは、その価値において、それぞれいろいろな差があるが、その本性はまったく同じであって、つねに動かしがたく、圧倒的であり理解不可能である。人間が聖なるものと感じるところのものは、人間にとってとらえ得ぬもの、人間を人間の条件から解放するものであり、人間を高揚すると同時に奈落にたたきこむ激情である。（傍点—筆者）

おそろしく観念的な論議となってきたが、畿内型軍事力構成の階級性を考えるさい、兵士材料の意識情況を特殊歴史的な視点からおさえることは必要であるだろう。

群衆はいったん存在しはじめると、すぐにもっと多くの人びとから成ることを望む。すなわち、増大への衝動は、群衆の第一の、しかももっとも顕著な特質である。こうして自らを膨張させる群衆は、規律ときまりによって恒常的な存続をはかる閉じた群衆に対して、開いた群衆とよぶのがふさわしい。〝開いた群衆〟を論じたエリアス・カネッティはその生態を、「開いた群衆は増大をつづけるかぎり存続する。それは増大をやめる瞬間から崩壊しはじめる」と説明している。(17) 呪術的な狂躁と悪党の猖獗によって彩られた鎌倉末期の人間の意識と行動は、開いた群衆の膨張と爆発を準備した。畿内型軍事力の存在形態とその構成原理は、このような人間の運動現象を捨象しては説明しえないであろう。

(三) 後醍醐天皇と文観

それでは、かようの性格をもつ「群集」はどのようにして野伏の戦力に組織編成されたのであろうか。これを解明することは、溢者などの無所有者（「共同体」からの分解主体）のみならず、楠木正成らの軍事力編成、(18) ならびに後醍醐天皇の軍事力をも理解することになろう。

こうした視点から南朝後醍醐の軍事力編成に接近しようとするならば、後醍醐天皇の下に拡がる直接兵士材料の性格が㈠の如きものであるなら、今度はこれらを組織する上からの動きから問題にせまった方が、より論を進めやすいと考える。そうすると、この場合、討幕運動の中心人物後醍醐天皇及び大塔宮が、何故に吉野を南朝の拠点としたかという疑問から入るのが妥当であろう。というのは、ここに兵士材料をも含む軍事的理由が必ずひそんでいると考えるからである。

この理由について、日置昌一氏は、『日本僧兵研究』において「後醍醐天皇が吉野に潜幸あらせられたのは、当時、河内東条の楠木氏の本拠に、四条隆邦等の官軍が集中してゐたためもあろうが、また南都・高野・熊野等の衆徒の力を頼まうとせられた事情にもよるであろう[19]」と述べられた。しかしながら、氏が自ら明らかにされているように、南都諸寺院及び高野山は、一貫して初期内乱期に軍事的に戦闘に参加していないのみか、後醍醐天皇が没した後は、南都七大寺も高野山も北朝に好意を寄せ、本領安堵、新地寄進を受けている状態であって[20]、決して南朝後醍醐軍にとって頼みとする存在ではなかった。それは、当初後醍醐天皇が元弘元年（一三三一）に東大寺に奔ったさい、彼に応じたのは東南院聖尋ただ一人であったことが如実に物語っていよう。

したがって、寺院武力から南朝が吉野に朝廷を設けた原因を引き出すことは、根拠が薄弱なものと言わざるをえない。これに対して、最近示唆に富む指摘が網野善彦氏よりなされている。すなわち、氏は「中世における天皇支配権の一考察」という論稿において、天皇支配権としての供御人の作手と組織を詳論され、そのうえで、南朝が吉野に拠った理由につき、「吉野御厨以来の伝統を考えることは、決しておかしなことではないと私は思う。……伊賀国供御所と南朝に与した黒田悪党との関係から考えても、蔵人・供御人の線と、後醍醐天皇の武力との間には深い関係があるのではなかろうか」と論じ(21)、その原因の一端を提示されたのである。

黒田悪党が南朝に与したことを証する史料は、つぎの東大寺衆徒群議事書土代である(22)。

（端裏書）
「□（黒カ）田・薦生等事
□（事）書土代名張悪党事」

暦応三年卯月ゝゝ東大寺衆徒事書

伊賀国名張郡内黒田薦生両庄者、天平』勅施入十二大会并転害会等根本□』異他之処、地下土民等依插会料犯用之野』心、動致本所敵対、結構之条厥来□（尚）』而建武三年之比彼悪党等参候于叡山以』降、構郡内於城墎、彌不入立寺家、□（且）』于今吉野与当郡為往来之通路、□』合躰之条天下無其隠之間、縦雖□』尤可有退治之御沙汰歟、就中同年□（冬）』比守護未補之間、就寺訴相催一族等□』却城墎可退治凶徒之由、雖被成□□（下御）』教書於▒▒（植柘）柘殖・服部輩之中、依□（使）』節之緩怠不事行之間、被補仁木太郎』

（紙継目）

（義覚）入道於守護職之初、重就訴申、雖被成遣』御教書於守護方、遂不及遵行、依之被改補』廉直武勇○之仁可被退治凶徒之旨、去年訴』申之処、被仰付桃井駿州（直常）之間、定散□（寺）家』累年欝□（胸）歟之由相存之処、于今無□』間、地下之凶悪追「日」（○而ニ重ネ書ス、）而興盛、五百余廻之仏神事、』当于斯時忽令退転之上者、争無禁遏之』御沙汰乎、然者早被成下厳密御教書於』新守護方、被退治彼輩、欲全仏神事之』料所之旨、群議如斯矣、

この史料からは、伊賀国名張郡黒田荘の地下土民・悪党らが「会料犯用」と「本所敵対」の行動をとり、さらに延

暦寺の後醍醐天皇に参候してからは名張郡内に城郛を構え、明確な南朝軍事力となっていたことが知られる。なお、黒田悪党の活動を介してとり結ばれた吉野と名張との関係が、「今に吉野と当郡は往来の通路となり□□合躰の条、天下に其の隠なし」といわれているのは、内乱期における名張郡の戦略的な位置を示すものとして興味ぶかい。

黒田荘においては天智天皇いらい所伝を持つ「供御屋」「供御所」が存在し、「供御并殿下御贄」をとる供御人がそこには存在する。(23) そして、かれらを統禦せんがために南大和から伊和国境の鹿高を通って「名張郡之供御使」が住反している事実を考えるならば、(24) 供御人と朝廷との関係は密接なものであったと解せられる。この意味で蔵人所―供御人の線は、確かに、天皇の武力として否定しがたい一面をなすものであったろう。

けれども、なお依然として疑問は残る。というのは、吉野山に御厨が設置されていたからといって、他所にも御厨・供御所は存在しているのであるから、そのことは南朝の拠点とならなければならない積極的な原因とはみなしがたいのである。したがって、吉野山に南朝をおいた原因を吉野御厨の存在のみに求めることには無理があると考える。

ここでしばらく目を転じて後醍醐の参謀として活躍した小野弘真文観上人について注目してみたい。文観の役割は、内乱当初より重要な位置を占めている。それは、彼が単なる祈祷師ではなかった点に重要性があるということである。嘉暦元年(一三二六)には事を中宮懐妊に寄せ、関東調伏に肝胆を砕き、元弘元年にはこの呪咀が発覚し、長崎高貞らに逮捕され、硫黄島に流された。これだけの事件であるならば、文観の存在は、時を同じくしてつかまった法勝寺円観、南都の知教・教円、浄土寺の忠円僧正らと同じものにすぎない。(25)

文観を歴史上注目すべき人物たらしめているものは、二つからなる要素によると思われる。第一は、彼が天皇にことさら寵愛を得ていたこと、第二は、彼が学問僧ではなく、修行僧であったことである。

天王寺の別当真慶の伝える所の印信書籍を写し取り、また伊豆に配流された仁覚の秘密の印契を伝授した文観は、その淫猥なる邪法をもって後醍醐天皇にとりいった[26]。天皇は彼に随って仁王経を受け、彼を内供とした[27]。こうして天皇から寵愛を得た彼がいかに天皇と強固に結びついていたかは、建武の政権が樹立されたあとの『太平記』に叙述された権勢ぶりを見ればあきらかであろう[28]。天皇にとっての最高の政治情勢下にあっては、またたくまに東寺一長者に就任し（建武二年三月）、天皇が没落すると彼もまた全ての地位を剥奪されて没落していったこと（延元元年十二月）も両者の緊密性を物語っている[29]。まさしく天皇と運命を共にした唯一の僧であったのである。以上、第一の文観の性格は、彼の政治的行動をすべて天皇へと集約させてゆくことになる。

したがって、文観の行動とその果たした役割については、戦前からすぐれた問題設定の上に重視されてきた。黒板勝美氏は、「後醍醐天皇と文観僧正」というタイトルで行なった講演の中で[30]、「護良親王が熊野から吉野へ御出でになり、吉野の衆徒が護良親王を奉じて関東の大軍を引き受けてまでも戦争をした。護良親王と吉野の衆徒とを結びつけたものは誰であるか」、また南朝後醍醐が笠置や吉野へ行幸したのも「天皇と笠置山及び吉野との関係を結びつけたものがなければならない」ことを指摘され、かかる役割を果たした人間の中で「文観僧正をその主なる一人」と考えられたのである。

文観をしてかく天皇と在地軍事力を結びつけた諸要素にはさまざまなものがあり、一律には論じえない。例えば、天皇を笠置へ行幸させた背景には、東大寺東南院院主聖尋が醍醐寺に関係あり（座主を歴任）、文観僧正とは相弟子の関係にあったこと、そして、聖尋が東大寺笠置寺の別当を兼任していた理由によるもので[31]、いわば文観の偶然的な人的関係によるものである。しかし、護良親王および天皇と吉野とを結びつけたところに端的に見られる文観の組織者としての要素は、かかる偶然的人間関係にあるのではなく、彼が固有に持つ修行僧としての性格によるものであったと思われる。

ここで、文観を歴史上注目すべき人物たらしめる第二の要素、すなわち、彼が学問僧にあらずして、修行僧であったことに注意しなければならないのである。

『醍醐寺新要録』によると、文観は「法験無双之仁」であったという。(32)とかく彼の前半生は明らかではなく、播磨国法華寺の住侶で後に真言阿闍梨になったとも、(33)もとは西大寺の律僧であったとも言われている。(34)こうした謎につつまれた経歴は、それ自体かれが尋常ならざる神秘性をおびた僧侶であることを想わせる。鎌倉時代の後期には、醍醐寺の開祖聖宝が金峯山に如意輪観音・多聞天・金剛蔵王菩薩の大像をたて、大峯の大蛇を避け除き、修験道の再興者となったとする観念がますます醍醐山伏の間に深く確信され、「金峯山山伏衆群」のなかで優位をしめつつあった。(35)文永十二年十二月には、道朝が座主に補されようとしたさい「未有斗藪行人補貫首之例、道朝者雖嗜山臥之一道、未伺淵底於三密」と常住方正統派が反対していることから明らかなように、常住僧侶を脅かすほど山伏の影響力が醍醐寺寺内へも強まってきていた。(36)こうしたことを考えると、「法験無双」と言われた文観は、中村直勝氏が指摘されているごとく、(37)超常的験力を有する山伏修験者であったとみることができる。

もはや文観を歴史上注目すべき人物たらしめる条件は出そろった。右の二つの条件を随伴する文観が、在地未組織兵士材料を後醍醐方軍事力へ編成していく最大の環として機能したのである。金峯山から大峯へ入峰する当山派の拠点吉野及びその近辺には、醍醐寺系の吉野桜本坊ほか多数の正大先達寺院をみることができる。(38)おそらくこれらの拠点にある山伏が、文観によって天皇と結びつけられ、その結果、彼等山伏が分有する非人＝乞丐の世界、遍歴流浪する手工業者（鋳物師・鍛冶等）や溢者がやはり天皇の軍事力へと結びつけられていったものと考えられるのである。

このように考えてくると、天皇の軍隊は、その兵士材料を鉄をいじり、漁《すなど》りをする彼ら供御人及びそれに限らざるあらゆる〝村落〟から疎外された非人＝乞丐世界に生きる呪術的で没論理的なそして雑多な制外者全ての信仰生活圏そのものに求められたとみるべきである。角度をかえて、このことを下から眺めるならば、個へと分解した人間、流動する制外者が自然生的に集合体をつくって悪党の基盤を構成する。悪党の兼帯する信仰（精神）面での修験山伏の性格が醍醐寺報恩院文観を媒介環として天皇へと結合させたと理解できよう。かかる下からの全畿内的な統合の原理を上から的確に把握したのが小野弘真文観であったのである。(39)

したがって、わたくしは護良親王が南朝後醍醐天皇が何故に熊野・吉野へ拠ったのか、その原因を以上の視点から考えるものであって、高野山や南都諸大寺の武力をたよるためではないし、またその理由が吉野の御厨の存在のみによるものでもないとみる。

以上、元弘・南北朝内乱期の兵士材料および、これを組織する主要な契機を、護良親王、後醍醐天皇が熊野・吉野に拠点を設けた理由を通して考えてきた。ここから明らかになったことは、伊賀国黒田荘の悪党らがさかんに、後醍醐天皇のもとに参候しているように、無数の畿内を流動する溢者―悪党らは天皇の主要な軍事力を構成していたということである。かれらは修験山伏としての側面（個々の人間すべてがこの側面を具有していたわけではもちろんない）から醍醐寺内後醍醐派の修験僧につながり、もって後醍醐軍の建設へと作動していたであろう。内乱初期の軍事力構成はかかる旧名体制村落の分解を前提して醸成される危機的情況とそれにともなう呪術的熱狂的（それは祭にもつながる）情動をもって激しく爆発する漂泊的制外者の世界から編成されるのを特質とした。ここに畿内型軍事力構成の主要なる特質を見たいと思う。

かくして編成された討幕軍は、天王寺の合戦において鶴翼横隊の戦闘隊形を組む隅田・高橋の六波羅正規軍を、散兵群に散開して三方から攻撃をかけるという散開戦闘をもって撃破した。[40] こうした自由な戦闘隊形は、金剛山千剣破《ちはや》城に引きつけて展開された山岳戦にはより一層発展される。

核堡（千剣破城）での「高櫓ノ上ヨリ大石ヲ投カケ〳〵、楯ノ板ヲ微塵ニ打砕テ、漂フ処ヲ差ツメ〳〵射ケル」戦術、[41]あるいは「切岸ノ上ニ構ヘテ置タル大木十計切テ落シ懸」ける「走リ」を用いて敵軍に損害を加えるとともに、外郭では散兵群により遊撃戦が行なわれた。「吉野・戸津河・宇多・内郡ノ野伏共、大塔宮ノ命ヲ含デ、相集ル事七千余人、此峯彼ノ谷ニ立隠テ、千剣破寄手共ノ往来ノ路ヲ差塞グ、依之諸国ノ兵ノ兵粮忽ニ尽テ、人馬共ニ疲レケレバ、転漕ニ怺《コラ》兼《エカネ》テ百騎・二百騎引テ帰ル処ヲ、案内者ノ野伏共、所々ノツマリ〳〵ニ待受テ、討留ケル間、日々夜々ニ討ル、者数ヲ知ズ」という情況を現出させたのであった。[42]

これは悪党時代に鍛え上げられた、無所有者としての兵士材料がもたらした、一つの新しい戦闘法であったのである。かつて播磨国を跋扈した悪党どもは、さかんに「ハシリ（走り）ヲツカヒ飛礫ヲナゲ」た。[43] そして、また年貢を対捍し本寺に敵対する黒田悪党は荘内の入口にあたる笠間峠の道路を切り塞いだ。こうした地形を利用し、交通をさまたげて敵を襲うゲリラ的戦法が千剣破城戦においてはきわめて大規模に、かついかんなく発揮されたのである。

楠木正成の籠る金剛山に攻め寄せた鎌倉幕府軍には、安芸国三入荘地頭である熊谷直経が一族・若党を率いて加わっていた。そのさい直経の作製した合戦手負注文は、籠城する楠木勢の「飛礫」の激しさを如実に物語っている。

（端裏書）「熊谷小四郎」

「（異筆）資信（花押）
能秀（花押）」

熊谷小四郎直経手負注文

╲若党道山左衛門二郎経行、左ノ膝ノ節ノ上（異筆）「深」

╲長尾又太郎有能、ヲトカイヲ射透（異筆）「深」サル

幡サシ中平三景能、右ノ目ノシリヲ石ニウタレ候

右手負者、今月廿六日朝、茅岩屋城大手ノ北ノ堀ノナカヨリ、ヘイノキワエせメアカリ、先ヲカケ、新野一族相共ニ、合戦ノ忠ヲイタシ候ニヨテ、手負注文如件、

正慶二年壬二月廿七日　　平直経（花押）

従者の蒙った損害を記して軍忠を証さんとするこの文書は合戦の翌日作製したもので、陣中のなまなましい情況をいまに伝えている。若党の道山経行は左膝関節の上を、同長尾有能は下あご（ヲトカイ）をいずれも射通され、さらに、旗持の中平三景能は、右の目尻に投石を受けて負傷している。注文の頭部に╲（合点）が付され、「深」とあるのは、軍奉行が傷を実検し、深手＝重傷であることを証明したしるしである。ここではとりあえず、「右ノ目ノシリヲ石ニウタレ候」という中平三景能の負傷を注目しておきたい。これはまさしく、楠木勢の飛礫の威力を直証的に示す。うなりをあげて飛来する岩石に攻城軍が相当の損害をうけたことは、「楠木合戦注文」にも記されている。それによると、斎藤新兵衛入道子息兵衛五郎、佐介越前守の手勢らが投石によって手負打死をしている。

やがてこうした兵士材料が政治情勢の安定化＝南朝の敗北とともに武家政権の再建の動力ともなり、北朝へ組織がえされ歩兵足軽の軍団へとなっていった。[44]「鉛作ノオホ刀、太刀ヨリオホキニコシラヘテ、前サカリニソ指ホラス」

という形式を無視した実践的な密集軍団がつくられていったのである。(45) 惣領制的武士団＝甲騎兵の軍団長たる新田義貞の最期は、(46) かかる軍事力からの時代の転換を最終的に象徴するものに外ならなかったのである。

第二節　地方型戦力 ——北九州武士団の分析——

建武二年（一三三五）後醍醐天皇にそむいた足利尊氏は、いったんは入京したものの新田義貞、楠木正成によって追い出され、さらに彼らの猛追撃に抗しきれず、兵庫から海路をとって九州へと敗走した。

尊氏・後醍醐両派からの軍勢催促状を受けとることによって建武政権の崩壊を知った九州各地の在地武士は動揺の色をこくしていった。そして、一方の領袖である足利尊氏が西へ向けて動きだすと、九州武士団は俄然あわただしさを加え、尊氏の北九州上陸とともに、かれらは動乱の渦にまきこまれることになるのである。

尊氏が九州に走ってから、再び京都へ上るまでに要した日数は二ヵ月余にすぎない。この短時日のうちに東上を可能ならしめた最大の条件は、九州宮方の最強勢力である菊池武敏を筑前多々良浜で破ったことに外ならなかった。ここでの勝敗は尊氏の九州経略の成否を決し、さらにまた京都への進軍を可能とするかどうかをも決したのであった。

かように重要な意味を有した多々良浜合戦は、いわば九州南北朝内乱史の一大ハイライトと言いうるであろう。ここではこの合戦の特徴を尊氏軍の武装・構成の面から観察し、それとの関連で、九州の在地武士がいかなる形態をとって軍事的な結集をとげていたものかを考察することにする。そうすると、畿内でみてきた浮遊軍事力とは異なるタイプの内乱戦力を抽出することができるであろう。

㈠　尊氏軍の西走と多々良浜合戦

後醍醐天皇を叡山へ追った足利尊氏は、建武三年（一三三六）一月十一日に入京した。しかし、十六日にははやくも尊氏を追って西上してきた北畠顕家によって園城寺の防衛線を突破されてしまった。ついで、賀茂川、神楽岡、糺河原で新田義貞の烈しい攻撃をうけ、尊氏は京都からの撤退を余儀なくされた。(47)

丹波に退いた尊氏は、それから摂津打出、西浜、豊島河原と転戦をしたが利あらず、新田義貞・楠木正成らの猛攻を前にして退勢の挽回ははかりえなかった。そしてついに海上を漂い西へ落ちていったのである。尊氏の西走は、「しはらく御陣を西国へ移されて、軍勢の気をもつかせ、馬をも休せ、弓箭干戈の用意をも致して、重て上洛有へき」との赤松円心の勧めによるものであったといわれている。(48)

二月十二日の夜陰にまぎれて兵庫を出帆した尊氏は、翌朝に播磨室泊に停泊して、九州で再起の態勢を整えるまでの間、上洛の道路である山陽と瀬戸内海に面した四国を防衛すべく、地方の大将（指揮官）を配置することを決定している。佐藤進一氏の研究によれば、山陽・四国に配置された大将には、a型＝足利一族（四国・備後）、b型＝国の豪族出身の守護（播磨）、c型＝aｂの併用（備前・安芸・周防・長門）の三つのタイプが存在した。(49)この指揮官配置は、あきらかに京都からの追撃をくいとめるばかりでなく、東上を見越して軍道を確保すべく冷静に計算をした結果であった。

こうした軍事的配慮とともに、西走途中で行なった神社仏閣への所領寄進や将士への恩賞といった人心収攬策は、(50)尊氏の九州行が敗軍没落の姿ではなく、むしろ計画的なものであったことの根拠となっている。(51)たしかに尊氏が赤間関に達すると、九州の武士は陸続と尊氏のもとへ参着しており、(52)ここに敗残落武者の姿を想定するのは無理かのごとく思えるのである。しかし、この時期の尊氏が一定の政治的求心力を有していたとしても[53]、この事実がただちにかれ自身の軍事的に無力な状態を否定する材料となるものでないことは当然であろう。このさい九州上陸時点の尊氏は、その周囲に独自の戦力をもちあわさず、ほとんど裸の状態にあったことを注意すべきである[54]。

さて、二月二十九日、赤間関をたった尊氏の一行は筑前国葦屋津（遠賀郡）に着船上陸し、ついで翌三月朔日に九州の雄族少弐頼尚の嚮導を得て宗像郡へ入り、郡内総鎮守の宗像神社を頼った。尊氏が宗像大宮司氏範の館に身を寄せたことの目的には、ここを太宰府への前進拠点とし、ここから各地への軍勢催促を行なおうとしたところにもあったようであるが、当面、重要な目的を推測させるものとして、氏範が尊氏・直義らに「駄餉」（旅中の食物）を供給し、「御鎧馬」を進上したという『梅松論』[55]『北肥戦誌』[56]の記述を注意しておきたい。氏範から受けとった食料と兵器は、『太平記』にいわれた「矢種ハ皆打出瀬川ノ合戦ニ射尽シ、馬物具ハ悉兵庫西宮ノ渡海ニ脱捨ヌ、気疲レ勢尽ヌ」といった尊氏軍の状況[57]を前提にすえるときわめて大きな意味をもってくる。

さらにまた、このことの意味の大きさは西走の当初、足利尊氏から「自筆の御書」をもって頼られた少弐貞経（妙恵）が、「将軍（尊氏）の御為、又は供奉の人々の用意にしをきたりし御馬物具共、（菊池武敏の攻撃のために）数をつくして灰燼となりし」を見て、落胆きわまりなく有智山城に自刃してはてたことからも明瞭に看取されるのである[58]。少弐貞経は尊氏のために軍馬と兵器を用意しておいたのだが、これを供給しえず、菊池の軍勢に滅ぼされてしまった。ここでは、おそらくこれに代わるものとして宗像氏が頼られ、宗像氏の保有せる諸物資が尊氏軍に供給されたものと考えたい。

されば三月二日、菊池武敏の軍勢と多々良浜（筑前糟屋郡）に対陣することとなった足利尊氏軍は、その武装と構成の多くを宗像氏に依存していたものと想定される。『梅松論』によって諸将の武装をみると、総大将の足利尊氏は「赤地の錦の御直垂に、唐綾威の御鎧に、御剣二あり、一は御重代の骨食《をほばみ》也、[59] 重藤の御弓に上矢をさゝる、御馬は黒粕毛、是は宗像の大宮司が昨日進上申たりしなり」(傍点―筆者)といった姿で戦場にのぞんでいる。[60] 足利直義は「赤地の錦の御直垂に紫皮威の御鎧、御剣は篠作、弓箭をも帯せらる、御馬は栗毛、是も昨日宗像の大宮司が進上申たりしにぞめされける」といった具合であった。[61] また尊氏の有力な随兵仁木義長は「黄威の鎧をぞ著たりける、是は宗像の大宮司が下御所(直義)に進じたるを給りけり」というものであった。[62] こうした記述は、宗像氏の兵器供給の事実を象徴的に表現したものと推測される。

こうした軍馬・武器の供給を可能とした宗像社の物質的力量は、鎌倉時代を通じてつちかってきた宗像氏の封建的権力組織から発するものであった。宗像氏の封建的権力組織の態容は、正和二年(一三一三)正月九日に制定された所領支配のための基本法規「宗像氏事書」(以下「事書」と略称)にあらわされている。[63]

これをみると、得宗領化をした宗像神社領の危機的な事態のなかで、北条得宗専制の圧迫を切り抜けるべく、合議体制の強化と、諸郷納所・弁済使ら管理幹部の締めつけをはかり、全体として宗像氏が支配・統制をいちじるしく強めていることが判る。「事書」のかような性格を念頭にいれて、つぎの条文(第十三条)を読むと、尊氏軍にはたした武器供給の役割は、宗像氏が有していた封建権力の組織的力量から説明しうると思う。

一、鎧以下具足等并馬事

右、天下御大事出来之時者、薄広令配分、落居以後者、如元可入置納殿、於私之借用者、縦雖為親類兄弟、敢不可許用者也、次馬事、子細同前、

宗像氏は祠官や所領支配の役人を従者としてひきしたがえ、「天下御大事」のときは、「納殿」から武器をとり出し、広く配分・武装をさせ、もって迅速なる軍事力編成を可能ならしめていた。「落居以後」(戦闘終了後)は「納殿」へふたたび入れ置くこととなっており、分量において平時をはるかにうわまわる戦時の武器は集中的に管理されていたことがわかる。また条文中に「次馬事、子細同前」とあるところをみると、軍馬も武器武具と同様に集中的管理のもとにおかれていたことが判明する。したがって、宗像神社(田島宮)には納殿(=武器庫)のほかに大型の厩舎が存在したものと思われる。

以上のような宗像氏の整然たる兵器体系を尊氏軍の装備とむすびつけて考えると、九州に上陸した足利尊氏が宗像神社へ直行したところの目的はかなり明瞭にみえてくるであろう。

多々良浜合戦は、両軍の死力をつくした激戦のすえ、阿蘇惟直・惟成、秋月備前守が戦死し、大将菊池武敏が逃走するという宮方の敗北をもって終了した。(64)

(二)　在地武士の軍事的結集

西下した足利尊氏はいかなる在地武士の結集を基盤として多々良浜の戦闘態勢をつくりだしたのであろうか。このことをみるために、尊氏勢の戦力となった宗像郡朝町村の地頭佐々目氏をとりあげ、佐々目氏の存在ならびに行動の諸形態を通して、在地武士がみせたであろう軍事的結集=軍事力編成の様態を推定したい。

a

宗像郡の神領朝町村には、鎌倉時代からその地の住人として地頭佐々目氏が蟠踞していた。もともと朝町村の地は、嘉禎二年（一二三六）に上野介資信なる者が地頭職として宛給されたもので、資信の娘高階氏（覚妙）が跡を継ぎ、彼女が佐々目修理亮太郎光直の妻となったことから、佐々目氏の家産に組み込まれたものらしい。[65] その後、高階氏から佐々目清光、光重、信重と相伝されたらしいが、光重のころは、自身は武蔵国多賀谷（埼玉県北埼玉郡）におり、[66]（補注）叔父の佐々目清禅が地頭代として朝町村に在村していた。南北朝時代に入っても庶流清禅の息禅恵ならびにその家族が住んでいた。

足利尊氏が都を落ちて、九州へ向ったことの情報を得た佐々目光世（清禅孫）はいちはやく尊氏の一行が停泊する瀬戸内海尾路（道）にまで出向き、着到の証判を得た。この時からかれが戦傷死するまでたどった軍事行動の足どりを示す史料が、わずか三通ではあるが宗像神社文書より検出できる。

(1)依騒動事、筑前国御家□（人）朝町（佐々目）彦太郎光世、今月十九日、於尾路泊御方馳□□（参候）了、以此旨可有御披露□（候）、恐惶謹言

建武三年二月廿日　藤原光□（世）

（高師直）[67]（花押）

(2)（押紙）尊氏一族　尾張権守

朝町（佐々目）彦太郎光世申軍忠事、去二日於多々良浜致合戦之刻分取之上、舎弟光種討死云々、実否令見知否載起請之詞、可注申之、仍執達如件、

建武三年三月廿六日　兵庫允（花押）

前豊後守（和泉実忠）（花押）
尾張権守（高師泰）（花押）

武藤孫次郎（冬資）殿(68)

(3)筑前国御家人朝町孫太郎入道禅恵謹言上
去十月、於菊池椊方原合戦時、中間太郎男被疵左肩股、同十一月三日八代黒鳥合戦時、子息彦太郎光世被疵肩先、同中間次郎男射疵高モヽ、遂実検畢、然帰国後光世令死去上□（者）、欲預御判子細事
右、□□青木掃部助見知之間、立申証人□（畢）、然□□□□（帰国之後）、依此疵、去月一日死去上者、早為預御判、粗言上如件、
暦応元年十二月　日
承了　大宰少弐（頼尚）（花押）(69)

(1)のごとく尾道で高師直から着到の証判を得た佐々目光世は、尊氏一行とともに赤間関をへて、筑前葦屋津に上陸、宗像神社へ入ったものだろう。赤間関にまでくると、肥前国龍造寺実善、安芸貞元、阿波国飯尾吉連、薩摩国島津忠能その他、大友、紀井、長野、山鹿らの将士が、自身あるいは名代をたてて尊氏を迎えた(70)。かれらも少弐頼尚の先導で、宗像へ向い、田島宮に屯したものと思われる。

香椎宮を通って多々良浜に出た尊氏軍は、菊池氏の軍勢と激突した。(2)によると、尊氏軍の戦力を構成する佐々目光世は、ここで敵の頸を分取るという戦功をあげている。しかし、同時に舎弟光種を失うという損害をこうむった。(2)はこの事実を軍忠として、恩賞を請求した彦太郎光世の云分が事実であるかどうか確認すべく武藤冬資に発した足利尊氏奉行人の連署奉書である。なお武藤（少弐）冬資は頼尚の次男、のち九州探題今川貞世から疑念を抱かれ肥後国

菊池郡の小島にて誅殺された。[71]

多々良浜合戦の翌々年暦応元年（一三三八）に佐々目彦太郎光世は中間をひきつれて、肥後国へむかった。[72]この年の十月、尊氏と西下をともにし九州にとどまった一色範氏（道猷）が、南朝菊池氏を伐たんとして筑後瀬高に布陣し、佐竹義尚をして肥後国菊池城を攻めさせ、少弐頼尚は同国の甲佐城を攻撃し、南朝阿蘇惟澄と戦闘をまじえている。[73]北朝軍は五月に北畠顕家を和泉堺で敗死させ、さらに閏七月には、この時期後醍醐軍事力の主柱となっていた新田義貞を越前藤島で討ちとった。範氏・頼尚の肥後侵攻は、おそらくこうした戦局の余勢をかって展開されたものであった。しかし九州南朝軍は肥後国各地で頑強な抵抗をみせ、侵攻軍はしばしば苦戦をした。[74]

(3)によれば菊池郡葎方原で中間太郎男が左肩と股に疵を受け、八代郡黒鳥での合戦では、光世本人が肩に、中間次郎男が大腿部にそれぞれ負傷をした。光世の親父禅恵は軍忠を証明するために子息や中間どもの疵を軍奉行に認定してもらい郷里の朝町村へ帰った。光世のうけた疵はよほど深いものであったのだろう。かれは帰国後まもなく、疵がもとで死んでしまった。

大体以上のことがらが三点の文書と、それらに関連する史料から明らかになる。朝町村の地頭代佐々目禅恵は、多々良浜合戦からわずか三年弱の間に二人の子供を失い、二人の馬丁を負傷させてしまったのである。

b

ところで、尊氏西下によって動乱にまきこまれていった禅恵光世父子とその一族は、歴史的にはいかなる分離・結合の原理に規定されながら、村内生活をしていたのだろうか。

鎌倉時代の後期から、朝町村にたいする佐々目氏の知行物権は分裂し、一族の内部はいくつもの物権をめぐって反目と混迷をふかめていた。(75) すなわち、正応年間（一二八八—九三）に、朝町村本主の娘高階氏女（覚妙）は、子息清光の死後、清光に譲与した知行物権を孫の光重（虎王丸）・光員（得石）、そして清光の弟蔵人房清禅（光重・光員の叔父）の三人に分割し譲与したのである。

光重には「惣領職」を譲った。朝町村の知行物権の中心は地頭職にあったので、惣領権を職としてうけとった光重は当然地頭正員となり、同村からの地頭得分毎年十四貫文の収得が保障された。弟の光員は「庶子分」を給与された。この「庶子分」の内容は田地五町余と在家五宇であった。つぎに叔父の蔵人法橋清禅は、地頭代官職を与えられた。この代官職には「本用作」一町、「堀田分」九段大、「庄屋薗」一宇が随伴していた。

分割された所職に脚をおく光重・光員・清禅は互いに知行物権の拡大＝所職の争奪をはかり、深刻な対立をはじめた。嘉元二年（一三〇四）九月二十九日、夜陰にまみれて、光重・光員が清禅の住宅に打入り、武具以下資財物を押取り、清禅を追出し、所職名田畠を押領してしまうという事件がおきたのである。

清禅は地頭代職を楯にして、光重分の所領得分を治定し、所務権を介して在地を掌握していた。こうして、在村しない地頭正員光重にたいし、地頭得分の銭十四貫文を請け負い、この請所活動によって「得分莫大」の収益を上げていた清禅は、ついに年貢課役の抑留をはかる一方、地頭職そのものを横奪するにいたった。地頭代清禅のかような地頭正員への敵対行動が光重夜襲事件の原因となっていた。

このような佐々目氏一族の内的関係動態をながめてみると、あきらかに所職をめぐる分裂と抗争によって一族のまとまりは失われ、個々の族員は分散化の方向をたどっていた。したがって、在地武士団の結合単位としては縮小化・弱小化が主要な動きとなっていたのである。このことは、鎌倉時代末から南北朝時代を通じて戦闘組織の特質を強く規定したものとして充分に注意しなければならない。こうした視点から佐々目氏の戦闘組織をみると、それはかなり矮小なものであったと推測される。惣領制的同族団がみせる戦闘組織とはその人的規模において明確な相異があったはずである。また、分散の傾向を強める佐々目氏の場合、軍事力の編成方式の点においても、惣領制的同族団とは異なり、東国武士団のごとく惣領が「相催一族」すといった形をとりえなかったことは、まずまちがいあるまい(76)。

それでは、この弱小化した在地武士が私的な紛争を武力でもって解決しようとするならば、いかようの人的結合をもとめてみずからを軍事的に組織したものであろうか。これを考えるうえでも、さきの光重・清禅の抗争は示唆に富むものである。

光重に夜討をかけられた清禅は、地頭所を城郭にしてここに立て籠り、防戦態勢をとっている。地頭所には米百二十九石六斗六升・籾十五石・稲六百八十把・大豆二石・粟二石五斗・麦二石三斗・文書皮籠一・腹巻一領・征矢《そや》二腰・弓三張・貝鞍一口・行縢《むかばき》二懸・鐙二懸といった資財物をたくわえていた。ここではこれら豊富な動産とともに、「曲六郎入道等」と言われる近隣在地武士が存在していたことを注目しておきたい。かれらは清禅に「相語」らわれて地頭所に入ってきた仲間である。

一方、夜討をかけた地頭正員の側にも「相語」らう外部勢力が存在していたことが確認できる。しかもその外部勢力は清禅の地頭所に詰める曲六部入道の兄弟とおぼしき曲五郎入道静全という人物であった。朝町村の近隣曲村に住むかれらも、一族あいわかれ互いに別の行動をとっていたわけである。おそらく、かれらにも族団的な紐帯と血の意識はすでになく、物と銭貨をなかだちとする結合の方式が各自の行動内容を規定していたものと思われる。こうして、周辺の在地武士どもを「相語」らい入れる佐々目氏の外的関係動態には、弱小武士団の軍事力編成の一つの形態がか

いま見られるのである。(77)

けれども、この時期の宗像郡に分布する弱小武士団は、かれら個々の結合単位が縮小化の方向をたどっていたとはいえ、農村の生産組織と密接に結びつき、しかも村落との敵対関係を貫徹してのみ自己を実現する在地領主としての側面はいささかもうしなわれてはいなかった。この側面は、個々の在地武士団が村落という対立物（支配の対象）を共有していることを意味しており、客観的には階級的立場を同じくし、共同の行動をとらせる根底的な契機となっていた。

c

つぎに、宗像郡に分布する小武士団が宗像神社との関係においていかなる行動をみせているか、その特徴を社領神領にまつわる佐々目氏の抗争を通して観察することにする。この観察によって得られる郡内在地武士と宗像社の関係とその変化は、**b**でみた武士団のあり方とともに、南北朝内乱の軍事的結集のしかたを考察する重要な視点であると言わなければならない。

佐々目氏のごとき郡内在地武士が宗像神社との間にとり結ぶ関係は、一方の宗像大宮司家が自らの内部に整然たる封建的権力組織をもっているために、当然にも支配と従属の封建関係であらねばならぬものと考えられているようである。(78)そしてこの〈宗像氏―郡内従者〉の関係を〈幕府―御家人宗像氏〉という第一次的封建関係に対比して第二次的封建関係と措定するわけである。

けれども、こうした宗像氏と郡内在地武士にたいするヒエラルヒッシュな関係把握を否定して、両者を総鎮守宗像社に結集する領主層の連合と考え、肥後国の戦国大名相良氏が有した郡中惣に比すべきものとする理解も他方には存在している。[79]

さて、佐々目氏蟠踞せる朝町村は郡中央の曲村に接し、鎌倉末期には赤馬院に属していた。[80] 古くから宗像神社の「根本神領」といわれ、これを証するものとして、社家では応保二年大符宣、久安三年国司外題、保元二年斎宮庁下文、文治二年八条院庁下文などを所有していた。[81] この「根本神領」というのは、朝町村全域をいうのではなく、総田数のほぼ半分がこれにあてられていた。すなわち、「惣名」としての朝町村の内部は、国領と神領から構成され、国領十二町（得丸名）に対して神領十町が「第二太神宮御供田」に充てられていたのである。[82]

建治二年（一二七六）ごろから、地頭佐々目氏は神領にたいするはげしい侵略行動を開始した。侵略の様子を伝えるものとして、正応六年（一二九三）七月の筑前国宗像社祠官等申文にはつぎのように記されている。

(1)朝町村者惣名也、此内一円国領十二町在之、号得丸名、為没官之条、建久図田帳明白也、代々地頭補任之地、今虎王丸（佐々目光重）相伝之、一円神領十町余在之、当社第二太神宮御供田之条、数通公験等厳重也、
(2)建治之比国方与神領方、共以混申半不輪之地、掠申御下知状、而押領神領御供田内六町、
(3)弘安之比、重掠給御下知状、令押妨同御供田、号堀田四町余、以下十三箇条所務之間、忝打止太神宮長日供膳畢、
(4)建治押領之六町者、縦雖不及下地之御沙汰、付所務之扁、被済納所当米於社家、至于弘安押領四町余以下所務十三箇条者、蒙早速御裁許令備進往古厳重長日御供、可遂行恒例不退神事、

(1)の部分はすでに述べた朝町村の基本構成を説明したものである。問題は(2)からである。(2)によると、佐々目氏は建治年間に国方（国領）と神領との地目を意識的に混ぜあわせ、神領部分六町を国領と同質化し、半不輪の地としてしまった。半不輪とは年貢を国衙に済して、雑役を社家に随わしめる地目であって、ここの下地は地頭の進止下におか

れていた。(83) 半不輸化することにより、地頭の公法的執行権を神領に及ぼし、もって在地への支配権の浸透をはかったのである。さらに(3)をみると、弘安年間になると、半不輸以外の残り四町を堀田と号して、所務権を奪取し、ここからの長日供膳を打ち止めてしまった。この場合の「堀田」は、「新たに開かれた墾田、あるいは新田」の意として用いられているものと思われ、そうとするならば神領のうちの四町に向けて、地頭は相当強い直接的所有権を主張したものと思われる。(84)

こうした建治・弘安の二度にわたる神領侵略に抗して、宗像社家は(4)のごとき主張をもって反撃を展開した。建治年間押領の六町は、下地進止権を争わずとも所当米を社家に済納させるという形態をとって所務権の確保をはかり、弘安の押領分四町余に関しては、所務十三箇条(85)の御裁許をこうむり、ここから厳重長日御供を備進させ、恒例不退の神事を遂行させようとしたのである。以上の神領をめぐる抗争の推移をまとめると、次ページの表のごとくなる。

ところで、正応六年の社家祠官の訴えによると、右のように地頭の在地支配の拡張は、もっぱら土地の押領といった形態をとったかのようであるのだが、かようの見方は皮相と言わねばならない。厳密な意味での支配の実現とは土地にたいする押領・集積をもってする排他的な独占にあるのではなく、なによりも村内に住む人間生活を領有するところにあるはずであって、特殊中世的には、土地を離れては考えることさえできない深い在地性を基礎としながら、しかも、所領内部の自営農民の占有と対立しなければならない階級的所有の様式にあるのである。この中世的な所有の様式が具体的に生命を有ちうるためには、慣習・伝統・祭祀、あるいは検断・武力といったあらゆる経済外的諸力の動員が必要とされた。佐々目氏が社家との間で係争した「所務十三箇条」のなかみをみれば、地頭の在地支配が単なる土地の押領（私財の拡張）に限局するものでないことは明らかである。

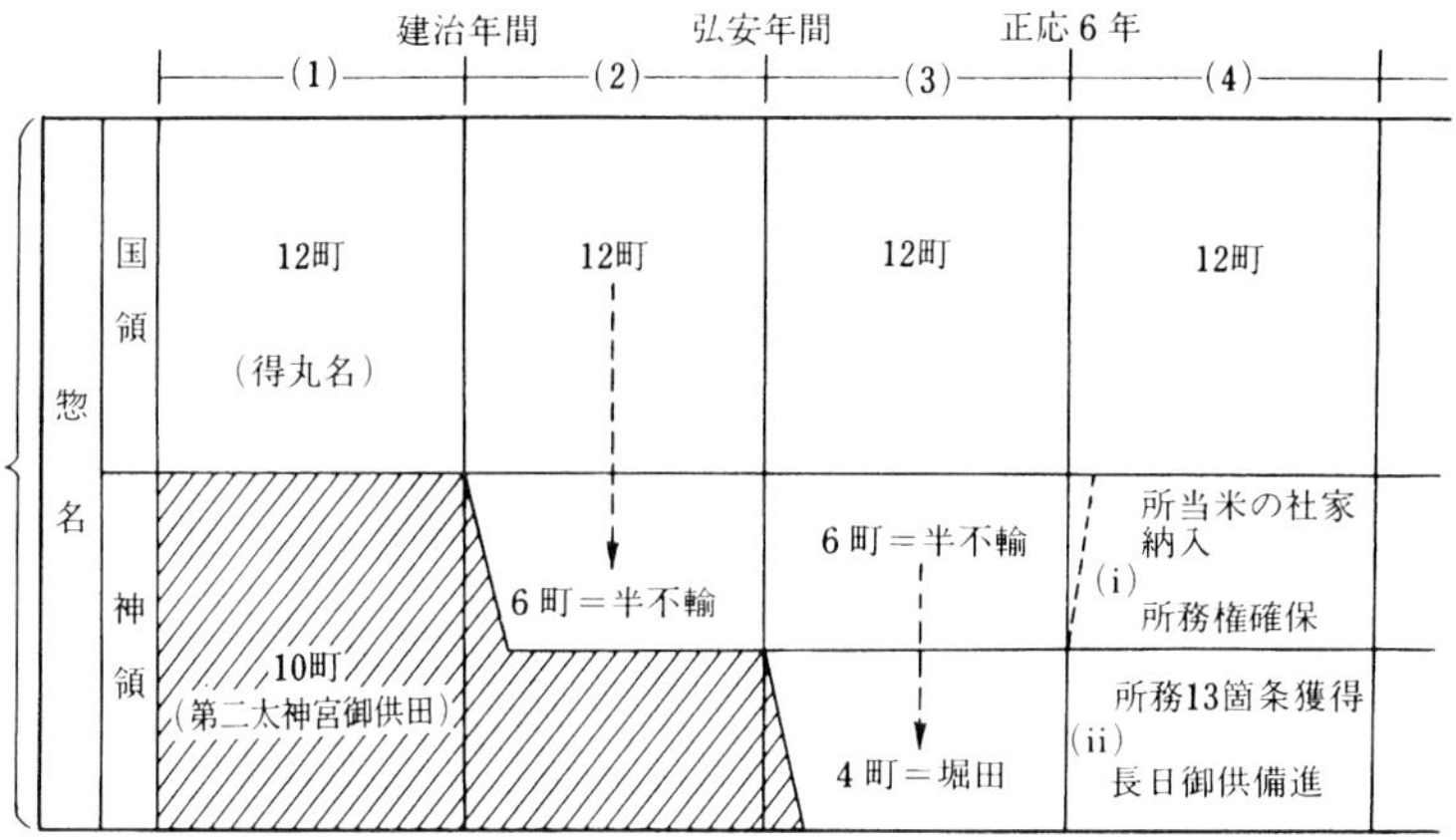

在地支配の様相を表わしたものとして、地頭佐々目氏が村内の延寿寺という寺院に深く関与し、この寺の院主職の補任権確保に固執しているのは注目に値する[86]。佐々目氏は、不断念仏道場を独自の宗教施設としてもっているので[87]、延寿寺は佐々目氏の私的な氏寺ではなく、村内住民からひろく信仰をあつめていた村堂と思われる。この寺をこのように想定するなら、延寿寺の掌握はまさしく、百姓農民の魂を領有するかなめとなり、そのことは地頭下文でもって「百姓を雇仕う」管領権[88]とともに経済外的な支配そのものを意味する。具体的な支配の内実はこうして構成されたはずなのである。

地頭佐々目氏の土地と住民にたいする緊密な結びつきと、これによる村内の生活構造を総体として領有しようとする運動は、宗像郡内で神的権威を誇る宗像社家の荘園制的な社領支配を掘りくずし、社家の家産制的経済体系をその末端部において麻痺させていった。郡内各村におけるかような動きは、赤馬荘前預所（西園寺実氏の預所か）近江入道清蓮が宗像神人を刃傷殺害して、社家の所職名田を押領しようとしている事実[89]、あるいは西郷住人手光小太郎兵衛入道礼念がやはり、宗像神人を打擲刃傷するという事件を惹き起していることがらにみることができる[90]。

鎌倉幕府の支配機構が覆うべくもない亀裂をみせて瓦解しはじめると、郡内各村の武士どもはいっせいに蠢動を開始し、やがて騒然たる様相を呈するにいたる。かれらがいかに烈しく社家の経済体系を破壊し、ために社家の年貢がとどこおったかは、濫妨停止と年貢弁済を令した数多くの雑訴決断所牒をみればあきらかである。(91) 郡内の動きをつたえる部分を記すとつぎのごとくである。

当国（筑前国）上八村・村山田・光岡・内浦・山田村等者、織幡・許斐・孔大寺権現長日御供已下御敷地等、重色無双之地也、而天下騒乱之刻、悪党人等致濫妨狼籍之間、勒子細就経奏聞、当知行不可有相違之由、去年九月十七日、被下綸旨之処、猶以不叙用之、致狼籍云ゝ……（建武元年二月二十日雑訴決断所牒）

くだんの朝町村佐々目氏も「悪党人」らと行動をともにし、社家の年貢を抑留したため、社家から建武政権に訴えられた。建武元年（一三三四）十月二十一日雑訴決断所より年貢弁済を命ずる牒が発せられた。

雑訴決断所牒　筑前国衙

宗像社々司等申社領朝町村年貢事、牒、件年貢事、本解具書如斯、社家所申無相違者、為厳重御供燈油料所之上者、可弁済年貢、若有子細者、来十二月十日以前、企参洛可明申之由、相触名主佐佐目菊鶴丸、宜令申散状者、

仍牒送如件以牒、……

以上の考察で、宗像郡内に分布する在地武士団が複雑な宗像神社の社領神領の内部にくい込んで、独自の局地的な支配空間をつくりだしつつあったことが明瞭に看取された。そして郡内武士団のこうした運動が社家の家産制的な経済体系を弱めると同時に、武士団と神社との関係をかえ、さらには地域における神社の機能までも大きく変化させたと推測されるのである。

d

では、北九州の一郭、宗像郡に鎮座する郡の惣鎮守宗像神社は、どのように社会的な機能を変化させていったのであろうか。

荘園としての宗像社(領)は、平安時代末期から鎌倉時代の全期間を通じて、中央の皇室領荘園、あるいはその下での将軍家領として京都・鎌倉からの支配をうけていた。乾元元年(一三〇二)になると禅林寺から皇室御領へ移転され、それを機会に「得宗領」とされてしまった。するとこれまで以上に宗像社の年貢負担量は加増されることとなった。(92) 宗像社がとりむすんでいた京・鎌倉との荘園制的関係は、石井進氏の「一四世紀初頭における在地領主法の一形態」に詳しいので、ここでは触れないでおくが、この関係によって、宗像神社の社領・神領にたいする支配が疑いもなく荘園制的経済制度を維持存続させるためのものとならざるをえなかったことは確認しておきたい。

この社家支配の指標となるものが郡内を徘徊し村民を威嚇する神人にほかならなかった。かれらは郡内十一ヵ所(小勝浦・大島・浪折・吉田・伊摩社・峯・麻(朝)町・村山田・田野郷・本木・内殿)という主要村落にはすべて配置されていた。彼らの存在は、畿内村落のあり方との関係で興味をひく。清水三男氏は松尾社領六箇保の神人を分析され、そもそも松尾社と西七条の住人の関係は、荘園的関係よりも、歴史的段階として古い関係に基づくものであって、神と人の関係は、古い村民の生活の中から早く発したもので、経済関係や政治関係ではないと指摘された。(93)

これにたいして、石母田正氏は『中世的世界の形成』のなかで、かかる古い関係が荘園領主的なものに転化してゆく過程、両者(神と人)の内的歴史的関係を考究することが大事であるとされた。そして氏は、中世の神領においては、古い牧歌的な神社=神人=神民の神領は、荘園領主としての神社の政治の対象となり、神人は神々の権威に寄生し、百姓を抑える堕落した執達吏に変化してくる。その際政治は常に宗教的外皮をうしなうものではない。まさに黒田荘支配の東大寺による努力も、そのような政治＝荘民の後れた観念（神社＝神人＝神民の観念）を利用する政治に外ならなかったとされた。(94)

石母田氏は、中世荘園制の重要な部分を占める観念の役割を、領主・農民関係のあり方から歴史的段階的に明らかにされた点で、清水氏の指摘をより豊かにするものであった。

さて、宗像郡内の各村に配された神人を、中世荘園制の支配と政治に不可分の構成上の要素であるとするならば、社家の家産制的経済体系をまもるべくはりめぐらされた宗像神社（惣社）―七十五摂末社を権威づけ、郡内在地武士を神祇の霊力でもって政治的に圧服させるところに彼らの役割はあったであろう。『沙石集』はつぎのような例話を載せて、神祇の威力をたたえている。(95)すなわち、鎮西のある地頭が、所領内の神田を検注し余田としてこれを没収した。社僧神官らは憤って「呪咀シ奉ラン」と威嚇したところ、地頭は「聊モ恐《ヲソ》ル、事ナシ、イカニモ呪咀セヨ」とからかい嘲る始末であった。そこで憤り深くした神人どもが実際に呪咀した。すると地頭はいくほどもなく「悪《ワロ》キ病」につき、ついに狂い死んでしまったというのである。この説話に描かれたモチーフは、宗像社の郡内支配を神人の活動と役割から考える場合、きわめて示唆ぶかいものである。

おそらく、社家の荘園制的郡内支配も、かようの霊力を振りかざす神人によってたもたれていたのであろう。なればこそ在地武士が社家の荘園制的経済体系を破壊する場合、それが神人にたいする打擲・刃傷、あるいは殺害というかたちをとって現われたのである。社家の経済生活は神祇支配の破綻とともにしだいに衰弱していった。こうした社家経済の衰退は、一方で宗像氏の封建領主化をうながし、限定された所領のうえに「恩給」対「奉公」の知行体系をうみ出した(96)。このことは、組織と成員の規模において差はあるものの、他の在地武士団と歴史的な質において同一のものとなったことを基本的には意味する。

かくして、郡域をおおった社家としての支配力がうしなわれ、大宮司の兼帯する武士としての側面が前面にあらわれると、宗像神社（惣社）は社家による郡内支配のための拠点から、在地武士が結集連合をとげるための広場へと機能上の変化をとげていった。農民との階級的矛盾をかかえる弱小武士団はここを郡の総鎮守（＝結集―連合の核）とし、もって郡内地域支配の共同の機関にしてしまったのである。

かの『応安神事次第』に記録された五月・八月の五月会・放生会はまさしく弱小武士団の結集を可視的に表現した共同の儀礼にほかならなかった(97)。五月会・放生会の具体的な行為とその順序については、すでに伊藤清郎氏が紹介されており、筆者も多少の分析をほどこしているのでここでは割愛し(98)、つぎの二つの事実を指摘するにとどめる。

一つは、五月会・放生会が各村から摂社（許斐社・浪折社）に一旦集まった「国侍」（在地武士）が摂社の神輿を奉じて惣社へ神幸するという形態をとり、そのさい「国侍」どもは「家々之印ニテ幡ヲ並相勤」（『応安神事次第』、史料編纂所架蔵本）めたことである。自家の家紋を押し立てて行進するさまは、かれらの自立性を端的に表示するものであろう。二つめは、小五月会に行なわれる神官・国侍共同の流鏑馬、あるいは手的射（「手マトヒ」）である。執行者は折烏帽子に烏帽子懸けして、行縢を穿ち、太刀を佩き、弓矢を手に持ち、手的射の場合は「一ノ的ハ射ル、二ノ的ハ弓ニテツケ、三ノ的ハ大刀ニテ切ル」（史料編纂所架蔵本）という作法が厳守されていた。これら二つの事実から自立的な在地武士が結集してとり行なわれる領主階級の共同の儀礼が濃密な軍事的色彩にいろどられていたことが判明する。

さて、このあたりで、これまでの行論を整理し、論点をたしかめておくことにする。

西下した尊氏軍は、兵員の数と装備において、著しく弱化しており、鎮西上陸の時点には、すでに戦闘の続行が不可能となっていた。

尊氏は西下するさいあらかじめ少弐貞経の戦力を頼ったようであるが、かれはいちはやく菊池武敏に討滅されてしまい、ために宗像社を頼る以外に戦力の補給源の確保はみこめなかった。

宗像氏は鎌倉時代の後期いらい荘園制的社家組織を封建的権力組織につくりかえ、武器・武具・馬などを集中管理することによって整然たる兵器体系をもつにいたっていた。

宗像神社に集結して尊氏軍を構成した宗像郡内の武士に朝町村地頭佐々目氏がいた。かれらは、族内の結合を弛緩させており、個々に弱小武士化していた。かれらの結合は血の結合から物と銭貨をなかだちとする結合へとその方式を換えていたのである。

朝町村地頭の行動にみられるごとく、郡内の在地武士は宗像神社の社領神領の荘園制的経済組織をいたるところで喰い破り、やがて神社そのものを階級的な結集の核、地域支配の共同の場としていった。

かようの惣鎮守を核とせる在地武士の結集を可視的に表現するものが五月・八月の五月会・放生会であった。そこで行なわれる祭儀は色濃い軍事的性格をつきしたがえていた。

尊氏は宗像神社に入って、武装・構成・編制を実現し、もって翌日には多々良浜に出撃、菊池勢と激突した。このときの尊氏軍の戦力を郡内在地武士の結集する構造と結びつけて考察することは無意味ではない。かように考えると、尊氏軍の戦力は、対農民支配に恒常的集約点をおいて、相互の個別的領主間矛盾を止揚する地域的一揆体制にその基盤をもとめていたと推測することはあながち無理ではあるまい。

むすび

野伏・溢者を畿内型戦力とし、地方の在地小武士団（本章の場合、筑前宗像郡の佐々目氏）を地方型戦力としてその様相をみてきたわけであるが、こうした範疇によって全国の内乱戦力を截然と分けることにはもとより無理がある。というのは畿内にも当然、土地に根をはる武士団はいたはずであり、また九州や東国にも、野伏・溢者は存在したはずであるからである。

けれども、それぞれの政治史の諸局面、後醍醐天皇の討幕、足利尊氏の西走ではたした主要な戦力をこのようなかたちで抽出すること自体は無意味ではないと思う。ことに、野伏の戦力的特質ならびにその軍事力構成のありようには緒言でのべた鎌倉期的戦闘形態を変えてしまった主要な推力であって、その意味では、社会と時代の変化をもっともはっきり映し出していたものと思われる。

今後の課題は、二類型の戦力をより豊富な事例で検討することと、内乱戦力における傭兵制度を究明することであろう。播磨の悪党は在地の紛争に介入をし、「或ハ城ニ籠リ寄手ニ加ハリ、或ハ引入返リ忠ヲ旨トシテ、更ニ約諾ヲ本トセス」といった行動をみせている（『峯相記』）。かれらは「約諾」によって城に籠り、そうかと思えば敵を引き入れて「返リ忠」をしていたわけである。こうした戦闘の雇用＝「約諾」は南北朝期にはきわめて大規模にかつ広汎に行なわれたものと思われる。

西坂本で北軍大将高師重が叡山攻めにあたって、「一太刀モ顔ニ打違ヘテ、陣ヲ破リ分捕ヲモシタランスル者ヲハ、凡下ナラハ侍ニナ（スヘシ）」（『太平記』巻十七）という軍法を定めた話と併せ考えると、傭兵制度は、おそらく、二類型の結合というかたちで実現したものと思うが、それの具体的なありようはまったくわからない。今後に期したい。

注

（1）松本新八郎「南北朝内乱の諸前提」「南北朝の内乱」（『中世社会の研究』所収、東京大学出版会）。
（2）井上良信「太平記と領主層――南北朝時代における畿内の戦力について――」（『史林』四〇―一）。
（3）清水三男「建武中興と村落」（『日本中世の村落』所収、清水三男著作集第二巻、校倉書房）。なお、井上氏は注（2）の論文で、「野伏を荘園文書と関連づけた研究は誠に少い。清水三男氏の「建武の中興と村落」（日本中世の村落）は出色のものであるが、なお未解決の問題が多い」と野伏研究についてのコメントを付している。
（4）明徳元年十二月日大山荘守護役人夫目六（東寺文書、『大山村史』史料編、二四七号文書）。
（5）紀伊国佐々木文書（『大日本史料』第六編ノ十、九八三～九八四ページ）。
（6）土一揆、一向一揆を農民戦争とみることができるかどうかは、なお異論のあるところである。わが国の学界には、農民戦争を幕藩制末期の農民騒擾にみようとする説と、中世後期一向一揆をここにみたてて、農民戦争との対決をへて定立された織豊政権に初期絶対主義の可能性をみようとする二様の学説がある。筆者の力量では、中世後期をただちに農民戦争の時代であると規定することはできないのであるが、たとえば中世後期の一向一揆が、加賀の場合も伊勢長島の場合も農民を主戦力としてたたかわれたことは疑いのない事実であり、特質である。このため、ここでは南北朝内乱の戦力との差異性を表わす限りで農民戦争的と表現した。
（7）『太平記』巻六（日本古典文学大系本）一八六ページ。
（8）拙稿①「悪党発生の基礎構造」（本書第一部第二章）、②「漂泊民信仰と悪党」（本書第三部第一章）。
（9）『花園天皇宸記』二（増補史料大成）元弘二年六月七日条、二一一ページ。
（10）『大日本史料』六編ノ一、五八六ページ。
（11）真木、葛葉（楠葉）は淀川沿いの交通の要地である。ここの溢者は赤松軍らに加わり、京都を攻撃している（『太平記』

巻八、二六一ページ)。

(12) 元弘二年六月二十六日条。

(13) 『峯相記』(『播磨国鵤荘資料』三三七ページ)。

(14) 黒田俊雄「悪党とその時代」(『日本中世封建制論』所収、東京大学出版会)。

(15) 元亨年間、一向専修が京都で再三の禁制にもかかわらず盛んに流行し、処々に群をなし、踊り叫喚する声が市中に充満していた(久米邦武「南北朝時代史」『日本時代史』六巻、六六ページ)。

(16) ロジェ・カイヨワ『戦争論』(法政大学出版局)二四三ページ。

(17) エリアス・カネッティ『群衆と権力』上(叢書ウニベルシタス、法政大学出版局)六ページ。

(18) 楠木正成の戦力は、文観の付法をうけた道祐のもとに後醍醐軍に組織されている(網野善彦「楠木正成に関する一二の問題」『日本歴史』二六四号)。このことは、後述するような野伏—山伏—天皇というつながりから理解すべき事象と考える。

(19) 日置昌一『日本僧兵研究』一九一ページ。

(20) 日置前掲書、一九五ページ。

(21) 網野善彦「中世における天皇支配権の一考察」(『史学雑誌』八一—八)。

(22) 暦応三年卯月東大寺衆徒群議事書土代(『大日本古文書』東大寺文書之十、一三四号)。

(23) 欠年地頭代伴頼広陳状(折紙)(『大日本古文書』東大寺文書之五、一〇五号)。

(24) 欠年大和長瀬荘百姓等重申状案(東大寺文書四ノ六、『鎌倉遺文』第二巻、一〇七三号。以下『鎌遺』二—一〇七三号と略す)。

(25) 『太平記』巻第二「僧徒六波羅召捕事付為明詠歌事」「三人僧徒関東下向事」。

(26) 辻善之助『日本仏教史』第四巻中世編之三、五三ページ。

(27) 中村直勝『南朝の研究』三五八ページ。

(28) 『太平記』巻第十二「千種殿并文観僧正奢侈事付解脱上人事」

彼文観僧正ノ振舞ヲ伝聞コソ不思議ナレ。適一旦名利ノ境界ヲ離レ、既ニ三密瑜伽ノ道場ニ入給シ無レ益、只利欲・名聞ニノミ赴テ、更ニ観念定坐ノ勤ヲ忘タルニ似リ。何ノ用トモナキニ財宝ヲ積レ倉不レ扶二貧窮一、傍ニ集二武具一士卒ヲ逞ス。成レ媚結レ交輩ニハ、無レ忠賞ヲ被二申与一ケル間、文観僧正ノ手ノ者ト号シテ、建レ党張レ臂者、洛中ニ充満シテ、及二五六百人一。サレバ程遠カラヌ参内ノ時モ、輿ノ前後ニ数百騎ノ兵打囲デ、路次ヲ横行シケレバ、法衣忽汚二馬蹄塵一、律儀空落二人口譏一。……此僧正ハ如レ此名利ノ絆ニ羈レケルモ非二直事一、何様天魔外道ノ其心ニ依託シテ、挙動セケルカト覚タリ。

(29) 注(26)(27)に同じ。

(30) 黒板勝美『虚心文集』第二、所収。

(31) 『醍醐寺新要録』の座主次第篇をみると、鷹司基忠息聖尋は、第五十九代座主に元亨四年九月四日宣下をもって就任、嘉暦二年二月六日に辞す。寺務四年である。なお『東南院務次第』(『大日本仏教全書』一二二巻)、日置昌一前掲書、一八三ページ参照。

(32) 『醍醐寺新要録』座主篇、九一九ページ。

(33) 『太平記』巻第二「三人僧徒関東下向事」。

(34) 注(32)に同じ。

(35) 和歌森太郎『修験道史研究』(東洋文庫)二〇七ページ。

(36) 『醍醐寺新要録』座主相論篇、九四九ページ。

(37) 中村直勝前掲書、八五八ページ。

(38) 鈴木昭英「修験道当山派の教団組織と入峯」(『吉野・熊野信仰の研究』所収、名著出版)。

(39) 悪党と修験山伏との重なる部分については、注(8)の②を参照ねがいたい。

(40) 『太平記』巻第六「楠出張天王寺事付隅田高橋并宇都宮事」。

(41) 同、巻第七「千剣破城軍事」二一七ページ。

(42) 同、二二三ページ。

(43) 『峯相記』(『播磨国鵤荘資料』三二九ページ)。

(44) 十五世紀の政治の要諦を説いた一条兼良の書『樵談治要』に「足がるといふ者長く停止せらるべき事」の一項が設けられ

ている。兼良はここで、「此たびはじめて出来れる足がるは超過したる悪党也」と述べ、かれらは「所々を打ちやぶり或は火をかけて」財宝をうばい、また彼らの一矢に、名ある侍が命をおとし、「当座の恥辱のみならず、末代までの瑕瑾を残せる」と説明をしている（『群書類従』第二十七輯雑部、二〇二ページ）。

（45）「二条河原落書」（『建武年間記』）。

（46）越前藤島に転戦する新田義貞とその軍勢は、燈明寺畷で細川孝基ひきいる歩射部隊に遭遇し、敵の集団戦法に不慣れなために馬から射落とされ、全滅をとげた（佐藤和彦『南北朝内乱』、小学館、八〇～八一ページ）。

（47）田中義成『南北朝時代史』（明治書院）一〇七ページ。

（48）『梅松論』（延宝本）下巻「赤松、西国退去と院宣受領を忠言の事」（『新撰日本古典文庫』3、九四ページ、以下『梅松論』の出典はすべてこれによる）。

（49）佐藤進一『南北朝の動乱』（日本の歴史、中央公論社）一二五ページ。

（50）建武三年二月十八日、尊氏は備後国浄土寺に寺領を寄附する（浄土寺文書）。建武三年二月十五日、漆原三郎五郎の勲功を賞して阿波勝浦荘地頭職を与える（下総染谷文書）。

（51）田中義成前掲書、一一一～一一二ページ。

（52）建武三年二月二十日朝町（佐々目）彦太郎光世着到状（宗像神社文書）、同二十七日龍造寺孫六入道実善着到状（龍造寺文書）、同年三月六日中原貞光着到状（三池文書）、『島津国史』五、『歴代鎮西志』八（『大日本史料』第六編之三、九九ページ）。

（53）十二日兵庫を出帆した尊氏は、途中持明院統の光厳上皇の院宣を得て、政治的に不利な朝敵の立場を脱した。自信をつけた尊氏は「新院（光厳上皇）の御気色によりて……鎮西に発向」する旨を大友氏に告げている（〈建武三年〉二月十五日足利尊氏書状、大友文書）。義貞与同を誅伐すべき院宣は、尊氏の政治的求心力をうむもっとも効果的な武器であった（高柳光寿『足利尊氏』、春秋社、一三三ページ）。

（54）瀬野精一郎氏はかつて尊氏・直義の西下について、「九州在地武士団の向背に一切の運命を托して、落ちのびて来たというのが実情」であると述べている（「九州を知らなかった尊氏」『月刊歴史』四）。この認識は重視されるべきであろう。

(55)『梅松論』(延宝本)下巻「尊氏勢宗像出陣ならびに頼尚軍議の事」(『新撰日本古典文庫』3、一〇一ページ)。
(56)『北肥戦誌』一「多々良浜合戦之事」(『大日本史料』六編之三、一三五ページ)。
(57)『太平記』巻第十六「将軍筑紫御開事」(日本古典文学大系本、一二五ページ)。
(58)『梅松論』(延宝本)巻下「少弐妙恵自害の事」(九九ページ)。
(59)源三位入道頼政が鵺退治に用いたといわれる太刀。
(60)『梅松論』(延宝本)巻下「足利勢、多々良浜に菊池勢と対峙の事」(一〇五ページ)。
(61)注(60)に同じ(一〇六ページ)。
(62)注(60)に同じ(一〇六ページ)。
(63)原文は『中世法制史料集』武家家法Ⅰ、『中世政治社会思想』上(日本思想大系、岩波書店)に全文が収載されている。
(64)この合戦の結果、勝利した足利尊氏の前には九州経略と再上洛の展望が大きく開けることになるのであるが、依然として尊氏軍の装備は宗像氏からの供給のみでは不充分であった。肥前武雄神社文書には、このことを示すつぎのような史料がある。

将軍家御上洛、料馬鞍并弓征矢楯歩武者事、御教書如此、早任被仰下之旨、馬一疋鞍皆具弓一張、征矢一腰、楯一枚、歩武者一人、不日可被進候、仍執達如件、

建武三年三月廿日　　沙弥《(斎藤)》遍雄(花押)

武尾《(雄)》大宮司殿

多々良浜の戦陣をかけめぐる「関東よりの供奉の輩」は「歩行」のものが多く、「半ハ馬ニモ乗ス、鎧ヲモ著ズ」というありさまであったという。これを考えると、宗像氏からの武器供給が完全であったとはみるべきではなく、合戦後においても、武器・兵具・兵士の供給は右掲史料にあるごとく、きわめて緊要な課題であったのである。

(65)建治三年九月十一日関東裁許状(宗像神社文書、『鎌遺』一七―一二八五四号)には、「当村地頭職者、清光外祖父上野介資信嘉禎二年宛給之以来、令進止下地事」とあり。当村地頭職が佐々目氏に入った経緯は、宗像神社文書にある「欠年朝町村相伝系図」に、当村を資信から相承した高階氏を「童名薬師、佐々目修理亮太郎光直妻」と説明していることより推測さ

れる。

(66) 正中二年四月五日鎮西探題裁許状(『鎌倉幕府裁許状集』下)。
(67) 『大日本史料』第六編之三、九二ページ。
(68) 同第六編之三、一四八ページ。
(69) 同第六編之五、一一四ページ。
(70) 注(52)に同じ。
(71) 『花営三代記』(『群書類従』第二十六輯雑部、九五ページ)。
(72) 『大日本史料』第六編之五、八一〜八五ページ。
(73) 同第六編之五、一一三ページ。
(74) 肥後侵攻軍の苦戦のさまは、菊池武重が「御かたき、事のほかあはてさはき、ひきて候事めてたく候」と書状にしたためていることから推測される(広福寺文書)。
(75) 正中二年四月五日鎮西探題裁許状(『鎌倉幕府裁許状集』下)。なお、以下の論述は、とくに指摘がないかぎり、すべて本史料によっている。
(76) 足利尊氏が九州武士団に発した軍勢催促状に「相催一族」という文言を書きいれているのは、かれが九州の武士団を知らなかったことの証左である、とする瀬野清一郎氏の指摘(前掲注(54)論文)は示唆的である。
(77) 族団的なかたまり(縁者境界)が解体する過程のなかで見えてくる人間の新たな結合方式には、物銭の授受をともなう個と個の結合と、生活構造と深くむすびついた地縁的(あるいは地域的)結合の二つが考えられる。
(78) 石井進「一四世紀初頭における在地領主法の一形態」(『日本中世国家史の研究』所収、岩波書店)。
(79) 伊藤清郎「『郡惣鎮守』と領主制」(『歴史』第四六輯)。
(80) 文保二年十一月日宗像宮雑掌行覚申状(宗像神社文書)。
(81) 建治三年九月十一日関東下知状案(宗像神社文書)。
(82) 正応六年七月日筑前宗像社祠官等中文(宗像神社文書、『鎌遺』二四—一八二六九号)。

(83)　注(81)に同じ。

(84)　弘安八年七月三日関東御教書（宗像神社文書、『鎌遺』二〇―一五六一七号）によると、幕府は「堀田事」について、「右、就堀之名字、為畠跡之間、可取地子之由、良円雖申之、証拠不分明之間、不及其沙汰歟焉」と裁下したことがわかる。これをみると堀田は、畠であった地を水田化したものである。良円（社家雑掌）は社家の畠であって、地子を収得すべきを訴えたが認められなかった。堀田が地頭開発の地であってかれの所有権がもっとも強くはたらいていたからであろう。

(85)　所務十三箇条とは、検畠事、横大路以北畠并在家柒宇事、麦地子斗代事、社役事、堀田事、栗林事、検断事、勘料事、竹林并菓子事、鎮守祭酒肴事、畑山林木等事、弁済使事、在家臨時課役事であった。

(86)　注(81)に同じ。

(87)　嘉元年間に佐々目氏は「桑井籠能西能上下」の野畠を不断念仏道場に寄せ、時衆の僧膳料にしている（注(75)史料）。この事実は、筑前宗像郡の一角に時衆の徒が活動していたことを物語る。『一遍上人絵伝』にある筑前地頭屋敷の景観とそこで布教する時衆の姿が想起される。想像をたくましくすれば朝町村の時衆も、内乱時には武士団に従軍し、死者の送葬に従事したのではなかろうか。

(88)　注(81)に同じ。なお、地頭下文の現物は宗像神社文書には残存せざるも、能登西光寺文書に一通残されている（建保二年八月日地頭下文案、『鎌遺』四―二一二三号）。内容は能登国大屋荘南志見村の西光寺の院主職を補任するためのものである。形式を推定するうえで参考になる。

(89)　正嘉元年閏三月二十日関東御教書（宗像神社文書）。

(90)　文永十二年二月三十日六波羅御教書（宗像神社文書）。

(91)　建武元年三月からわずか二十カ月の間に濫妨停止の雑訴決断所が四通発せられ、肥前晴気保まで入れると、七通を数える。

(92)　石井進前掲論文。

(93)　清水三男『日本の中世村落』（清水三男著作集第二巻、校倉書房）七二ページ。

(94)　石母田正『中世的世界の形成』（東京大学出版会）二〇一～二一七ページ。

(95)　『沙石集』巻第一（一〇）「浄土門ノ人神明ヲ軽テ蒙罰事」（日本古典文学大系本、八三ページ）。

(96) 宗像氏の封建領主化は、十三世紀中葉以来すすめられ、四十八代大宮司長氏の時点で族内組織の封権化が完了すると目される。族内封建化の指標は、長氏の惣領権の強化、惣領と庶子の関係が主君と従者の関係に転化したことにもとめられる。

(97) 筑前国宗像神社には、神事を記録した年中行事史料が六種現存する。①宗像宮年中諸神事御供下行事、②正平二十三年宗像宮年中行事、③「吉野期宗像宮年中神事目録」、④応安神事次第(六本あり)、⑤宝徳二年年中諸祭礼衣裳之事、⑥天文二十三年大島第二宮年中御供次第、の六種である。これらのうちで特に史料価値の高いのが①・②・④である。①は応安八年に祝詞禰宜藤原致広が古本から書写したものである。元となった古本は現存せざるものの、鎌倉時代中期には成立したものであろうといわれている(『宗像神社史』下、三八ページ)。

②の正平二十三年年中行事は、内題に「天照皇大神御子宗像本社従神末社小神已下并年中行事等目録」とあるもので、奥書には、「正平二十三年六月　日、大宮司氏郷」とある。氏郷は十五世紀後半の人物であるので彼は「正平二十三年」(一三六八)の年紀をもつこの「目録」を伝領したおりに自名を署したものと思われる(平凡社刊『日本祭祀行事集成』に翻刻された本史料をみると氏郷のところには(別筆)の注記が付されている)。この史料の内容は宗像本社・摂社・末社・小神をことごとく列挙して、正月から十二月までの祭礼名を記したものである。

④の応安神事次第は、①と同じく藤原致広の手になるもので、①を書写してから七日後にこれを作成したものである。このことは、①と④の間に密接で整合的な関係があることを予測させる。また④は、③が神名と祭礼名のみであるのに対して、それぞれの祭礼を月日別にまとめて注釈をほどこす関係となっている。

なお五月会、放生会の祭祀の様態は、『宗像神社史』下巻に詳しい。

(98) 伊藤清郎前掲論文、拙稿「宗像氏の五月会神事と郡内支配」(『民衆史研究会会報』八・九号)。

(補注) 佐々目氏が武蔵国多賀谷(現埼玉県北埼玉郡騎西町)に居住したことを示す史料は正中二年四月五日鎮西探題裁許状(『鎌倉幕府裁許状集』下)のみであって、他に徴証をみることはできない。いま太田亮『姓氏家系大辞典』をひいてみると、佐々目氏は相模国鎌倉佐々目谷と武蔵国足立郡笹目村より起りしものと推定されている。同氏がいかなる氏族より発したものかは不明である。ササメの地名は、吉田東伍『大日本地名辞書』を検索したかぎりでは武蔵と相模に見出せるのみで、他の地方には一切みることができない。このことは『承久記』にみえる佐々目太郎(巻二)、佐々目二郎(巻四)らはもとより、佐々目姓を名乗るすべてが、もともとはその本貫を東国においていたことを想わせる。おそらく、朝町村にあらわれた佐々目氏も、武蔵多賀谷その他に所領をもつ東国の御家人であって、ある時点で北九州へ移住をした西遷地頭であったのであろう。

〔付記〕本稿発表後、網野善彦氏は『異形の王権』(平凡社、一九八六年)をまとめられ、そこで修験密教徒としての文観の役割について詳細に論じられた。したがってここで扱った文観についての大雑把な論述はもはや無価値なものとなった。けれども本稿全体の論旨を展開するには文観の記述を省くわけにはいかず、発表時のまま本書に収載した。

〔付論2〕凡下の戦力

元弘・建武の内乱時代に入ると、凡下・甲乙人とよばれる人びとが各種の戦力となって活躍するようになる。戦乱が烈しく、かつ大規模になるにつれ、戦闘に参加する数はますます増大し、その存在は社会的にも無視しがたいものとなっていった。凡下・甲乙人の武装化は従来の御家人を主体とする戦力もしくは戦争にいかなる作用をおよぼしたのだろうか。凡下のみせる戦闘法や、武具のもつ意味性を軸として考えてみたい。

「凡下」という身分集団は、①「楠木合戦注文」にある「関東御事書」、②「光明寺残篇」に記載されたる「官軍可存知条々」、③『太平記』巻第十七「山攻事付日吉神託事」の三史料にとりあえず見出すことができる。①・②は軍勢内部の秩序維持のために布告した狼藉停止の軍法であり、③は、軍勢が後醍醐軍籠れる比叡山を攻めるにあたって、戦意を鼓舞すべく発した軍法である。いずれも軍勢を構成するものとして凡下が登場しており、侍と区別して扱われているのが注意をひく。たとえば、②では、路次狼藉をはたらいた場合、侍ならば、その主人に責任を懸けて

「厳密に沙汰を致さ」せるという方式をとるのに対し、凡下輩に至りては「不日誅すべきこと」とされ、③では、「一太刀モ敵ニ打違ヘテ、陣ヲ破リ、分捕ヲモシタランズル者ヲバ、凡下ナラバ侍ニナシ、御家人（＝侍身分）ナラバ、直ニ恩賞ヲ可申与」といわれているのである。

凡下は侍と対置されて厳然たる身分上の差別をうけていたことが②から明らかである。こうした直接に肉体に加えられる処刑の規定は、鎌倉幕府法において、凡下への検断沙汰が拷問や体刑を通念としていた事実とかさなるものである。しかしこの内乱という政治体制上の動揺のなかで、かようの身分制が大きく崩れ出したことを③で知ることができる。戦力をひき出すために設けられた凡下への恩賞は、侍になることを許容することであった。さらに③の軍法には、「此合戦ニ一足モ退タラン者ハ、縦先々、抜群ノ忠アリト云トモ、無ニ処シテ、本領ヲ没収シ、其身ヲ可追出」という御家人への規定が前段についていた。したがって戦況が苛烈さを増すなかで、戦功のある凡下には侍への途が開かれたし、退却をする御家人には所領没収と身柄の追放（侍身分の喪失）が準備されていたのである。

凡下が具体的な戦力となる場合は、いかなる形態をとるのだろうか。『太平記』を読むと、「足軽ノ兵」「足軽ノ射手」、あるいは「打物ノ衆」といった集団があらわれ、また「野伏」とよばれる疎散な兵群が縦横に動きまわっている。おそらく、南北朝内乱時代の戦力構成は、鎌倉以来の家を結合単位とする武士団が一定の集合体をつくり、そのなかのすき間を足軽や「打物ノ衆」、野伏といった軽武装の歩兵が埋めていたのであろう。この雑多な歩兵が、凡下のとった戦力の姿である。

「足軽の射手」は軽武装徒歩立の弓隊であって、この集団の威力は、越前藤島ちかく燈明寺畷での新田義貞軍との戦に見られた。畷づたいに藤島の城に向おうとした義貞は、黒丸城から打って出た細川・鹿草の徒歩立射手三百の部隊と遭遇し、眉間を射抜かれて討死をしてしまった。「打物ノ衆」は、薙刀・槍・太刀の類を鋒《きつさき》ならべかまえた一群で、元弘三年三月ごろ京都を攻めた赤松の軍勢には、これが八百余騎編制されていたという。南北朝時代には、騎射戦から斬撃戦への転換が端的に見られるが、かようの戦闘形式の転換をもたらした推力がこの「打物ノ衆」の出現であった。つぎに野伏。この名称は、雑草や雑木に身を隠して、敵を待伏せ、奇襲攻撃をかけるその行動形態から由来するものであって、やがてこうした行動をとる小部隊が野伏と呼ばれるようになった。鎌倉幕府を倒壊に導いた野伏のはたらきは目ざましいものがあった。かれらの戦闘形態は、千早城の攻防をめぐる『太平記』や熊谷文書（熊谷直経合戦手負注文）にみえ、また番場宿で六波羅北条氏一門が最期をとげたさいの『太平記』の叙述にみることができる。

　さてこれら各種軽卒の行動様式における著しい特徴は、これまでの戦争のしきたりや作法を完全に無視し、遊技にもにた戦闘のルールを根こそぎ廃絶してしまったところにある。京都防衛にあたる名越尾張守高家は、紫糸の鎧金物重く打ちたるを、透間もなく著下《きくだ》し、白星の五枚兜の吹返に、日光月光の二天子を金と銀とにて掘透して打たるを猪頸に著成すといった威風堂々たる姿で赤松勢目がけて前進した。すると、野伏戦《いくさ》を得意とする徒歩立の射手は、田圃の畔を伝って藪を潜《くぐつ》て、高家に近づき、隠れ伏して急所を狙い、たった一矢をもって高家を馬上から射落としてしまった。馬からまっさかさまにどっと転落するのを見ると、かれは胡簶を叩き、こおどりして矢叫びをあげた。

『南北朝遺文』九州編第一巻をみると、数ある軍忠状のなかに「合戦之時致先懸、被切敵乗馬」（四五九号）とか、「於加爾坂北致合戦、及至極打物、被突害乗馬」（一二二〇号）、あるいは、第二巻をみると、「同廿九日捨身命先懸之処、最前仁堀江被馬共切落」（一三七五号）などという文言が目につく。かつて武士の名誉は戦闘上のルールを確守することによって光彩を発した。敵の馬を疵つけずに戦うことは、この名誉のための大切なルールであった。しかし、薙刀・長巻・槍・大太刀などをもつ「打物ノ衆」が活躍するようになると、馬の脚や腹はしばしば薙払われ、あるいは刺突されたのである。

両手で打物を握って徒歩立で戦うのを、太刀打合戦と言った。この射戦よりもはるかに危険な肉迫戦闘は、徒歩の軽卒が山野の複雑な地形を戦場に選ぶようになってから合戦形態としては一般化したようである。「軽一命及太刀打、、、合戦、令分取凶徒二人訖」(二一六三号)というような凄絶で、しかし、規模の矮小な戦争が内乱時代を通してほとんどいたるところで日常化する。

ところで、剽悍な足軽や野伏どもが内乱時代の重要な戦力的地位を占めてくると、侍身分を誇る武士の権威は微妙に変化した。この変化の傾向は鎌倉時代からはじまっていた。荘園制の構造的な矛盾から各地の農村にあらわれた盗賊的武士団は、伝統的権威を何のためらいもなく否定し、じゅうりんするエネルギーをもっていた。

溢れ武者を中心に貧農や、職人、博奕打、小盗人といったいろいろな社会層の参加によってつくられた盗賊的武士団=悪党は、最初のころ、「不具ナル高シコヲ負ヒ、ツカ、サヤハゲタル大刀ヲハキ、竹ナカヱサイハウ杖ハカリニテ、鎧腹巻等ヲ着ルマデノ兵具更ニナシ」といわれるような姿であった。しかしこの悪党どもは、野伏が落人の「重代シタル物具太刀刀」を奪い取ったように(『太平記』巻第七)、山賊・夜討・強盗などの手段を用いて、武士の重宝たる甲冑兵具を手に入れたのだろう。播磨に出没した悪党は正中嘉暦のころは、「吉キ馬」に乗り、身につけた鎧腹巻は「テリカガヤク計」であったという(『峯相記』)。

『聖徳太子絵伝』にある悪党の姿態は、まるで『峯相記』に叙述された悪党が絵画化されたかのようでおもしろい。ある者が大鎧を着ているかと思うと、別のものは胴丸のみで、毛脛をあらわにして寺院を荒しまわっている。おそらく鎌倉時代の武士と甲冑との間には、職能的な身分による結びつき方の原則が存在したと思われる。建治二年三月卅日肥後窪田荘僧定愉注進状（『鎌倉遺文』一六巻、一二二七五号）、欠年筑前中村続軍勢注進状（同、一二二七六号）、あるいは『蒙古襲来絵詞』にある竹崎季長の軍勢をみると、地頭御家人級の武士の家では鎧というのは一領である（もっとも『絵詞』には季長姉聟が鎧を着ているが、彼は竹崎の家のものではないから問題ない）。それはきまって家長が着用していた。

当時、「腹巻」と区別して「鎧」と書かれている場合は、その「鎧」は式正の鎧、すなわち大鎧を示す。この大鎧を家長が着るということは、つぎのような意味があったと思われる。濠と土塁で周囲をめぐらし、そこを館とする「兵の家」は弓箭騎馬の戦闘技術を習得し、伝統するところであって、これを業とするところに家の存在する意義と条件があった。したがって弓箭の芸を業とする家長は、弓箭騎馬に照応する大鎧の所持・着用が実戦のさいの防禦上必要であると同時に、兵《つわもの》たる身分を外面的に表示するための不可欠な要件であったのである。

大鎧にこうした意味をみとめるとすれば、無造作無秩序に大鎧を着る悪党の姿は、それ自体が武士の身分秩序を攪乱するものであった。さらに悪党とその周縁に広く存在する凡下輩の武装化は、新しい戦法をうみ出し、大鎧の着用＝騎射戦闘方式を役に立たぬものにしてしまった。一条兼良が『樵談治要』にて凡下輩足軽どもを「超過したる悪党」と評し、かれらは「所々を打ちやぶり」財宝をうばい、また彼らの一矢に名ある侍が命をおとし、「末代までの瑕瑾」を残すと述べているのは、『太平記』に描かれた名越高家の最期を想うにつけ、まことに示唆ぶかい指摘というべきである。

〔付論3〕 名和長年について

元弘内乱に活躍した人物の一人に伯耆国の名和長年がいる。名和長年は第二次世界大戦後の学問の自由が確保されてからも、確かな史料がとぼしいことが原因して、あまり歴史学の対象にはならなかった人物である。けれどもかれの行動について、それを鎌倉末期的な社会状況のなかにあらためて措きなおしてみると、いくつかの興味ある論点が導き出せそうである。長年の反幕蜂起から延元元年（建武三＝一三三六）の戦死にいたるまでの行動経過を通観しながら考えてみたい。

元弘三年（一三三三）閏二月の中旬未明、濃霧にまぎれて後醍醐天皇は隠岐島を脱出した。(1)この正月には、河内国を出て摂津国四天王寺へ入った楠木正成の軍勢がまさに京都を衝かんとする形勢をみせ、翌二月には金剛山千早城において鎌倉幕府数十万の軍兵と激烈な戦闘をまじえていた。そして動揺する山陽道・瀬戸内海地方の武士たちも、これに呼応するかのようにつぎつぎと兵を挙げ、事態は騒然たる様相を呈するにいたっていた。

こうした畿内一帯の戦況は、大和か紀伊あたりの山中に潜伏した大塔宮（護良親王）からひそかに隠岐の行在所へ伝えられていた。(2)後醍醐はこれをもとに、情勢の全局面を把握・分析し、その結果、島を出て各地の討幕反乱勢力を早期のうちに結集して、組織することをさとったのである。島を出奔した天皇が出雲・伯耆方面へ向かったのは確かであるが、どの程度の時間をかけどこの浜辺に着船したものかは、『太平記』『梅松論』『増鏡』『古本伯耆巻』などの諸

書にくいちがいがあり、よくわからない。(3)

かねて天皇が伯耆国の住人名和長年について、「一族モ多、手カラノ者共ニテ候、是ヲ可有御憑候、近国ニハ自是外ハ候ハス」とその評判を聞いており、(4)名和氏をことのはじめから頼っていた事実を念頭におくと、短時間のうちに隠岐から名和湊（現鳥取県西伯郡名和町）へ直行したものと考えてよいのではなかろうか。いずれにせよ、後醍醐が伯耆国に上陸すると、ただちに名和村坪田の地に構える館へ勅使を派遣して、長年を頼ったことはまちがいない。

勅使が長年の館に着いたとき、そこではちょうど一族あい集って酒宴を催しているところであったという。長年が隠岐在島の天皇から、前もって挙兵工作をうけていたとすれば、天皇の伯耆上陸と時を同じくして開かれていたこの酒宴は、名和氏がいかなる立場と行動をとるべきかを決めるため緊急に招集した一族評定の会議であったとも解釈できる。この酒宴の場で、天皇の護衛と挙兵の依頼を直接にうけた長年は、即答することができず考え迷ってしまった。家の子・郎党を率いる家長は、その判断によって一族の運命を左右するため、ことさら責任が大きく、苦しい立場にあったのであろう。

長年が態度を決めかねているとき、甥の太郎左衛門尉長重が断乎として挙兵すべきであることを主張した。かれはいった。「古より今にいたるまで、人の望むものは名と利の二つである。我らが恭も十善の君に憑まれて、屍を軍門に曝すとも名を後代に残すことは、生前の思い出、死後の名誉ではないか。ただ迷うことなく決心なさるほかあるまいと存ずる」。この発言は『太平記』に記されているもので、多少、潤色されているものと思われる。しかし身分の低い商人的武士団であった名和氏が、北条得宗家を頂点とする門閥的な専制支配にはむかう心情を「十善の君」（天皇）にもとめ、その結果こうした言辞を表出したとしても不思議ではないと思う。この発言は、長年の迷いを一気にふっきらせるものとなった。彼は乾坤一擲、ついに天皇を奉じて「弓箭之芸」を施し、鎌倉幕府と一命をかけて戦うことを決意したのである。

守護方はすぐにも動きだすだろう。長年は合戦の用意を一族に命じると、子息孫三郎基長・同乙童丸・舎弟鬼五郎助高ら一族七人と若党を含む十八騎を引きつれて天皇を迎えに走った。天皇を奉ずると、そのまま船上山へ急いだ。途中で、長年は基長にいそぎ坪田館へ帰るようにと命じた。これは館に火をかけるためで、そうしなければ「館ヲ敵ニ被蹴散、妻子ヲ人ニ被取」ることになり、「口惜事《くちおしい》」であったからである。中世武士団にとって館は生活をする場であると同時に、誰からも侵されぬはずの聖なる空間でもあった(5)。このために敵に侵されることが明らかとなった今、長年は子息を使ってみずからこれを焼払って始末したのである。

長年の一行は、岩屋谷というところから、西坂をつたい登っていった。供奉する者どもは着ているものを引き裂いて縄をより、切りとった樹木の枝木をこれで結いつけて輿をつくり、天皇をのせて嶮岨な坂道をかついで登っていったという。やがて山上に着くと、そこには大山寺の末寺である船上寺があり、この寺の本堂が禁裏とされた。船上山は「北ハ大山ニ継《ツヅ》キ峙《ソバダ》チ、三方ハ地僻《サガリ》ニ、峰ニ懸《カカ》レル白雲腰ヲ廻レル」といった山容をみせる天険の地であった(6)。

二月二十九日、隠岐国の守護佐々木清高ならびに佐々木昌綱率いる幕府方軍勢三千余騎が、東坂と西坂の二手に分かれて攻めのぼってきた。これに対する名和勢百五十人は、大手東の城戸に子息基長ら二十四、五人、搦手には舎弟の信濃房源盛ら二十余人と各所に分散し、防戦態勢についた(7)。かれらは近国在地武士の家々の紋を書きつけた数多くの旗を峰々にひるがえし、本営を中心とする山中に、あたかも軍勢が充満するかのように偽装していた。

このために「サテハ早《ハヤ》、近国ノ勢共ノ悉《コトゴトク》馳参《ハセマヒ》リタリケリ」と信じこんだ佐々木の勢は臆して前進することができない。そのうちに、あたりはほの暗くなり突風が山中を吹きぬけ、車軸のような雨が地面を激しくたたきはじめた。雷鳴はまるで山をも崩さんばかりの大音響を轟かせた。風雨で軍勢が動きのとれなくなったのをみはからうと、長年らは猛然たる攻撃をしかけた。この奇襲をうけてひるんだ大手の千余騎は、たちまち算を乱してどっと足場を失い、なだれをうって谷底へ転落していった。『太平記』はこのときのようすを「大手ノ寄手千余騎、谷底へ皆マクリ落サレテ、己カ太刀・長刀ニ貫レテ命ヲ墜ス者其数ヲ知ラズ」と伝えている。長年の野伏合戦ともいうべき奇襲攻撃に大敗北をきっした寄手の大将佐々木清高は、日本海へ出て逃げ去った。かれはその後、越前国敦賀へ上陸し、ここから京都へ入って六波羅軍に合流し最期をともにした。

ところで、険しい山岳地帯に陣営を設け、そこに敵を引きつけて大軍の動きを封じ、遊撃戦でこれを叩く戦闘法は、鎌倉幕府―御家人体制のもとに組織された封建軍隊の戦闘法とはかなり異質なものであった。

こうした戦闘法は内乱がはじまってから討幕叛乱勢力の兵がよく採用したところのもので、かかる戦闘法がなぜとられたかは、畿内西国の特殊内乱期的社会状況の兵の性質と、こうした社会状況に対応しきれぬ伝統的な封建軍隊のありようから説明されるべきであろう。そこで示唆的なのは、元弘三年の四天王寺合戦から千早籠城戦にいたる楠木正成の作戦である。

四天王寺に進出した楠木軍は、そこで杉井・有賀らの六波羅軍勢と激突した。ここでの合戦は、実際の戦闘が午前十時ごろから深夜に及んでいることを考えると(8)、悪党・溢者らからなる楠木軍は平場での六波羅軍との渡り合いに相当の苦戦をしたものと思われる。当時の楠木軍のうち「縄手綱」でも馬に乗る兵は貴重であって、(9) その主力部分が「数を知らざる」「雑兵」凡下であるのだから、(10) いかに自由な戦闘隊形をもってしても、まともに交戦した場合、高度な射技と巧みな乗馬技術をもつ六波羅の兵のほうがはるかに戦力的にまさっていた。(11) 幕府の弓射騎兵（東国武士）は練達した手綱さばきで馬を駆けめぐらせ、逃げる凡下歩兵どもを弓手（左側）に受けて追物射《おものい》に射殺した。「多年稽古ノ犬笠懸、今ノ用ニ不立バイツヲカ可期」(12) とばかりに「馬上ノ達者」は矢継ぎ早の騎射戦闘で徒歩の凡下を圧倒したのである。

四天王寺のあたりで平場の合戦をするのは、正成にとって動員兵力をいたずらに曝け出し、弓射騎兵の餌食にするばかりであったのだろう。彼は四、五千の野伏を生駒の山々において遠篝火をたかせ、軍勢充満をみせかけることによって、宇都宮の軍兵を神経的に疲労させ、四天王寺から撤退させた。こうした作戦をとったのは、平場の弓射騎兵に自軍を曝すことを避け、兵力の温存をはかるためであったと考えるべきである。関東軍勢との兵の質的なちがいは楠木軍を平場から山岳へとおもむかせた。天王寺合戦のあと、正成の軍勢は河内国の金剛山へ引き揚げていった。

金剛山の山懐深く幕府の大軍を引き入れれば、そこは馬の足立ちの悪い嶮岨の地である。兵は馬からおりねばならず、そうなると兵のもつ騎射の戦闘力は役に立たなくなる。そればかりか、彼らの騎射用に設計された大鎧は、自分の足で歩くには重量がありすぎ、兵の力は戦争をするまえに弱ってしまう。「歩立《カチダチ》ニ力疲レ、重鎧《オモヨロイ》ニ肩ヲ被《レ》レ引《ヒカ》片時《ヘンシ》ニ疲ル」(13) という事態が予想されたのである。いっぽう、楠木軍の悪党・凡下どもは鎌倉時代の後半いらい畿内各地の荘園にあらわれ、雑掌・神人・公人らとの抗争にあけ暮れるなかで、複雑な地形を利用してのゲリラ戦を練磨していた。彼らは草摺が七間、八間と数多く分割されていて、足の運動を自由にする胴丸や腹巻を着用していた。こうした運動機能に富む比較的軽量の甲冑で身を固め、逆茂木・塹壕城郭をつくって山中を変幻自在に動きまわることを得意とした(14)。楠木軍は幕府軍とは反対に山岳戦に適していたのである。

金剛山千早城に楯籠った楠木軍勢が御家人の封建軍隊をさんざん悩まし続け、ついに鎌倉幕府壊滅の全国情勢を切り拓いたことは周知の事実である。このような勝利をもたらした山岳籠城戦は、悪党・溢れ武者のゲリラ的な盗賊小戦闘がいたるところに発生したすぐれて鎌倉末期的な畿内社会の状況を歴史の前提にすえて登場してきた戦闘法であった。悪党・溢れ武者、その他雑多な凡下どもの群集的でしかもつかまえどころのない自由な戦闘に対しては、主従制的に家を単位として編制した弓射騎兵の封建軍隊はその形式にこだわる戦闘法のためにかえって有効な攻撃力を発揮することができず、著しく無力なものとならざるを得なかったのである。

内乱期における山岳籠城戦をそのようにみることができるとすれば、船上山に拠って守護方の兵を迎え討った名和長年は、従来の鎌倉武士的な兵とは異なる人物であったといえそうである。かようの推測は、かれが武装商業民であり、後述のごとく道を活動舞台にする悪党と結びついていたらしいことにも符合する。

長年の合戦を伝え聞くと、周辺各地の武士が続々と船上山に集結した。出雲・伯耆・因幡三カ国からは「弓矢ニ携ル程ノ武士共ノ参ラヌ者ハ無リケリ」というほどであった。さらに石見国からは沢・三角の一族、安芸国からは熊谷・小早川、美作国からは菅家の一族、江見・方賀・渋谷などの武士が集まってきた。勢いにのった名和勢は山を下り、中山城と小鴨城をあいついで落とした。中山城には伯耆国守護代糟屋弥次郎重行（入道元寛）という北条時益の家人が拠っていた。時益が同国の守護正員であるとともに、六波羅探題南方を兼務していたことは(15)、家人糟屋重行の伯耆での存在を重いものとしていた。ことに北条氏の門閥体制の外におかれた名和氏にとっては、きわめて大きな重圧になっていたにちがいない。このために、中山城はまっさきに名和勢の攻撃目標とされたのである。

幕府方の拠点を落とし、伯耆国全域を制圧すると、後醍醐天皇方軍勢（名和氏と近国武士の連合軍）は、いよいよ京都に向けて進撃を開始した。千種忠顕を大将軍とする一千余騎の軍勢は、山陰道を進むうちに総勢二万七千余騎にふくれあがっていた。但馬国小佐郷住人の伊達道西があらかじめ軍勢催促をうけていて、同国を通過する忠顕の軍に、これに加わるべく馳せ加わっているところをみると、(16)増加した部分の多くは綸旨や忠顕の軍勢催促状を最前から得ていたものであろう。軍勢催促状を手に態度を決めかねていた在地の武士どもは、後醍醐方軍勢の怒濤のような進撃を前にして、つぎつぎと加わったのである。彼らはそれぞれの立場から幕府にではなく、後醍醐天皇に恩賞を期待して、いっせいに動きはじめた。そのことは幕府と後醍醐との力関係が、一挙に逆転していくさまを如実に示すものであった。戦力をいちじるしく強めた後醍醐方軍勢は、四月三日に京都への突入をはかり、ついで足利高氏、赤松則村らの軍勢とともに六波羅攻撃を敢行し、翌月の七日ついにこれを陥落させた。

長年が船上山に挙兵したとき、彼の弟の子与一高則は千早城を攻める幕府軍に従軍していた。高則はおそらく大和道から金剛山へ向う大仏家時の手に属していたと思われるが、(17)指揮官の大仏よりも先に挙兵の報をうけとり、すばやく国許へ逃げ帰っている。幕府軍を脱して伯耆船上山に参着した高則は、つぶさに「京都ノ事、チハヤノ城ノ有様共」を後醍醐天皇や長年らに報じた。(18)このことには、興味ぶかいこの時期の交通事情を想定できると思う。というのは、長年が幕府をのぞくなんらかの勢力を介して、高則との間に通信を結んでいたことと、必要に応じて畿内の情報を敏速かつ正確に収集する能力をもっていたことを暗示するからである。

では通信と情報収集は、いかなる人びとに依存することによって実現されていたのだろうか。これを考えるうえで、播磨国の地誌『峯相記』にある悪党の記述は注目にあたいする。播磨国で跳梁跋扈する悪党どもは但馬・丹波・因幡・伯耆からやってきた。彼らが根拠地としたこれらの国々のいずれもが、山陰道でつらぬかれていることを考慮すると、播磨に現われた悪党は、この道を往反して互いに結ばれていたものと思われる。道にそって結党する盗賊的武士団は、その地の守護や追討の武士がかえって恐れ憚っていたのであるから[19]、山陰道の交通機能を事実上掌握していたと考えてもさしつかえない。とすれば伯耆と京畿を結ぶ幹線道路の随所をおさえる悪党は、幕府の情報を遅らせると同時に、容易に長年の連絡組織となって、与一高則の敏速な行動を可能にしたと推測される。

上洛する後醍醐方の軍勢がきわめて順調、すみやかに前進し、さらにその過程で、大規模な軍勢動員に成功しているのは、このためであるし、船上山で負けた隠岐国守護人が、山陰道を避けて海路北国から京都へ入った事実も、道路を活動舞台とする悪党の存在を無視しては考えにくい。こうしたことから、長年がみずからの資力をもって、沿道の悪党を傭兵として募り、伝令や綸旨・軍勢催促状の運搬、大軍移動の案内・先導に供していたことを想像するのはけっして無理ではない。

長年の資力といえば、『太平記』『増鏡』そして『梅松論』といずれもが、かれについて豊かな経済力をもつ人物であったと述べている点を注目したい。そしてさらに前二書が、かれをさして名ある武士ではなく、賤しい民であったと記していることも注意しておきたい。長年の経済力の基盤は、まず名和氏所領の特徴を通してみることができよう。山中寿夫氏によれば[20]、名和氏の所領の大部分は伯耆御厨と呼ばれる八条院（鳥羽法皇皇女暲子内親王）を本所と仰ぎ、伊勢内宮を領主とする皇室領で、久永御厨・久古御厨・三野御厨などから構成されていた。また長年の本拠名和の御来屋(御厨)は、日本海に臨む地であるので、海上交通の玄関となっていた。伯耆御厨が絹・筵そして質の良い鉄を生産していたので、名和の御来屋はこれら諸物資を広い流通市場へ搬出するための経済的センターとなっていたものと思われる。ここを根拠地にする長年が、鎧につける家の標識(笠標)に帆掛け船をあしらったのは、根拠地の地理的・経済的性質からみてゆえのないことではない。笠標に描かれた帆掛船は、名和氏がたずさわる御厨の産業管理と、海上での商業活動を象徴するものであった。

御厨所領の経営と一族門葉の商業活動をとりしきる長年が、相当の経済力をもっていたことはきわめて当然である。かれは坪田の館に五千石あまりの米穀を常時貯えていた。また五百反からの白布を手もとにおいていた。船上山合戦に先だって、兵粮米輸送の人夫を五千人から六千人も雇用するだけの銭貨と財宝をもっていた(21)。山陰道を動きまわる悪党を傭いいれる資力が、これらの物や銭貨であったことは間違いなかろう。身分と格式の低い有徳人名和長年は、積極的に悪党と連絡融合するいっぽうで、旺盛な商業活動を展開していたのであり、こうした活動からみえてくる彼の風貌はまさに名和湊の長者と呼ぶにふさわしいものであった。

元弘三年六月、鎌倉幕府が覆ると、後醍醐天皇は京都へ還幸し天皇親政の政治権力を樹立した。いわゆる建武政権といわれるこの権力は、きわめて専制的な性格を色濃くもっており、社会各層の要求をうまく組織することができなかった。このために、商人的武士の長年や河内の名もなき土豪らが天皇と直接につながることによって、もっぱら「朝恩に誇る事傍若無人《ぼうじやくぶじん》」(22)というほどの権勢を獲得した反面で、地頭・御家人といった家格と伝統と誇りをもつ人びとの利害はかえりみられず、彼らの間からはおさえがたい不満がうずまいていた。かくして孤立を深めた建武政権は、あいつぐ失政と混乱のなかでもろくも崩壊していくのである。それは政権樹立のために、全身全霊をかたむけた名和長者のはかない最期でもあった。

政権崩壊後、比叡山へ逃れた後醍醐天皇は新田義貞・名和長年を中心とする主力軍を洛中へ発向させた。正成・忠顕をあいついで失った後醍醐軍にとって、京都の奪還をねらうこの作戦は最後の力をふりしぼったもので、それだけに悲壮なものであった。足利直義の布陣する三条坊門を襲い、法成寺河原に高師直の軍と戦う義貞・長年の軍兵は、じりじりと尊氏の本陣である東寺へせまった。しかし本陣への突撃をはたすことができずに力尽き、退路を断たれた長年の一隊は、烈しい市街戦のすえ、ついに三条猪熊の地で全滅をとげた。大きな変革と動乱の時代を生きた長年が、なにを思い戦場に散ったかは知るよしもない。ただ明らかなことは、長年の意識をこえて社会が確実に新しい時代へと移りつつあったということである。

注

（1）『皇年代略記』（後醍醐院条）、『増鏡』（第二十月草の花）によれば、正慶二年（元弘三）閏二月二十四日のことであったという。

（2）『増鏡』第二十月草の花。

（3）『太平記』には「伯耆ノ国名和湊に着ニケリ」とあるも、『梅松論』は「伯耆国奈和庄野津郷」といい、『増鏡』は「伯耆国稲津浦」と称し、また『古本伯耆巻』は「出雲国嶋根郡野波浦」「杵築ノ浦」「（伯耆）片見」「（伯耆）奈和庄湊」といくつもの浦・湊に漂着し、あるいは漂流した旨を記している。

（4）『古本伯耆巻』（平泉澄『名和世家』附録）。『古本伯耆巻』は天文・永禄以前の成立で、群書類従本・続群書類従本のごとく『太平記』と酷似する文はさらになく、史料的内容には相当注目すべきものがあるという。

(5) 居館の所在する根本私領＝堀ノ内は武士としての栄誉の生ずる源であったという（石井進『鎌倉武士の実像』、平凡社選書、三三八ページ）。

(6) 『太平記』巻第七「船上合戦事」。

(7) 『古本伯耆巻』。

(8) 「楠木合戦注文」。

(9) 『太平記』巻第六「楠出張天王寺事付隅田高橋并宇都宮事」。

(10) 注(8)に同じ。

(11) 前稿（第三部第三章）では楠木勢の隅田・高橋への自由な散開戦闘を重視したのであるが、それも天王寺辺の「此辺ハ馬ノ足立悪シテ（騎射戦ガ）叶ハジ」という湿地帯を条件に入れてはじめて勝利しえたのであって、平場開闊地での戦闘であるならば、六波羅勢の戦力的優位は否定すべくもなかった。

(12) 『太平記』巻第八「四月三日合戦事付妻鹿孫三郎勇力事」。

(13) 『太平記』巻第八「山徒寄京都事」。

(14) 春日社にある伝正成奉納の鎧が胴丸に袖・兜をつけた三物の形式をとっているのが、こうした山中の戦闘（＝野伏合戦）に適した悪党武士の特質を象徴していると思う。

(15) 佐藤進一『増訂鎌倉幕府守護制度の研究』（東京大学出版会）。

(16) 元弘三年五月十三日伊達道西軍忠状（『大日本古文書』伊達家文書之一、二号）。

(17) 「楠木合戦注文」によれば、諸国軍勢のうち伯耆国の将士は大和道の大仏家高の指揮下に編制されていた。

(18) 『古本伯耆巻』。

(19) 『峯相記』に「警固ノ守護モ彼ノ権威ニ恐レ、追罰ノ武士還テ憚ヲ成ス」とある。

(20) 山中寿夫『鳥取県の歴史』（山川出版社）。

(21) 『太平記』巻第七「先帝船上臨幸事」。

(22) 『梅松論』（延宝本）。

〔第三部付記〕　黒田悪党に対して、石母田正氏の敗北の評価をのり越えるべく、精緻な研究と積極的な評価をくわえてきたのは小泉宜右氏である。小泉氏は「伊賀国黒田庄の悪党」(『中世の社会と経済』東京大学出版会、一九六二年)、「悪党について」(『歴史学研究』三〇〇号、一九六五年)などの論稿を発表したうえで、綜合的な悪党論を『悪党』(教育社歴史新書、一九八一年)の一書にまとめられた。同書は一般読者にむけて、平易に書かれたものであるが、長年の手堅い研究によって得た奥深い知見と洞察が、いたるところにちりばめられている。小泉氏が悪党のなかに観ようとする在地からの領主的発展を、徹底的に民衆との対抗関係でとらえようとしたのが、佐藤和彦氏である。佐藤氏は大著『南北朝内乱史論』(東京大学出版会、一九七九年)にて、領主―農民間の階級矛盾を軸に、地頭領主制が国人領主制へと発展する、その過渡期に現れるとする悪党の、切実にして苦悩に満ちた暴力的行動を活写した。ところで領主制の運動から悪党をはずしとり、ある支配構造が歴史的役割を終えてなお存続しつづけようとする場合に、必然的にともなわざるを得ない社会全体の腐敗が悪党を発生させるという黒田俊雄氏の論(「悪党とその時代」『日本中世封建制論』東京大学出版会、一九七四年)や、民族史的な転換点にあたって、非農業民が通有する未開の世界から、文明化しつつある社会に対してかけた反撃が、悪党の跳梁であったとする網野善彦氏の論(『蒙古襲来』小学館、一九七四年)は、悪党研究の方法＝枠組を破壊することによって、学界における中世社会全体の理解にたいし、再検討をせまるまでの迫力をもっていた。それと同時に、「悪党」にこだわるものにとっては、従来の枠組の破壊が、これからの悪党像を構築するにあたって、無から出発するかのような自由さを与えるものであった。そうした悪党論にまつわる状況をふまえて、書いたのが「第三部　農村社会と悪党」である。悪党的社会現象が、もっとも歴史的に意味をもってくるのは、どのような局面においてかというと、それは内乱期社会における戦力としてではないかと思う。戦力としてたまりにたまった悪党のエネルギーが内乱期の政治を実際に動かしたとすれば、そのような力を析出し、ためこんでいた鎌倉期荘園制社会とはどのようなものであったか、そしてその力がどう爆発するか、それらのことに主要な問題意識が存した。

第四部　石母田正『中世的世界の形成』の理論と思想

はじめに

石母田正氏の著書『中世的世界の形成』は、かつて伊賀国南部の山間地に存在した一箇の荘園の歴史を対象とする研究書である。一つの荘園の歴史をたどりながら「そこに大きな歴史の潮流をさぐりたい」という著者の念願から産み出された研究書である。

本書が発刊されてからすでに四十年にもなる。石母田氏がこの本を書き上げたのは一九四四年のことで、出版されたのは敗戦後の一九四六年であった。以来この書物がわが国の歴史学に巨大な影響をあたえたことはいまさら揚言するまでもない。(1) 戦後の日本中世史学の理論と方法はこの一書からはじまり、これを軸にしてコペルニクス的転回をとげたといっても過言ではないのである。

四十年間の日本中世史学が積み上げた学問の成果はまことに精細をきわめ、しかも多彩な側面に目を向けることによって、過去のそれぞれの時代像を豊かならしめた。実証的レベルでは石母田氏の達成点をはるかに超え、ためにこの景況は本書を後景におしやり、もはや古典文献の一書にしてしまったかの観をすら呈している。時間の推移とこれにともなう後続諸研究の進歩を考えれば、あるいは当然かもしれぬ。しかし、にもかかわらず、石母田氏のこの書物が読む者の魂を捕捉して離さないのは何故であろうか。読むたびに深い感動をおぼえるのはわたくしだけではあるまい。

おそらく、人の心を揺さぶり、ある種の興奮と頭脳活動の活性をもたらすのは、この本が「華麗ともいうべき(2)」理論性と体系性をもつことと、戦時下の時代の暗さにたちむかう一歴史家の悲壮なまでの思想的緊迫力がそこにつらぬかれているためであろう。

新たなパラダイムが叫ばれ、きらびやかな「社会史」が歴史学の主流を形づくるかのごとき現在、ともすれば「戦後歴史学」なるものの根もとの部分は忘れさられ、ために期待された学の革新よりも、かえって混乱の相をすらみせはじめているのではなかろうか。

石母田氏がうちたてた領主制理論は、戦後再出発した中世史研究の有力な指針となった反面、いっぽうでは「極端にいえば一つの公理」にまでなり、若い研究者の頭を拘束したのも事実である。けれどもこれとの真摯な格闘のなかからのみ、中世史の新たな飛躍がうまれたことはいささかも忘れるべきではない。石母田氏が本書の初版序で、歴史家の必須の精神である大胆さを学問上の単なる冒険から救うものとして、資料の導くところにしたがって事物の連関を忠実にたどってゆく「対象への沈潜」と、従来の学問上の達成に対する「尊敬」以外にないことを述べている。この指摘にある先学への「尊敬」は、石母田氏自身の達成点にたいして、われわれが堅持しなければならぬ大切な姿勢でもあるのである。

日本における封建化の主要な途が、「荘園制」を基軸に非「領主制」的な形態をとって展開するものと結論づけた黒田俊雄氏はこの結論に到達するまでの諸論文を「所詮『領主制』理論からいかに学びまたいかにそれを克服するかの辛苦のあとに尽きる」ものであったことを述べている(3)。

「いかに学びまたいかにそれを克服するか」という石母田氏の業績を対象化する作業は、今日もなお、否、今日なればこそ、緊要なる課題であると思うのである。道理の感覚がおとろえ、不道徳が跳梁するような不安な時代にさしかかった現在、石母田氏の業績は、そこにある哲学・思想までふみ込む全体として学ぶべき対象となりつつあるのではなかろうか。

近時、『中世的世界の形成』は岩波文庫の一冊となった(4)。この文庫を読むにあたっていまさらながら、右のごとき想いを深くしたわけである。

『中世的世界の形成』のボリュームは原稿用紙に換算して七〇〇枚余におよぶという(5)。石母田氏はこの叙述のなかで何を明らかにしようとしたのであろうか。ここでは不用意に「領主制」なるシェーマを先見的に考えるのではなく、まずは石母田氏の思考の脈絡をたどりながら、主要となる論点をつかみ出し、その理論的特質をその後の中世史研究の動向と照しあわせながら観察することにつとめたい。

本書の構成はつぎのごとくである。

第一章　藤原実遠

第一節　所領の成立

第二節　経営と没落

第三節　領主と東大寺

第二章　東大寺

第一節　黒田庄の成立

第二節　古代的論理

第三節　二つの法

一

第一章で石母田氏は、伊賀国の大領主藤原実遠を、彼が「平安時代という農村の歴史において変動の多かった時代を体現し」（二一ページ）たものと考え、この地方の歴史は「この長者の叙述から始めなければならない」（二一ページ）とする。実遠の所領構造の観察は平安期的大土地所有の形成とその経営様式が固有する矛盾の究明へとむかい、さらにかれのあとにくる東大寺の支配を見通すことになる。

a

石母田氏は実遠の所領分析から筆を起こす。石母田氏の所見によれば平安時代の大領主がもつ中心的所領はいかなる構造をもっていたのであろうか。

実遠の所領は二十八箇所にのぼり、伊賀郡十六処、阿拝郡六処、名張郡五処、山田郡一処というように伊賀国四郡にわたって広く分布していた。かれの父大蔵大夫清廉の代には山城・大和・伊賀にまたがる大所領を構成していた。石母田氏はかようの厖大な所領がA〈耕地のみからなる所領〉と、B〈耕地ならびにそれをめぐる広い荒蕪地原野を含み込む所領〉の二類型に区分されることを指摘したうえで、実遠の本拠地である南伊賀名張地方がB型の所領形態をとって存在していたことを明らかにした。そしてB型の所領が律令国家の禁制する「民要地」を侵害することによって形成されたものではあるものの、根本的には律令体制下における人民の私的所有権そのものの低劣な地位に野地占定、「民要地」侵害の根拠を求めたのである。

平安時代の大土地所有の成立の基底的根拠が人民の私的所有権の未発達にあるとしたことは、村落結合の弱さを示すものであり、著者はこのことの論証にかなりの紙幅をとっている。すなわち奈良時代のわが国においては、他民族において通常村落の果たすべき機能が戸によって果たされていたこと、「百姓治田」に対する村落の側からの共同体的制約はなく、村落が一箇の法的主体としては完成していなかったことなどをあげ、村落的規制のないままに「村落民の個別的な占有と開墾による入会地の分割私有が進行すれば、そこに村落=共同体としての外部の力に対する入会地の防御は著しくその力を減ぜざるを得」（三八ページ）ず、それゆえ名張郡においても「村落の土地に対する権利」はせいぜい国衙の進止に属する刀禰によってしか主張しえなかったと結論づけるのである。

入会地=荒蕪地原野の上からの囲い込みをB型所領という形をとって可能としたのは、独立的な土地所有者として土豪の侵攻に対立し得るほどの村落的基礎をもたぬ南伊賀名張地方の後進性に外ならなかったとするわけである。

こうした独立的な農民の未成熟な状態に対応する所領の経営が、田屋を設けて郡内の百姓を従者として駆使する直接的経営であった。著者は、この直轄地における徭役労働の収奪＝直接的経営を古代家族の経営様式の必然的発展であると考える。実遠の時代、この私営田経営様式は深刻な矛盾のうえに存在し展開していた。矛盾を内蔵する私営田の構造について著者の所論を要約列挙するとつぎのごとくなろう。

一つは古代家族の構造の変化。古代家族の経営は保有地を基礎とする奴婢・家人の経営の成長と寄口の独立化によって、隷属民は主人の経営とは独立に自己の保有地を経営する「百姓」に転化する。このため「領主は百姓の経営地と私業を彼らの生活資料を得るに必要な限度にこれを圧迫しようとし、百姓は自己の保有地経営の集約化拡大化に努めるのであって、両者の相反したかかる努力の対立が、平安時代の私営田の歴史を貫」（五四ページ）くことになるのである。

二つには、私営田を存続拡大しようとする領主の傾向が新しい労働力を強く欲求せしめたこと。家人奴婢が自己の保有地と私業をもって独立の経営をもつようになると、「彼らを『頭を尽して駆使』しえない事情が強くなるから、そこに発生して来る領主制の矛盾が、領主をして没落しつつあった班田農民を労働力として吸収せしめる」（五五ページ）のである。こうした欲求は新たな労働力としての対象が独立性の強い公民系統の百姓なるゆえに経営の内部にある古代家族的なものを揚棄し、家人・奴婢的なものが百姓に転形していてはじめて実現可能となる。ところが領主は経営内部の百姓を家人・奴婢におしとどめ、直接経営のための労働力として隷属せしめようとするから、所領を拡大し公民的なものを組織する段階には、かえってこの矛盾は公民系百姓との間にまで拡大せざるを得ないことになる。

かようの矛盾を包蔵せる私営田の存在構造のゆえに、領主実遠は、「当国の猛者」とならざるを得ず、その経営の維持は、かれ個人の力量と才幹とに負わねばならなかったとするのである。

実遠の没落は余りに急であった。あえて加地子領主への途をとらず「古代領主の伝統につながる最後の領主として没落した」（六三ページ）のである。実遠がのこした譲状の末文に記した「然るに年老乱の間、或いは荒廃、或は牢籠」という言葉について、著者が「平凡で短いが、当国の猛者として鋭意経営に努めた先祖相伝の所領が荒廃してゆくのを見る傲岸な老人の晩年の感懐がそこにこめられているように思う」（六三ページ）と述べているのは「古代領主の伝統につながる最後の領主」にたいする著者のイメージをみごとに表現したものである。

b

東大寺は、藤原実遠の領主制の没落を促進し、かれのもつ領主権を奪いとることによってこの地方の支配者としてたち現れる。石母田氏はこの動きを注目し、所領の寄進を通じて実遠が領主権のなにを喪い、東大寺がいかなる支配権を獲得したかを解明する。

そのさい長久二年（一〇四一）にみられた実遠による名張郡周智郷田畠四十町の東大寺別当深観への売進（実質的寄進）を分析の対象とし、そこで明らかにした実遠の寄進の特殊歴史的な意味についての所論は一つの創見というべきである。

一般に所領寄進は、東寺領肥後国鹿子木荘の場合に典型的にみられるごとく、領主権の主要な部分（所務・雑務・検断……対農民直接支配権）が寄進者に留保され、被寄進者の受けとる領主権の内実が、所領からの所当の一部を収取する権利にすぎないのを通則とする。著者はこうした所領寄進にみられる特質的現象を、「形式的には被寄進者が領主であるにもかかわらず、内容的には寄進者が領主権の保持者であるという形式と内容の不一致」（六九ページ）にあるとする。

そして、かようの特質的現象が平安時代中期以降地方に成長した在地領主の歴史における主導的地位を掌握する過程においてみられるのであるから、没落する私営田領主実遠の場合には、寄進の内容が右のごとき現象とはなりえないとするのである。反対に実遠の場合、かれの領主権の後継者藤原保房が加地子を取る権限しか保持していなかったことを考えれば、被寄進者たる東大寺の側に領主権の主要なる部分が移動しており、実遠の側ではここで所領百姓に対する直接的支配権は失われたという結論に導かれるのである。

かくして著者は、東大寺が住民にたいする領主権を掌握したと見るわけである。これにいたるまでの東大寺の動きは、実遠の所領のなかに黒田荘民が出作するという形態をとって実遠所領に結びつき、実遠の古い経営形態をもってしては組織しえない住民を東大寺の側が獲得する過程にほかならなかった。

石母田氏は藤原実遠の所領寄進をめぐる事態の評価をつぎのようにするのである。

ここでは一般所領寄進の如く寄進者の領主制がその基礎になっているのではなく、反対に解体しようとしている領主制の上に東大寺の領主権は構築されて来るのである。……東大寺の進出が実遠の没落の時期に開始されていることに注意すべきで東大寺はかかる在地領主制の廃墟の上にのみ自己の欲する構造と形態の所領を形成すべき可能な条件を見出すことが出来た。(七五ページ)

東大寺の住民に対する「進止」権は、住民に対する直接的絶対的支配であるから、進止権を有しうる主体はただ一つでなければならない。

こうした著者による東大寺支配の絶対化への認識の延長線上に、保房の三人の子実誉・中子・保源らが受け継いだ実遠の領主制の残存物＝私領主権をあいついで東大寺が接収したことの意味をみるのである。「東大寺は、土地所有権、住民に対する進止権の外に加地子取得権もここで獲得した」（七七ページ）のであり長承三年（一一三四）七月に作成された矢川・中村・夏見の公畠取帳は、東大寺と実遠との領主権のための闘争が東大寺の勝利のうちに終結したことを物語るものとした。

二

第二章で石母田氏は、杣工＝寺奴の土地保有者としての成長とかれらの公田へ進出する動きに着目した東大寺が、いかなる論理の貫徹をもって名張郡のほぼ全域にわたる大荘園を成立せしめたのかを解明する。

a

東大寺別当光智が板蠅杣の拡張をはかって東北方にある薦生牧を包含しようとしたのは天暦頃と推定される。このころの東大寺の所有せる三千四百六十三町六段百五十歩という広大な田地は、その内容にいたっては見開田僅かに二百十二町五段百二十五歩にすぎないという状態にあり、伝統的な荘園が数多く散在していた大和においては、藤原氏の台頭にともなう絶えまない興福寺の圧迫と侵攻にさらされ、東大寺の経済的基礎はその極限にまで凋落していた。こうした辺境と中央にみえる衰弊と圧迫の形勢において、畿内周辺が東大寺所領再建運動の中心として浮びあがってきたのであって、光智の板蠅杣拡張工作はかようの時代状況から発したのであった。

光智のこの拡張策は、在地刀禰の抵抗によってその不当性が曝露され挫折する。これ以後の東大寺は「不法な土地占拠ではなくして、私領主の所有する正しい証券の獲得と開発形式による国衙への合法的態度を守りながら」「在地農民との正常な結合の方向へ向うことになる」(八六ページ)。

こうした黒田荘成立の前史においてもっとも基礎的事件は長元六年(一〇三三)の板蠅杣の荘園化であった。黒田荘の歴史と発展の構造は二十五町余の小さな本免田黒田本荘の理解から出発するわけである。

板蠅杣の歴史は百人近くの杣工の入植からはじまる。かれらは当初より自己の食糧に宛てるべき零細な田畠を保有していたのであって、本免田二十五町余はもともとかかる杣工の生活の基礎であった。この点で石母田氏は、杣工が自己の食糧を自給するところの独立の土地経営者であり、その生活形式が家族的であることを指摘するいっぽう、かれらのこうした性格が東大寺との関係においては問題にはならず、あくまでも寺家に材木を貢進する奴隷の集団として現われることを強調する。

しかし奴隷としての杣工の、保有地と家族および村落生活が旺盛な生活力を生みだし、やがて自己の保有地の経営において単に自己の家族の生活資料のみならず、それを超過する剰余生産物をその保有地から生産しうるようになると、杣工の所有地は「所領」として編成されるようになる。すなわち杣工の労働生産の増大が杣から荘園の転化と、名の成立をもたらすのである。かくして特殊な職業に従事する杣工の集団は、厳密な意味での農民に成長をとげて公民との区別をなくしたのである。

b

板蠅杣が荘園化する基礎過程として展開された杣工の農民的成長は、同時に東大寺が公田の村落を支配する基底的条件でもあった。そのさいに板蠅杣から転化した黒田本荘の本免田たる性格は、黒田荘の歴史が出作地(公田)の歴史へ移行する過程で無意味になるのではなく、かえって新しい意義をもってくる。すなわち本免田二十五町余の荘園から二百町近い公田を侵略する過程において鋭く対立した国衙との関係で、本荘の本免田たるの性格は意味をもってくるのである。

黒田荘の歴史は国衙との抗争に満たされており、これに勝利することによって、名張郡域をおおう大荘園は形成される。勝利のための東大寺の努力と執念がここで観察の対象になるのである。

何人も疑い得ない明白な公田を寺領とするために、東大寺はあらゆる不法と奸策と偽造を行い、国衙と中央政府の間隙や国司交替期をうかがっては策謀し、法廷の対決においては白を黒という式のたぐいのない雄弁と狡猾さを示した。……東大寺は個々の事実を捏造し前後矛盾した事柄を主張することには些かの躊躇も示さなかった。（二〇六ページ）

この叙述には、二世紀にわたる国衙との抗争にみせた東大寺のすさまじいまでのパトスと迫力がにじみでている。しかし国衙との抗争をめぐる観察で著者が発見したのは、単なる不法と捏造の事実ではなく、そのなかに一貫せる東大寺の独自の論理であった。

これが「寺奴の論理」といわれるものである。東大寺にとって荘民との関係は直接的隷属関係が絶対的第一義的であり、荘民とは寺奴または一円進止の土民でなければならなかった。この大前提にたてば、その保有する出作地での家地・畠地は東大寺の単一所有に帰するはずである。このことが合法的に承認されるならば畠地と田地とは寺奴の保有地たる点で本質的には如何なる差異もなく、出作田全部が寺家の単一の所有であるという結論までには、論理的には、何の飛躍も必要ないというのである。これを要約すると、

寺奴に対する直接的人身的所有を基礎として、家地畠地に対する独占的支配を媒介とし、獲得の経路如何を問わ

ず庄民のすべての土地を寺家の所有であるという結論にいたって完了する論理（一二八ページ）である。「寺奴の論理」は律令法につながる古代的法理であるのに対し、公田を支配下におく国衙の法理は慣習法にもとづく領地の法理（居住地決定主義）であった。二つの法理の激突に勝利し東大寺は三百町にのぼる公田を寺領化するのに成功するのである。

ところで国衙の法理についての短いが、その後の研究に大きな影響を与えたつぎの指摘は紹介しておく必要があるだろう。すなわち「平安時代の国衙領には律令制に基礎をおきながらそれを修正しつつあった特殊な慣習法の体系が形成されつつあった」（一二九ページ）ということである。

もともと律令法は調庸が直接人身に賦課されるごとく、その根本の精神は居住地に拘わらざる個別的人身支配にあった。しかしこの時代になると慣習法としての居住地決定主義が国衙法の一要素となっていたという。かようの慣習法の成立の基礎は、国衙の主体在庁官人が在地領主で、国衙領はかれらの共同の私領になっていたことに求められるというのである。かれらは国衙領に居住し、その土地を耕作する農民に限り、国役を負担する義務をもつという現実的な慣習をつくりあげた。

国衙法にまつわる右の理解は、その後の中世史研究に多様な視角を提供するものであった。ことに在地領主の領域的支配体制がいかなる径路をたどって確立するかといった問題の設定とその究明は「公権」「在家」「負名」「中世的郷」「別名」などの分析を通してなされたのであるが、これらの視角のほとんどすべてが、石母田氏の右の理解から発したものといって過言ではないのである。(6)

東大寺の法についての石母田氏の理解は、東大寺と黒田荘との歴史的な関係を明確にするうえでもっとも核心的な部分に位置づけられている。本書における東大寺が荘民にとっていかなる存在であったかを、おそらく法についての叙述が一番はっきりと表わしているであろう。

東大寺の法の特質は「徹底的に論理に基づく」ところにあり、かようの法の論理的性格はその避けえない一面として「抽象的であり形式的で」(一五〇ページ)あった。

東大寺は現実の社会関係と生活連関を無視し、それらの上にみずからの原理をかぶせ、そこから現実にたいして法を適用しようとする態度をつらぬいた。それは「法によって事物の連関を断ち切ろうとする」(一五一ページ)ものであった。

東大寺は「寺奴」にかわるべき「作人」なる身分を作ったが、この身分も東大寺の法の世界においては現実に荘民間に成長していた複雑な社会関係の分化(=荘内の階級秩序の形成)を何ら表現するものではなかった。東大寺のもとで荘内に生起する領主・地主も名主・下作人も一律に「作人」と固定され、表現されたところに、「事物の連関を断ち切」る東大寺の法の抽象的であり形式的である性格がよくあらわれている。

石母田氏はいう。

寺奴=杣工が村落社会を形成し、村落の内部から地主、領主を発生せしめて、新しい村落秩序と領主制が在地の生活の原理となった段階においてもなおかかる形式的抽象的な法理をもってそれを律しようとした。(一五一ページ)

またこうも述べている。

東大寺の法思想は立法者たる自己の意志を絶対的なものとして貫徹しようとするものであり、……東大寺と庄民の間には生きた生活的な連関はほとんど存在しない。……庄民が自己自身の法を形成しそれによって生活を秩序立てるにいたった時代においてもなお絶対的なものとして貫徹しようとする。それは生きた生活の血のおそらく一滴さえも通わない論理と抽象の世界である。（一五三ページ）（傍点―筆者）

土地の風習・慣行・歴史から切り離され、「生きた生活的人間的な連関」をもつことなく、具体的特殊的な在地性から解きはなたれているという意味では、かかる東大寺の法は都市的なものとも性格づけられるという。以上で石母田氏が考える東大寺の法が在地との関係でいかなる性格と特質をもっていたのかは大体明らかになったものと思う。ここでは、東大寺の法が在地の新秩序から無関係に自己をつらぬこうとする存在であり、抽象と形式の世界のなかでのみ生命をもつ都市的な法であったことを確認しておけばよい。

それでは荘民のなかから発生した現実の新しい生活秩序はいかなる法のすがたをとるか。荘民のなかに生まれる法についての石母田氏の見解は「地主、領主の成長がその法の形成の基礎過程をなす」（一五六ページ）というところからも明らかなように、在地領主制の運動と緊密に結びついているところにその特徴がある。すなわち、在地の法はこの場合、〃領主の法〃として現われるわけである。〃領主の法〃は石母田氏の構想のなかでは〃東大寺の法〃と一対をなすものであった。〃領主の法〃の特質は以下のようなものであった。

①地方的農村的である。……抽象的形式的な古代法ではなくして、在地民の生活と階級関係の多様性を表現する具体的な法の世界であり、長い伝統と慣習とに支持され、地方民の共同の法意識として生きている法である。（一五七ページ）

②厳しい規範を伴う。……東大寺の法の如く上から制定されるのではなく、在地の階級分化そのものが新しくつく

り出した法であり、したがってそれは領主的支配のための法であると同時に、その生きた規範である。（一五七ページ）

領主は危急のさいには農民の保護や救済につとめるし、村落の共同生活の中心である鎮守や寺の維持のために、その他種々の日常の世話のために、農民に対して広汎な義務を負ったのであり、領主の法理は具体的特殊的な集団生活から離れない性質をもっていた。

こうして石母田氏は抽象的・形式的な都市の法にむかって具体的特殊的な農村の法を対置するのである。かくして「板蝿杣から黒田庄への発展は、かくの如く二つの異った法の世界を形成して行った」（一五七ページ）というわけである。

二つの法によって代表された東大寺と荘民の関係は、両者の法の基盤となる〈古代的権力としての寺家〉と〈中世的な力としての在地領主〉の対立であり、黒田荘の歴史を叙述する石母田氏は、まさにこの対立を軸とする在地領主制の発展の観察に全力を投入するのである。こうして氏は中世を一身に体現する在地領主源俊方に目を向ける。

三

第三章で石母田氏は、古代権力としての東大寺に直接抗争して敗北した源俊方とその武士団に注目する。古代的世界から中世的世界へと社会を変革する唯一の運動力が在地領主制というウクラードであって、その政治的形態が武士団であると考える以上、この運動力の本体に肉迫してのみ日本封建制の形成過程とその歴史的意味が解きあかされると考えるのは当然であった。

a

源俊方一族の歴史は数代まえの近国からはじまる。近国一統の代々変わらない居所が簗瀬村であったのは、近国の祖先丈部為延なるものが同村の開発にあたり、ためにここが近国一統の根本所領となっていたことによる。そして近国は根本所領たる簗瀬村を拠点とし、開発領主的な一族を背景としてその棟梁的地位にあったのである。

近国は名張一郡の郡司になることによって、村の開発領主から一郡にわたる権勢者になり上がった。近国の拠点簗瀬村は名張郡公領のなかでもっとも東大寺の影響力の稀薄な地域であり、国衙の牙城であった関係もあって、同村の土豪近国を郡司に補任することは、国衙の対東大寺の政策上もっとも必要にして妥当な処置であった。大社寺王臣家の侵攻による国衙の危機が、近国の郡司就任をもたらし、政治的権威をたかめることになった。

かかる政治的権威と声望をうけつぎ、東大寺との最後の抗争を展開し敗北したのが三代目の俊方であった。東大寺は一円寺領化のための障碍となっていた簗瀬保を武力占領し、ここに蟠踞せる俊方の殺害をはかった。これを機に俊方とその一族は公然たる武力抗争に入る。しかし、東大寺の一撃のもとにあえなく敗北していった。俊方の武力抗争の敗北によって近国以来のこの一族の歴史は終結する。それにともなう国衙の東大寺への圧力も急速に減退の兆を示し、東大寺の名張郡における勝利はほぼ完成した。

以上が石母氏の描いたところの、源俊方をめぐる在地情勢の沿革である。

b

それでは、東大寺との武力抗争を展開しえた近国一統の社会的存在構造はいかなる特質をもつもので、そこにどのような歴史的意味が見出せるか。かようの問題関心から石母田氏は中世武士団の分析に入っていくのである。

そこでまず注目されるのが、近国一統が四代にわたって一貫してその居住地であった簗瀬村と切離し得ない結合をもっていたことである。そこには実遠のごとき所領の厖大さはないものの「村落の生活と伝統の中に成長してきたもの根強い在地性を見ることができる」(一七二ページ)。

つぎに注目されるのが彼らの武士的な性格である。俊方が安元元年(一一七五)黒田荘の顚倒をこころみて本荘に攻めこんださい、かれは三人の子息と二、三十人の随兵、さらに十方の盗賊および殺害の輩をひきつれていた。武士的性格とは背後に社会集団を随伴しているところにあるという。

ここで石母田氏は武士の概念を明確にする。

歴史上「武士」と呼ぶところのものは単なる職業的身分としての「侍」のみを意味するのではなく、また自ら武装し私兵を蓄えている領主や名主のみを指すのではない。……勝義における武士の概念のなかには、通常武士のもつ公的性格、武士が政治的に外部に代表する社会集団の存在を暗黙のうちに含めているのである。それがある場合には所領といわれ、或る場合には同族団や村落といわれる(一七三〜一七四ページ)

俊方が武士的であるというのは、かれが「所領と一族とを含み彼の故地でありかつ全体としてその支配に属していた簗瀬保という村落」(一七四ページ)を背後にもっていたからである。かれが東大寺から防御しようとしたのは、かれの背後にもつ簗瀬の領主権であった。ここで石母田氏の論旨のうえで大切なのは、俊方が簗瀬村という共同集団をその一員として、あるいは代表として護ろうとしたのではないということである。

俊方は「無数の糸によって簗瀬村に繋っていた」(一七五ページ)存在であり、一瞬たりといえども「土地を離れては考えることさえ出来ない」（一七六ページ）深い在地性をもちながら、なおかつ在地＝村落を超えた階級にみずからを分離させた存在であった。かれは「村落の政治的代表者ではなくして村落の政治的支配者たるが故に村落を防衛するのが死活の問題であった」（一七五ページ）のであり、まさにかれが全軍事力を動員して東大寺から護ろうとしたのは村落を超え敵対する領主権に外ならなかったのである。

この領主権を基礎づける領主制の根本構造は、領主と所領住民の対立が明確化されたところにあるとされる。だからこの支配権を維持・存続・拡大するために領主層は新しい統治の方式と組織の創造に向わざるを得ず、そのためかれらの族的結合は、一箇の武装した戦闘組織のすがたをとるのである。

俊方のもつ武士的性格とは大体いじょうのように説明されるであろう。これをさらに要約するなら、武士的性格の領主とは、「所領」の基本的形式、すなわち単なる排他的土地の独占ではなく、内部に自営農民の占有と対立するところに特質をもつ土地所有の形式に基礎をおく存在であり、それゆえに戦闘的組織＝武士団としての形態をとる在地領主であると言えよう。

ところで俊方の在地領主としての歴史的位置づけが、名主その他の一般農民との比較においてなされたさい、つぎのように記していることは注意しておく必要がある。

名主は単に村落の構成員たるにすぎず、その内部から独立的な領主を形成する母体となり得ても、それ自身政治的意義をもち得なかった。（一七五ページ）

俊方がこの地方の政治過程に入り得たのは彼がかかる名主的階層から分離し、したがって村落の外部に立つ官人及び領主になったからである。名主が成立することの客観的歴史的意義と、それが現実の歴史過程において果した政治的意義とは区別して考えねばならないのであって、……名主はさしたる歴史的意義をもち得なかった。

（一七六ページ）（その他、一八五〜一八六ページ参照）

石母田氏によれば、あくまで名主は村落の構成員に過ぎず、この地方の政治過程に入りえた、つまり政治的意義をもちえた人間は村落の外部に立つ在地領主であった。したがって、この場合政治史の対象は在地領主に限られるべきで、直接的には名主「百姓」を視野に入れることはないのである。

石母田氏のかようの理解は、その後の中世史の研究の方向において、かず多くの視角から批判し克服すべき対象とされた。おそらく石母田史学の理論的核心部は、ここにあるのであって[7]、この部分の厳密実証的な批判は石母田氏のつくり上げた枠組みの全体にせまるまでの意味をもっていた。

戦後の歴史学は社会経済史的側面での進歩がいちじるしく、「田堵富豪層」「旧名体制」「荘家共同体」「政治的共同組織」「座的構造」「散田作人層」といった諸問題を究明することによって、中世成立期の農民と村落の存在ならびに構造の実態がきわめて鮮明になってきた。その結果、荘園制のもつ社会構成からみた位置づけが、従来のように旧体制（＝古代権力体制）といった認識のもとに、中世封建制成立の過程のなかで克服されるべき対象であると位置づけるわけにはいかなくなったのである。

かくして、自立度の高い名主たちは早くから自分たちの土地を名田として保有し、このことを基盤として村落的共同体をつくりだしていたのではなかったか。ヨコの結合をはかる農民の政治的力量は（畿内の）在地武士の領主化を阻んだのであって、かかる中世封建社会の骨組は荘園制にこそあったのではなかったか。そして、領主制という運動基軸は、農民結合のまえについに副次的なものでしかなかったのではないか、等といった学説が出るにおよんだ[8]。

c

南伊賀では全体として在地武士団の勢力は著しく微弱で、かつ統一を欠いていた。しかし平安末期の源平の争乱にさいし、黒田荘の武士が二人源平争乱の歴史的事件に参加したことは、南伊賀の孤立的世界が克服されて北伊賀へ、そして中央への道が開かれたという点では画期的であった。

一人は紀七景時。かれは黒田新荘の下司であった。平氏西走後、北伊賀の平氏の残党とともに謀叛を企て陣没した。もう一人は、平保行。かれはこの争乱で源氏のために忠節をつくし、所領安堵の下文を将軍より受けて御家人に列した。この二人がそれぞれ平氏と源氏に分れてむすびついていたごとく、南伊賀の武士は統一を欠いていた。

しかしかれらの行動は、黒田荘という〈古代の法〉がつらぬくところをうちやぶり武門の棟梁と封建的関係をとりむすんだことは、やはり注意すべきことがらであった。つまり、東大寺の古代の法のもとでは、荘民はあくまで寺家進止の作人でなければならず、かれらは私領をもちえぬのと同じく、外部と主従関係を結ぶことが許されるはずがなかった。この禁制をふみやぶって、黒田荘の武士は合戦に参加し、政治的冒険へとわが身を投じ、御家人へ列していったのである。

ここでの南伊賀の武士の「抑圧せられていた世界」（二四二ページ）からの呼応は、東大寺の報復をうける。景時戦死後その所領は、東大寺のものとされ、康行の子康兼は所領没収されたうえ荘内を追放された。従来「日本歴史の圏外にあった農村武士が、一族とともに各地の森林や谷間から呼応し」まさに「中世の開始を語る歴史的壮観」が展開されはじめたとき（二四二ページ）、この在地の動揺はそれに対応する上からの政治がなかったために、「無意味な一挿話」（二五四ページ）と化してしまった。

情勢は封建領主階級にとって決定的に有利となっており、そのうえにたつ将軍頼朝の果断さえあれば、領主階級の全国的な勝利が展望されたのである。しかしかれはこの決定的瞬間において、動揺をし、躊躇し、退脚したのである。「源平争乱を契機として南部伊賀に起った新しい体制へのすべての期待は、頼朝の保守的退嬰的政治のために裏切られた」のであり、東大寺の「勝利は今や必至のものとなり……暗黒な裁判と政治の支配はもはや避け得ないものとなった」（二五七ページ）のである。ここの叙述にはあたかも一九一九年のドイツ革命の栄光と挫折を想わせるものがある。実遠の没落、源俊方の敗北、そして頼朝の保守的政治のために中世（＝封建革命）は三度敗北した。

四

第四章で石母田氏は、黒田荘の直接統治がいかなる政治的形態をとって編み出され、その直接的統治にたいする荘民の反抗が何故に悪党というかたちでしか展開しえなかったのかについて論じる。この章でとりあつかう悪党の把握と評価は、石母田史学の理論的枠組みから導き出されている。だから中世悪党の研究の深化は逆に、石母田氏の理論的枠組みを大きく批判し総括しうる切り口の部分となった。

a

黒田荘の直接統治は東大寺による預所の設置によって実現された。預所は「庄園統治の危機の産物」であり、「危機に対する統治者的本能の発現」ともいうべきものであった（二七七ページ）。ではこの「危機」とはなにか。本来東大寺の支配を成立せしめ安固ならしめる客観的根拠は、荘民が「東大寺の権威を絶対的なものとしてそれに依存帰服している」（二六三ページ）精神的状態にいることである。しかしたえまない荘民の階級分化と領主制の発展は、荘民をして「東大寺の支配を唯一絶対なものと考えず」（二七一ページ）に自己の都合によっては他の勢力と結ぶことすらするほど政治的に成長させることになる。このことが真実の危機であったのである。

荘民の意識の進歩は、たとえば在地の慣例や法に通じ、解文の一つも書ける下級役人（納所書生）の縁者が杣工とともに荘民となってきたことなどにもよるものであって、こうした径路から農民が文字を使用するようになるとかれらの意識は急速に開明されたのであろう。こうなると伝統的な権威のみに頼る従来の統治組織（政所と荘官組織）は役に立たなくなり、東大寺は何らかの新しい強制手段を見出さねばならなかった。これが預所制であるという。最初に預所に補任された東大寺威儀師覚仁は武装した悪僧を率いて、直接に在地荘民のまえに立った。かくして東大寺の直接的な武装統治は荘民の悪党化をまねき、ついにいずれの側にとっても勝利の望みのない闘争のために「相互に精力を消磨し、疲労困憊」（二九八ページ）をふかめる昏迷の時代へと入っていくのである。

ところでそれまで従順ですらあった黒田荘民のうえに武装統治をもってのぞんだ覚仁について、石母田氏がつぎのように述べているのは、歴史的位置づけはともかく、中世成立期寺院権力が生み出した一箇の激越な個性の持主を描出している点でみごとである。

彼は伝統的に問注所における雄弁家の多い東大寺僧侶中でも、才幹ある弁論家の一人であるとともに、……庄園統治が……在地における行動によってのみ解決されることを見抜いていた政治家であった。……雄弁と政治的才幹、強力と仮借しない統治によって、東大寺庄園の危機の解決に大きな寄与をなした悪僧覚仁こそ、この時代の東大寺の精神の体現者であり、奈良時代以来の庄園経営の正統な伝統を汲むものであった。（二七八ページ）

b

直接的武装統治の形式は法的・制度的措置であるゆえ、それのみでは荘民を把握し得るものではない。したがって法的・制度的措置が機能するためには、新たに荘民を寺家に繋ぎとめる紐帯が必要であるとする。ここに神人が注目されることになるのである。

この神人の本質は、「大仏の奴婢」「雑役免の作人」といった荘民の古代的依存観念にもとづいて東大寺が組織したものであって、精神的にも現実的にも寺家から離反しようとする荘民を「古代的原則によって組織し替えようとしたところの人的身分的関係」（二九九ページ）であったとする。神領内での神社と百姓の対立が神人と荘民との観念上の相克となるとき、「古い牧歌的な神領＝神人＝神民の神領」は荘園領主の政治の対象となる。このとき「神人は神々の権威に寄生し、百姓を抑える堕落した執達吏に変化して来る」（三〇四ページ）。「かれらは用もないのに群を組んで庄家に来り、美食を要求し、種々の名目で米銭を徴収し、降魔の相を現わして百姓を調伏せんとし、有力者に対しては追蹤怯懦、百姓に対しては猛悪なる人間であった」（三八七ページ）。神人のかかる腐敗ほど東大寺の政治の腐敗をあからさまに示すものはない。ここのところで石母田氏が「政治の頽廃以上の道徳の頽廃を端的に表現するものがありうるであろうか」と問いかけ、

統治者の道徳が人民の自身の道徳として転化されないとすれば、人間の歴史はより単純に、より苦悩少なきものであったであろう。黒田庄民の負担したものは、所当と課役のみではない。庄民は道徳的頽廃をも一部分東大寺と分かち合わねばならなかった。（三八八ページ）

と述べる。そしてこの頽廃の分有は荘民が黄衣の執達吏、貪欲な刑の執行者とされたことのみをいうのではない。

平安時代以来村落生活のなかから徐々に形成されて来た新しい秩序が否定され、在地民は納得の行かない南都の悪僧と神人の暴力が支配する世界の暗さが長い時代にわたって覆っている時には、それはその世界の住人の心をも蝕んで行かずにはおかないであろう。（三八八〜三八九ページ）

こうして本来「健全」なはずの荘民にたいして及ぼした東大寺の頽廃的・不道徳的感化がいかに深刻な害悪となって、歴史を出口のない袋小路へ導いていったかを黒田悪党の敗北から論じるのである。

c

悪党の意義は、東大寺の統治形態のもつ矛盾から発した政治的帰結でありながら、東大寺の統治に歴史的決算を与えるものではなかった。石母田氏によれば、「庄民がもはや寺家の統治を欲しなくなったことを明確に表示すると同時に、東大寺自体に庄民をもはや統治しえないという事実を意識せしめたことに」（三九三ページ）あった。そうじて東大寺支配の解体的作用として悪党の意義をみるわけである。

しかし、悪党はみずからの悪党たる性格を揚棄しないかぎり、東大寺の統治に歴史的決算を与え、これにかわる在地の新たな秩序と支配を確立することはできなかった。結局、悪党は無意味な殺害と、目標のない抗争、頽廃的山賊行為によって黒田荘の内部に混乱と無秩序をもちきたし、東大寺の支配力を弱めはしたものの、「悪党はそれ自体としては無秩序のなかから何物も学ぶことも成長することも出来ず、庄民のために歴史的なものは何も遺すことは出来なかったのである」（三九八ページ）。

こうした悪党の限界は、「多年外部の世界から遮断せられて東大寺の支配に慣らされた」（四〇三ページ）黒田荘民の孤立性ともつながるもので、本質的には同一の性質に根ざすものであった。かれらは、地域の連合はなしえても、ついに外部守護勢力＝封建的勢力に身をゆだねることができなかった。在地の動乱が見出そうとした歴史的結末としての安定が守護領の確立にあったにもかかわらず、かれらはついにそこへの参画をなしえなかった。そして永享十一年（一四三九）の黒田荘民の起請文にみるごとく、荘民は守護の課役を免れたことを感謝し、寺門の御恩を子々孫々忘るべからざることを誓約したのであった。石母田氏はいう。

板蠅杣の寺奴の血と意識が、中世の地侍の中から完全に消え去っていたとは誰もいい切ることは出来ない。子々孫々同一土地において同一支配者を戴き、同一の神仏を礼拝する場合、数世紀は数十年に等しいのである。地侍が悪党であることをやめ、庄民がみずからを寺家進止の土民であると考えることをやめない限り、古代は何度でも復活する。（四一七ページ）

こうして暗鬱なる古代の世界は、外部からの征服のない限り存続しなければならなかった。石母田氏はつぎのように述べて本書を終えねばならなかった。

われわれはもはや蹉跌と敗北の歴史を閉じねばならない。戸外では中世はすでに終り、西国には西欧の商業資本が訪れてきたのである。（四一七ページ）

五

石母田氏が本書において明かにし、また読者に訴えようとしたことがらは二点あると思う。一つは①「歴史的に与えられた社会的機能をすでに果し終えた一箇の統治形態」（二九〇ページ）がなおも存続しようとし、また存続しうる世界とは、いったいいかなる人間の社会であるのか、このことを解き明かすことであり、もう一つは②古代から中世への変革の推進力が領主階級の成立と発展にのみあることを説明することであった。

①と②の問題関心を正しく位置づけるためには、なによりも「本書は自分にとってあらゆる意味で戦争時代のものである」(初版跋)という石母田氏自身の言葉のもつ意味から出発する必要があるだろう。

a

①については、第四章「黒田悪党」のところでそのおもな叙述がなされている。その論旨はすでに述べた通りである。黒田荘の歴史に彫り刻まれた陰影はまさに歴史的生命を終え、なおかつ存続する古代権力を下から支える荘民の意識にほかならなかった。石母田氏がみた黒田荘には「あるべき」健全なはずの荘民はついに登場することなく、孤立と頽廃の淵に沈んだ地侍の出口のない抗争しかなかった。それはまことに暗い世界であったのである。この暗さは、石母田氏自身がこの書物をものした戦時体制下における時代の暗さを考えねば理解できない。すでに石井進氏が岩波文庫版の末尾に付した「解説」でそのあたりの事情を石母田氏の学問研究の軌跡と絡めながら詳細に述べている。またこれよりまえ太田順三氏も本書の構想の時代的背景を「荘園と『地域的一揆』体制——石母田正著『中世的世界の形成』をめぐって——」(『佐賀大学教養部研究紀要』第十二巻、一九八〇年)なる論文で関説している。(9)

両氏の所論ですでに掲げているわけであるが、石母田氏にとって当時の「最大の課題」は天皇制の問題であった。「日本人が思想的にも、実践的にも解決することなしには、他の問題の解決もあり得ないと確信すればするほど、天皇制に呪縛されたようなこの時代の状態からの解放の道筋が、いかに日本人にとって困難で複雑であるか、天皇制という怪物をいただくわれわれの国はなんという不可思議な国であるかと自問自答しながら」石母田氏は突き破りがた

い壁のまえに立っていたのである。(10)

戦前の石母田氏は「天皇制の問題を媒介にして、研究者としての自分と人民との関係を設定していた」が、そのさい彼とその周辺研究者が「人民から孤立しており、そのうえその人民そのものが天皇制にとらえられたままで」いたという関係をみておく必要がある。(11)さもなければ、「地侍が悪党であることをやめ庄民がみずからを寺家進止の土民であると考えることをやめない限り、古代は何度でも復活する」（四一七ページ）という黒田荘の暗鬱は感得できないであろう。

熱狂が理性のうえに覆いかぶさり、理不尽と虚偽と暴力が道理と真理をおし潰す時代、「暗黒のなかで眼をみひらき、自己を確乎と支えてゆくためにはわれわれは学問の力にたよるほかになかった」という石母田氏の感懐(12)には、時代の流れに抗し、あくまでも誠実かつ折り目ただしく生きようとした一歴史学者の孤高の思想をみることができる。ところで頽廃の社会を一身に体現したとする中世悪党をめぐる評価については、それが石母田氏の中世社会像の根底にかかわる問題だけに、その後の日本中世史の学界に大きな影響をのこした。

一九七〇年に「悪党の評価をめぐって――日本中世研究史の一断面――(13)」と題してその影響の総括をこころみた網野善彦氏は、石母田氏の『中世的世界の形成』が中村直勝・清水三男両氏の泥臭く、雑草のようにエネルギッシュな庶民的な世界に悪党を観ようとする史風をきびしく批判し、史的唯物論の立場からする古代末期以降の時期における「科学的把握」と中世成立の「法則性」を究明しようとするものであったことを確認した。

そのうえでこの本が中村・清水両氏が明らかにしようとした「悪党」の一面を切り落とした上に立てられたとすれば、それは日本の社会の基底に存在する、見のがすことを許されぬ「なにものか」を、鋭利なメスで切りおとした上に立てられた「法則」であり、「科学」であったことになろう、と網野氏は指摘したのである。

この「なにものか」は網野氏自身の研究成果である『日本中世の非農業民と天皇』（岩波書店、一九八四年）その他[14]で明らかなごとく、非人、散所、供御人、遊女、芸能民、海民、漁民といった無縁、公界に生きる人々の非農業的な世界にほかならなかった。

ここに石母田氏以来の領主制理論を基軸として、悪党の「前進」か「頽廃」かを論じる視点に向ってまったくあらたな視点を対置したのである。網野氏のかようの新領野からうちだされた中世史像は、おそらく石母田氏がのこした影響にもっともラジカルな形をもって総括をこころみたものとみることができるであろう。

いまは網野氏の学説について当否を論じる余裕も力量もない。ただここでは石母田氏の理論と体系が「見のがすことを許されぬ」部分を切り落としたうえに組み立てられているという重大な問題提起だけを注目しておきたい。

b

石母田氏の理論と体系とはいかなる構造と特徴をもつものであったのであろうか。ここでは網野氏のように石母田氏が「切り落とした」部面から領主制を批判するのではなく、前節②の命題そのものがもつ問題を明らかにするなかで、黒田荘研究に必要な視点と方法を探りたい。

②の命題、すなわち〈古代から中世への変革の推進力が領主階級の成立と発展にのみある〉とする命題は、石母田氏の理論の根幹となる部分であった。これがいわゆる「領主制」（あるいは「在地領主制」）理論と呼ばれるところのものである。これを探求し主張することに①を除く一切の学問的目標がおかれていたことは、本書の第一章がまずもって私営田領主「藤原実遠」から起筆されていることに端的にうかがわれる。石母田氏にとって、東大寺と国衙との本格

的な抗争の幕明けとなった天喜事件は、領主制の運動起点にはなりえず、したがって叙述の対象ではなかったのである。

領主制理論の内容は、すでに各章の論旨を紹介するなかで明らかにしたのであるが、この理論のもつ問題性（限界性）を浮き彫りにするために必要な骨子を再度述べればつぎのようになる。すなわち、日本における封建制は古代奴隷制（＝総体的奴隷制）の内部から生起する封建的ウクラードとしての領主制によって形成される。領主制をになう運動の主体は、古代家族的内部構造を揚棄して、「所領」内部の農民の占有と対立してのみ自己を実現する武士にほかならなかった。だから古代から中世への時代の推移は、武士階級の運動と構造における発展の度合から測定しなければならず、当然わが中世社会の分析の方法は古代的貴族階級の荘園制支配を領主制が破壊し、うち破る道筋としてのみ定立されるのであった。

さてかかる領主制理論は黒田荘におけるいかなる研究方向を規制することになるのだろうか。

まず第一にこの理論からは東大寺自体の構造分析の研究方向は大きく規制されることになる。歴史の運動力をかかる領主制にすえた構想上の枠組みが伊賀国黒田荘の農村社会にあてはめられたとき、東大寺はまさに古代ローマ法的な論理と抽象と形式をふりかざす、「血の一滴さえも通わない」古代の権力そのものであり、東大寺がもつ内部構造とその運動、変容あるいはそれにともなう政治・経済・文化にわたるもろもろの事象――預所制、神人定置、惣寺集会など――までがすべてこれ領主制との敵対を軸とする古代の〝対応〟でしかなかった。東大寺はあくまで奴隷制的構造をもつ荘園に基礎をおく、「数世紀にもわたり一貫して古代的な」存在であったのである。

第二に「名主」百姓への目が閉ざされてしまうことになる。すでに三の**b**で石母田氏の「名主」百姓の考え方はのべた通りであり、そこにある問題性から幾多の批判と克服さるべき学説が提出されていることも明らかにした。石母田氏によれば、「名主」は「村の役人として或いは富裕者として村落生活の中心であり、村民よりやや広い程度の土地を家族的労働をもって経営する地主」（一八六ページ）と規定される。「村民」が何を指すのか不明確であるのだが、いずれにせよかれらは家父長制的奴隷制を基礎とする家族経営（＝家父長的名田経営）の所有者であることは間違いなく、農村住民のすべてはこれに属するか、さもなければこの家父長的名田経営のもとに包摂された奴隷的直接生産者に含まれていたはずである。

こうした農村住民の理解は当時の研究水準に規定された当然の結果であり、やむをえないことは勿論であるが、かれらの理解が中世荘園農村の「名主」百姓を政治的意義のもちえないものとする規定的な原因となっており、かれらが直接経営（＝家父長的名田経営）から分離してのみ——すなわち領主化してのみ——政治過程に参入することが可能になるという把握の方法を規定づけていることは、客観的な論理構造の特徴としてやはり注意しておく必要がある。この論理構造からは、どうしても「田堵」「名主」らのみせる主体的な特殊荘園制的政治行動は理解できない。

第三に「荘園制」の研究視点が領主制の枠のなかに位置づけられているかぎり、きわめて限定されたものとならざるをえない。これは第一・第二の問題点のなかにすでにその根源をみることができるであろう。すなわち、領主制理論からは、東大寺は一貫して中世（＝封建制）の対立物でなければならず、それは荘園在地から切り離された存在であった。そして在地からの対立物と火花をちらす接点が唯一武士的勢力だけである（「名主」百姓は政治的意義をもちえず）とするならば、東大寺と荘民がとりむすぶまさしく荘園制的な社会の構造体系はみえてこないのである。

したがってここでの寄人運動は寺領拡張と「寺奴の論理」を説明するものにはなりえても、荘園制の固有する人間と土地にたいする編成原理、あるいはこれを源泉とする寺院勢力の巨大な武力組織の登場は観察の対象にならない。この場合に示唆的なのは、源俊方の存在形態であろう。かれとその一統は「古代権力」にたちむかう在地領主の典型として描かれているわけであるが、かれの親父親俊が長瀬荘田を兼作し、龍穴寺の別当覚儼律師の房人となっていることと、かかる長瀬ならびに龍穴寺との関係を俊方が「伝得」しているのも事実である（東大寺文書、正治元年九月日、龍穴寺所司陳状）。龍穴寺は興福寺の末寺であって、「古代権力」の一角を構成していることは言うまでもない。

またかれは興福寺の東金堂春日御塔の寄人でもあったという。(16) ようするに荘民の存在形態を、領主制を純粋に保持しながら、独自の村落的完結的な世界のなかにとじこめておくことは、荘民がもつきわめて多様で複雑な「荘園制」の人と土地の編成原理をみえなくすることになるのではなかろうか。

「荘園制」を寺院と在地とが無数の糸によってむすびついた一箇の社会の構造体系であると考えなければ、平安時代末期の大衆蜂起の周辺部に動き回る「武勇の輩」とか「戦士」とよばれる俗体の兵士どもは、観察の対象にもなりえず、正しく位置づけることもできないと思うのである。

石母田領主制理論は結局、第一に東大寺権力の実態を平板なものとしその分だけ寺院研究の方向性を出しにくくした、第二に東大寺との矛盾点が唯一在地領主にあるために「名主」百姓はその下にかくれてしまい、それゆえ名主級農民の独自的研究（村落研究等）の方向性を出しにくくした、第三に第一・第二に規定されて「荘園制」社会そのものの研究がいちじるしく一面化された、という三点の問題性をその内部にはらんでいたものと思われる。

c

では石母田氏が打ち立てた領主制理論は、いま現在のわれわれに向って何を提起しているのであろうか。

歴史の推進力をウクラードとしての領主制におき、一切の新しい時代的傾向を武士的なものから説明する理論は、それ自体がきわめて緻密に組み立てられ、完璧なまでの一貫性をもつために、戦後歴史学の枠組みとして長い生命力をもちつづけてきた。そしてこの理論を軸にして、なおかつこの理論に抜けおちていた問題（たとえば、都市と農村の交通、農民の政治的達成として村落、農民闘争と領主制発展の諸段階等々）が研究の対象とされることによって、中世史像はより豊かなものとなって存在しつづけている。(17)

しかしわれわれは、石母田氏のつぎの言葉をつねに問い返す必要はあるのではなかろうか。かつて鈴木良一氏との論争のなかで彼は、領主＝武士階級の古代貴族に対する対立的・進歩的なものだけを強調したのが、「書かれた時代における支配的な潮流、すなわち天皇制的王朝時代を回顧讃美して中世を暗黒時代或は国体に対する反逆の時代として見る傾向にプロテストして、歴史の進歩の鉄則を明かにするために」必要であったと述べているのである。(18)この点、さきに指摘した「本書は自分にとってあらゆる意味で戦争時代のものである」という氏の述懐と重なるであろう。黒田悪党を敗北としか描けなかったのも、武士的なものを唯一進歩的なものと強調したのもともに「戦争時代のもの」たる所以であろう。

こう考えると、石母田氏の武士的なるもの（＝領主制）は、昭和十年代の時代と切り結ばれた強烈な緊張関係に発するものであって、したがってこの時代状況なればこそ、領主制論は巨大な意味をもちえたのではなかろうか。空襲が本格化し米機動部隊が本土にせまりつつある状況、そのなかにあって破局をみすえる石母田氏がおそらく死を覚悟しながら(補注)「年少の友人たち」に、「われわれの祖国の古い歴史がけっしてそれほど貧困なものでないことを学んでくれることを希望し」たのは意味ぶかいと思う。(19)氏にとって「貧困なものでない」という確信こそ、領主制の理論に支えられたものではなかったろうか。

領主制の意味をかように解すると、黒田俊雄氏が一九六四年段階において、領主制理論の提起した「十五年前の思想的課題」が歴史学にそのまま期待されているかどうか疑問を呈し、もはや、この理論が単なる「段階規定」の「形式的範疇に矮小化したかにみえる」と論じたの[20]は領主制理論そのものが有つ歴史的な意味をまことに的確についたものと思われるのである。

学問研究における現在的立場をつらぬき、ナチの兇弾にたおれたマルク・ブロックの死を石母田氏が「歴史家が死ななければならなかった不幸な時代、歴史家も死ぬことができた幸福な時代、このような時代にわれわれも生きているのだということ以外に、何を語り得ようか」とつぶやくように書いている。[21]石母田領主制理論からわれわれがもし学ぶとしたら、この理論につらぬかれた強靱な魂（＝思想性）ではなかろうか。この魂こそ石母田理論の目に見えない核であって、これは一見領主制論に関係のない右の言葉にもっとももよく表出されていると思うのである。

注

（1）竹内理三氏が『伊賀国黒田荘史料』一（吉川弘文館、一九七五年）の序で、「本書の出現は、敗戦にうちひしがれたわれわれ歴史研究者に、電撃的な衝撃を与え、立ち直る自信を与えたのである。そのことは同時にこの黒田荘自体のもつ重要性が、われわれ日本人全体にかかわるものであることを意味する」と述べたのは、この書物が日本歴史学になげかけた影響のほどをもっとも端的に物語っていると思う。

（2）稲垣泰彦「領主と農民」（日本民衆の歴史2『土一揆と内乱』、三省堂）。

（3）黒田俊雄『日本中世封建制論』序論（東京大学出版会、一九七四年）。

（4）岩波文庫版（一九八五年）は石井進氏ならびに千々和到氏によって、丁寧な引用史料の校合、刊本史料の文書番号の付記、引用著書論文の該当頁数の付記、校訂注の付記などがほどこされているので一層読みやすく、また本書からの史料検索がしやすくなっている。
（5）石井進、岩波文庫版「解説」。
（6）戸田芳実『日本領主制成立史の研究』（岩波書店、一九六七年）、大山喬平『日本中世農村史の研究』（一九七八年）。
（7）それゆえに鈴木良一氏が「敗戦後の歴史学における一傾向」（『思想』一九四九年一月号）で、古代から封建への転換において領主階級を過大に評価し、人民の原動力としての役割を軽視しているという批判は、単なる感覚的なものにとどまらざる性質をもっていたのである。
（8）黒田俊雄『荘園制社会』（日本評論社、一九六七年）。
（9）『佐賀大学教養部研究紀要』第十二巻（一九八〇年）。この他、西村汎子・矢代和也「『中世的世界の形成』の再検討」、小山靖憲「戦後日本『中世史』研究の視点について」（以上『歴史評論』一五三号）参照。
（10）「『国民のための歴史学』おぼえがき」（『戦後歴史学の思想』所収、法政大学出版局）。
（11）注（10）に同じ。
（12）本書初版跋。
（13）『歴史学研究』三六二号（一九七〇年）。
（14）網野氏の悪党論がもっとも包括的に論じられているのは小学館版日本の歴史10巻『蒙古襲来』であろう。
（15）石母田正「封建制成立の特質について」（『中世的世界の形成』所収、東京大学出版会）。
（16）黒田日出男「中世的河川交通の展開と神人・寄人」（『日本中世開発史の研究』所収、校倉書房、一九八四年）。
（17）戦後領主制論をもっとも旺盛かつ体系的に研究・深化させたのはおそらく鈴木国弘氏であろう（『在地領主制』中世史選書2、雄山閣、一九八〇年）。ここで氏は、領主制理論の発展過程を全面的にあとづけ、そのうえで「族縁共同体」「庄園国衙領制」「地頭領主制」等について新たな地平を切り拓いた。
（18）注（15）に同じ。
（19）本書初版序。

（20）「戦後中世史研究の思想と方法」（『日本中世封建制論』所収）。

（21）「マルク・ブロックの死」（『歴史と民族の発見』所収、一九五二年）。

（補注）　藤間生大氏は西嶋定生氏、齊藤博氏らとの座談の席で、『中世的世界の形成』が書かれたころの状況をふり返り、石母田氏らが権力の凶暴と敗戦の気配の下で、あたかもローマ帝国の没落が単なる政権や交替にとどまらず、ローマ人それ自体の消滅となったように、民族の抹殺をもたらす社会的・政治的体制もあるという認識と危機感を抱いていたことを述べている。東京の空襲はすでに始まっており、権力からは「いつやられるかわからない」といった状況のなかで、石母田氏は同書の原稿を藤間氏のところへもって来た。そのときの二人の様子について藤間氏は、

「まあお前も死んでもいい」と言った覚えがあるんです。立派な遺言が出来たのだからという意味です。

と述懐している（〔座談会〕「歴史学と学習運動――全体史と地方史の視座から――」『我孫子市史研究』第一三号、一九八九年）。

あとがき

大学のキャンパスから遠ざかって、思えばずいぶん年月が流れたものである。竹内理三先生から中世悪党の研究をまとめよとのお勧めを頂戴してから数えても、すでに五年を経過しようとしている。この間の私の研究の進行はまったく遅々たるものであった。一に怠惰と能力の不足によるものである。

今から思うと、高校生のときに『武士の登場』（日本の歴史6、中央公論社）を読んで得たごく子供っぽい、しかし新鮮な歴史への興味が人生の方向を決定したようである。そして私にとって何よりも幸運であったのは、入学した大学に右の書物の著者である竹内先生が教鞭をとっておられたことであり、先生の研究室に出入りを許されたことであった。ゼミのあり方はあくまでもゼミ員を中心とするフラットな関係と自主性にあった。ここでの諸先輩の指導は、人生の機微をわきまえさせ、渡世の約束ごとを身につけさせてくれた。ありがたいことであった。

ゼミ生活のなかでつよく記憶に残るのは、一九七三年八月十九日から同月の二十四日まで国民宿舎赤目ロッジを拠点に行なった三重県名張市の黒田荘現地調査であった。そのとき私はいまだ修士課程の浪人中であったが、ゼミのメンバーとして均しく仕事を分け与えられ、夢中で先輩たちの後をついて歩いたものである。陽炎の立つアスファルトの道や、草いきれのする農道を歩きまわり、中世古文書にあらわれる寺社の存否の確認、あるいは現況の調査が仕事であった。道すがらの先輩たちの話はなにもかも耳あたらしく、また楽しいものであった。この調査合宿での人間的な温かさと学問への熱気が、竹内ゼミのすべてを語っていたと思う。このゼミの集団そのものに属すことができたのは、まことに果報というほかはない。

細々とした研究ではあれ、私は先輩や同僚友人の温かい励ましがあって、はじめてこれをすすめることができた。私立の中学・高校教員として生活の糧を得る私は、社会科の高梨冨士三郎氏、川合光也氏をはじめ、多くの先輩・同僚教師にたいしいつも勝手な我儘を許していただき、また獨協大学の小池辰雄先生、齊藤博氏（民衆史・庶民金融史）、守山晃氏からは終始心のこもった励ましをいただいた。また『鎌倉遺文』索引編にたずさわりながら樋口州男氏、田中寿朗氏、伊東和彦氏、堀内寛康氏、松井吉昭氏から多くの学問的教示を得た。さらに、瀬野精一郎先生と大先輩の佐藤和彦氏からは、私の怠けた生活に喝を入れるべく、頃合いをみはからっては研究課題を直接に投げかけていただいた。

つぎに私事ながら、学問の道を志すことをよしとし、五人兄弟の末子で、いつまでも半人前の私を理解してくれた父母と、背後から自分を支えてくれた妻に感謝する。

最後にこの本の製作にあたって、吉川弘文館の上野純一氏からひとかたならずお世話になった。ふかくお礼を申し上げる。

一九九〇年一月

新井孝重

成稿一覧

第一部　黒田荘の形成と構造

第一章　「天喜事件」期の在地情勢（原題「平安時代中期の黒田荘をめぐる在地情勢——『天喜事件』を中心として——」『獨協中学校・高等学校研究紀要』第七号、一九八三年）

第二章　悪党発生の基礎構造（原題「伊賀国黒田荘の構造とその変化——悪党発生の基礎過程——」、竹内理三編『荘園制社会と身分構造』、校倉書房、一九八〇年）

第二部　寺院社会と悪僧

第一章　寺僧と僧伽共同体（新稿）

第二章　悪僧武力と大衆蜂起（新稿）

第三章　東大寺の大衆運動（新稿）

第三部　農村社会と悪党

第一章　漂泊民信仰と悪党（原題「鎌倉時代の漂泊民信仰と悪党」、民衆史研究会編『民衆史の課題と方向』、三一書房、一九七八年）

第二章　村民の法意識と悪党（原題「中世における村落と悪党——社会集団の意識と行動についてのノート——」、早稲田大学史学会『史観』百五冊、一九八〇年）

付論一　鮎鮨と悪党（竹内理三編『鎌倉遺文』第二十六巻月報、一九八四年）

第三章　南北朝内乱期の戦力（原題「南北朝内乱戦力論ノート——中世軍事力構成の二期型——」『獨協中学校・高等学校研究紀要』第八号、一九八四年）

付論二　凡下の戦力（瀬野精一郎編『南北朝遺文』第四巻月報、一九八五年）

付論三　名和長年について（「船上山を支えた名和湊の長者」『日本史の舞台　吉野の嵐動乱の炎　南北朝時代』〈集英社、一九八二年〉をもとに新たに書き下ろした）

第四部　石母田正『中世的世界の形成』の理論と思想（原題「石母田正『中世的世界の形成』を読む」『獨協中学校・高等学校研究紀要』第一〇号、一九八六年）

〈追記〉本書への収載にあたっては、原論文の末尾に適宜〔補注〕〔付記〕を加えたが、このたびの第二刷においても第二部第一章に〔補注〕、第三部に〔付記〕を新たに補筆した。（一九九〇年十月）

戊午叢書刊行の辞

今日の史学の隆盛は前代未聞といえよう。数え上げることも出来ぬ程の研究誌、ひろい歴史愛好者を含む歴史書のおびただしさ、送迎するものの目も眩むばかりである。にも拘わらずここに新たな叢書を企画する理由は三つある。一つは研究誌の多さにも拘わらず、掲載される枚数がきびしく制限され、大論文の発表の場となし難い現況を打破したいこと。二は、出版物は多数とはいえ、すべて営利的出版者の常として、時流から外れた地味な研究は出版困難である状況に、多少の手助けをしたいこと。三は、本叢書の最大の眼目とするところであるが、いわゆる若手の研究者の研究は、概して新鮮さにあふれ、前途の大成を予告する優秀さをもつにも拘わらず、正当な評価をうけること少く、著書として出版される機会が中々得られない実情を打破したいこと。私自身、恩師の推挽によって卒業論文を出版することができ、それが出発点となって、今日まで恵まれた研究生活をおくり得た恩恵を深く思う故に、とくに第三点に重点をおき、今年を以て古稀を迎えた機会に、年々多少の資を提供して出版補助とし、吉川弘文館の賛成を得て発足し、今年の干支戊午に因んで戊午叢書と名づけたものである。対象はほぼ大学修士論文とするが、未だ専書刊行のない隠れた研究者の論文集をも含めたい。大方の賛成を得て、多年に渉って恩恵をうけた学界への報謝の一端ともなれば、幸甚これにすぐるものはない。

一九七八年一二月二〇日　　竹内理三

著者略歴

一九五〇年
埼玉県入間郡日高町に生まれる
一九七三年
早稲田大学第一文学部史学科（日本史専攻）卒業
一九八三年
同大学大学院文学研究科博士課程修了満期退学
現在
獨協大学経済学部教授

主要著書・論文
『悪党の世紀』（吉川弘文館）一九九七年
「中世民衆の一揆と武力」（『前近代史の新しい学び方』青木書店）一九九六年

戊午叢書

中世悪党の研究

著者　新井《あらい》孝重《たかしげ》

平成二年三月三十日　第一刷発行
平成十年四月一日　第五刷発行

発行者　吉川圭三
発行所　株式会社　吉川弘文館
東京都文京区本郷七丁目二番八号
郵便番号一一三—〇〇三三
振替口座〇〇一〇〇—五—二四四番
電話〇三—三八一三—九一五一番（代表）

印刷＝三和印刷　製本＝誠製本

〈戊午叢書〉
中世悪党の研究（オンデマンド版）

Digital Publishing

2017年10月1日　発行

著　者　新《あら》井《い》孝《たか》重《しげ》
発行者　吉川道郎
発行所　株式会社 吉川弘文館
〒113-0033　東京都文京区本郷7丁目2番8号
TEL　03(3813)9151(代表)
URL　http://www.yoshikawa-k.co.jp/

印刷・製本　株式会社 デジタルパブリッシングサービス
URL　http://www.d-pub.co.jp/

新井孝重（1950～）
ISBN978-4-642-72632-0